INGENIERÍA CAPITALISTA INVERSA

La Eficiencia del Capitalismo en la Construcción de Autonomías

1

Contacto e-mail: jorge@unam.mx

Webs del autor

www.autonomiamx.wordpress.com

www.biomagnetismosocial.wordpress.com

www.comunifad.wordpress.com

Índice General

índice Desglosado

Prólogo

Este libro estaba destinado a escribirse en la experiencia, a que se fuera desarrollando conforme se construían autonomías, se federaban y confederaban hasta quedar como un hermoso poema de eso que llaman realidad.

Si así hubiera sido, no hubiera importado que tan tunco quedara, porque siempre habría más tiempo para seguirlo escribiendo. El libro estaba destinado a imprimirse en los cuerpos de la gente, en las casas que habitaran, en las calles que recorrieran y en las cosas que usaran.

Lejos, muy lejos quedó la intención original. Tuvo que ser escrito de modo digital, porque ya ni el papel se usa. Fue obviamente engendrado por el sistema, al que nunca pude superar. En vez de escribir este libro, lo usual era haber cedido y embarcarme como líder, político, funcionario o al menos ponerme a amasar alguna fortuna que me permitiera iniciar un proyecto autonomista como el que aquí platico, pero se me pidió un precio demasiado alto.

La lucha le hice para que se construyera en la experiencia (que no en la praxis). A fines del siglo pasado me acerque a los personajes "más poderosos" de Xochimilco (que hoy ya ni recuerdo son), que llegaron a ser delegados, pero ni siquiera logré captar su atención. Lo intenté con René Bejarano, pero la difunta Yolanda Torres Tello y su marido Maltos, ni siquiera me dejaron acercarme. Ingenuamente le mandé mis borradores casi con desespero por saber cuál era su destino. Alguna vez fui a una asamblea del Peje, pero pasé como un fantasma. En alguna reunión de izquierda, en algún hotel lujoso de reforma, leí cuatro cuartillas a matacaballo porque todos esperaban su turno para tirar su neta en aquella pequeña Babilonia.

Como militante de la izquierda clandestina solo tenía la intuición de algo, que no era la revolución que buscábamos. Me refugié entonces con lo que parecía un movimiento ciudadano hasta caer en la grilla xochimilca ya con alguna idea sobre el autonomismo.

Para 94 le envié a Marcos algo ya más elaborado con el fin de contactar, pero él perseguía su propio estrellato. A final de cuentas ¿quién era yo? Supe entonces que contra Dios no se puede, y con Dios fungiendo como el despotismo en turno, menos.

Eso fue antes y aún lo es. Este libro es propositivo pero lo que propone equivale a pura imaginación, o al menos equivale a nada que tenga que ver con la realidad (la del sistema, que es la dominante). Aspira a alimentar la imaginación autonomista, aunque me daría por bien servido si alguien saca algo de él.

Pero no se crea que me instalo en el desencanto y la frustración. No lo hago por qué soy consciente de que debe surgir una nueva literatura destinada explícitamente a alimentar imaginaciones autonomistas. Los despotismos se han alimentado de todos los profetas, teóricos, pensadores e intelectuales que él mismo ha parido. Ojalá y esto sea un buen o mal parto y no un aborto. Hubiera querido escribir palabras borrosas que, como la realidad, fuesen tan claras como imposibles de expresar en lengua alguna. Este intento de tachonadura es lo que salió y estoy contento. Tachonar la lengua, bien que hace falta.

Introducción

Una ingeniería inversa

La dominación suele montarse en lo que la gente hace, ya sea que lo hace por costumbre o por impulso vital. Al montarse, la dominación pervierte los fines o las intenciones originales tornándolos en contra de la misma gente. Uno de los pilares humanos en que se monta el sistema (y cualquier despotismo) es precisamente la congruencia. La congruencia y la consecuencia son actitudes con lo que nos quisieran agarrar, que siempre fuéramos los mismos y que además de coherentes fuéramos consecuentes con nuestros actos. El despotismo requiere gente predecible, incluso que sea incoherente e inconsecuente, pero que siempre lo sea.

No debería haber problema con la coherencia y la consecuencia, en tanto que son impulsos vitales bio-sociales. El problema viene a que usualmente cualquier despotismo impone su "congruencia" y su "ser consecuente", por lo que, no suele haber otra congruencia y consecuencia que la que se desprende del propio sistema. Las coherencias fuera del sistema se les llama disparates y a la consecuencia: fanatismo o ignorancia. Ser congruente es abrazar al conocimiento: ese conjunto de discursos que necesitan ser validados por los aparatos de control del despotismo. Ser consecuentes es realizar actos que no incomoden a los déspotas en turno. Ni coherente ni incoherente.

El libro está escrito para ser entendido, por lo que, aunque no es mi deseo, intenta usurpar lo que tendría que resolverse frente a frente: intenta un discurso utilizable en la construcción de autonomías, asunto de interés exclusivo de las propias autonomías. Pero muy posiblemente ni siquiera se entienda, porque vivimos encerrados en la estructura perceptual que alimenta el despotismo.

Los despotismos asocian sus intereses a los impulsos vitales de los dominados subsumiéndolos. Esos impulsos vitales y la forma como la dominación los asocia con sus intereses, son de lo que trata este libro, fundado un tanto en lo que Foucault proponía.

Este libro, ni es para esta época ni para ninguna. Ni siquiera corresponde a la palabra tupinambá que no se dirige a nadie ni quiere significar algo. No es que lo haya escrito en el vacío, es solo que el solo pensamiento de que se pueden crear autonomías aquí y ahora, aparece como utópico, rayano en la ingenuidad y la incoherencia. Es como si el libro se hubiera escrito solo siguiendo algunos de mis desvaríos. Lo escribí porque al igual que mis necesidades vitales, al margen de lo que hubiera deseado, solo ocurrió como resonancia de mis desesperos. Por suerte hoy día florecen en todo el mundo comunidades autónomas o que buscan la autonomía. Son ellas las que finalmente justifican mis impulsos.

Las ideas del libro nacen de mi paso por diversos movimientos, mismos que resultaron solo grilla. Se me grabó en la piel que no es posible cambio alguno que no venga desde abajo. Pero no del abajo marxista, o del abajo cristiano, sino del abajo que reinventa todo. Pero como no es posible hacer algo distinto a lo que decía Descartes, se tienen que utilizar los tabiques viejos para construir algo nuevo; cosa perfectamente posible porque no hay nada nuevo bajo el sol.

La idea del libro es recoger los éxitos del despotismo y aplicarlos a la construcción de autonomías, sin otra lógica de construcción que la que decidan las comunidades. Se trata solamente de mostrar los tabiques, cómo están enraizados en nuestros impulsos básicos y cómo podemos aprovecharlos con la misma eficiencia con que los utilizó y utiliza el despotismo, pero ya no para dominar, sino solamente para la vida.

Mi primer impulso fue el de escribir algo como una crítica radical de la dominación a lo largo de la historia. Mi intuición nunca dio con nada y venció mi abulia. Finalmente entendí que ya había mucho chorizo y que muchos de ellos son muy buenos, que no valía la pena un chorizo más. En consecuencia, no había porque devanarse los sesos en largas explicaciones y demostraciones que finalmente alimentan la imaginación de los déspotas, y muy poco a los impotentes y jodidos de siempre.

La sustancia del libro radica en una utopía, consistente en esperar que se invierta la acción contestataria, y que se tengan muchas nueces con poco ruido. De la izquierda radical a la conservadora o autonomista hablan, protestan, hacen teoría, pero muy poco hacen para sustentarla materialmente. Multitud de pensadores y articulistas escriben profundas y furibundas críticas al sistema, gastan esfuerzos enormes en creatividad, misma que queda al servicio del sistema. Si la mitad de ese esfuerzo se dedicara a buscar las bases materiales de su crítica, otro gallo nos cantara. Mucho ayudaría convertir sus publicaciones en propaganda de soluciones comunitarias en curso. Rescatar experiencias comunitarias y publicitarlas con el mismo furor con que critican, daría con otro mundo. Teoría autonomista ya hay bastante, lo que falta es suficiente acción autonomista.

Por otra parte, hay verdaderos ejércitos de activistas que queman energías y vidas en protestas estériles y en luchas callejeras que finalmente sirven al despotismo para ver en donde hay que ajustar políticas y acciones para seguir dominando. Protesta y lucha son indispensables para la sobrevivencia de los oprimidos, pero dispersa y sin objetivos vinculados a la construcción de la liberación son meras válvulas de escape para el sistema. Pero no se trata de repetir los viejos moldes de los liderazgos, de la praxis o de la teoría revolucionaria. Se trata de rehacer la vida colectiva soportada en los elementos que permiten la subsistencia para que sean los colectivos los que decidan su destino y su forma de interacción con su entorno físico y social.

Se trata de rehacer la vida colectiva para que por ese medio la gente recupere su voz y su posibilidad de regir su propio destino. Las revoluciones solamente han servido para fortalecer a los despotismos, de hecho, el capitalismo requiere revoluciones en todos los ámbitos, las necesita y las promueve.

Es hora que individuos y comunidades autonomistas se unan, se federen y confederen formando redes de producción, comercialización y servicios y con las redes, conformen una red de poder capaz de competir con los poderes establecidos en tanto es posible mandar a los déspotas al cajón de la historia.

Mirar el Camino

La reflexión, a la sombra del poder, rápidamente deriva en filosofía y a partir de ahí degenera en ciencia que a su vez degenera en intelectualismo o pensulería, que es lo que mejor hace la intelectualidad (articulistas, escritores, pensadores, etc.) de nuestra era.

La meditación, bajo el influjo del poder tutelar o despótico, deriva en contemplación la que a su vez degenera en simplismo; el cual es la base de nuestra televisión actual y en general de nuestros modernos medios masivos de comunicación

Pero esas derivaciones no son una desgracia, son el desglose de sus posibilidades, tal cual la vida deriva en sobrevivencia y degenera en parasitismo (Ejemplo típico de ello son nuestros empresarios y políticos).

La reflexión natural se ocupa del aquí y el ahora: no se ocupa de las verdades ni del conocimiento ni mucho menos del entendimiento, salvo cuanto estos términos se aplican al grupo de procedencia del que reflexiona.

La filosofía-ciencia-intelectualismo pretende ser universal. Busca conocimientos universales, verdades universales aplicables a todo ser humano, aunque habría que admitir que algunos filósofos están más cerca que otros de la reflexión que de la filosofía.

La reflexión no busca el verdadero camino de la vida, ni busaca la manera correcta de andar ni la más eficiente. La reflexión busca mirar el camino que se camina, los caminos que aparecen al frente y aquellos caminos que no puede mirar.

No intenta la reflexión encontrar el camino correcto, solo requiere mirar. Al hacerlo sabe por cual andar, qué camino corresponde con las circunstancias que vive y cuál de los caminos que se le abren es el adecuado a esas circunstancias. De igual modo, adivina los caminos que no puede ver: esos caminos virtuales que se sugieren del hacer presente y el futuro evidente.

Mirar el andar abre la consciencia y pone a funcionar a la intuición, de tal manera es esto, que no se accede a la claridad, sino que nunca se sale de ella.

No obstante mirar se dificulta, en tanto que los poderes despóticos confabulan para que ni los individuos ni los grupos miren su presente o su realidad (la que ellos construyen). Para hacer eso posible, se montan en el impulso vital cerebral de inventarse mundos. De ese proceso cerebral vital los poderes confabulados excluyen la parte crítica del proceso o la disminuyen al mínimo. No es difícil para los poderes despóticos montarse sobre las fantasías del cerebro, le basta cubrir medianamente los impulsos vitales que soportan la existencia: placer, errabundeo, creatividad, alimento y cierta libertad acotada. Incluso, pueden los poderes despóticos sublimar tales impulsos y transformarlos en su contrario como son los casos de abstinencia sexual, el ayuno voluntario, la tortura, el creativismo o el abandono.

Mirar por donde se camina no es difícil, bastaría saber si lo que gusta viene desde el propio interior, desde el grupo de origen, de los medios, las modas, de las apariencias, de la cultura general o de las leyes. Normalmente eso se sabe, pero los poderes despóticos nos disuaden de abrazar nuestros gustos mediante trampas como el empleo, la patria, la ley o la subsistencia. Pero no todo es disuasión, la mayor parte es control de los impulsos vitales: diversión dirigida, drogadicción controlada, sexo limitado, errabundeo programado y creatividad acotada.

La meditación habiendo degenerado en contemplación, habiendo abandonando sus capacidades elucidatorias de lo que se vive, derivó en contemplación pasiva. La contemplación pasiva nos degrada al buscar solamente la dopamina como remedio ante el estrés que produce todo despotismo (y que este necesita de manera vital). La contemplación pasiva degenera en arte comercial, música pop, y finalmente en el simplismo de horóscopos, esoterismo y consejas de toda laya que pueblan los medios masivos de comunicación actuales.

La contemplación como parte de la meditación, en ella se monta la contemplación pasiva para anularla o reducirla a mera anécdota. La contemplación es un producto de la meditación tal cual lo es la consciencia plena. Ambos productos ligados a la vida son una cosa (la potencian alimentando a la intuición), desligados de ella se vuelven en su contra, tal cual ocurre con la contemplación pasiva actual que promueve el yoguismo y el simplismo imperante.

El experiencismo nahuatlaca es otra forma de mirar distinta a la meditación y la reflexión. Su divisa es la experiencia. El experiencismo puede echar mano tanto de la reflexión como de la meditación y sus modalidades (atisbo e intensidad), pero siempre bajo el tamiz de la experiencia: vista y vivida por cada comunidad concreta.

Todas estas maneras de proceder son manifestaciones de los impulsos vitales presentes en el hombre y podemos decir en todos los animales.

Huelga decir que este libro pretende ubicarse al margen de la ciencia, la filosofía y la contemplación, amén del simplismo e intelectualismo. Pretende asociarse a alguna experiencia autonomista, una en la que pudiera tomar sentido alguna de sus partes.

De las Ideas y de los Chorizos

La mayoría de la gente conocemos a los autores por sus prólogos, por su contratapas o solapas y, las menos veces, por los resúmenes y comentarios que se hacen de ellos que no van más allá de unas cuantas páginas. Ahora también conocemos a los autores mediante videos del YouTube, cuando se tiene la suerte de contar con alguna entrevista en vivo o cuando hay algún programa o documental alusivo.

Casi nunca conocemos a los autores por sus voluminosas obras. Leer a Marx en El Capital es suicida y no se diga la obra de Deleuze, Kant y todo ese cúmulo de autores capaces de escribir verdaderas series de libros. Y esto es así porque los autores manejan pocas ideas en sus libros y si parecen muchas es por esa habilidad poética que tienen para lograr significaciones por contigüidad de términos, por alusiones implícitas, por sus giros retóricos, por los remolinos repetitivos que forman verdaderos huracanes que recorren todos sus textos brincando de hoja en hoja, de párrafo en párrafo y de libro en libro; invadiendo incluso, la obra de otros autores a los que involucran, en los que se basan o que arrastran.

No obstante lo anterior, leer a un autor en su obra es un ejercicio que incluso llega a ser divertido, aleccionante o estimulante, pero por desgracia solo pocas personas privilegiadas pueden hacerlo. Leemos las obras de unos cuantos y al resto lo conocemos por chismes. Y es que más allá del chisme los conocemos por sus ideas centrales, de hecho, es lo único que humanamente es posible hacer, es inútil y virtualmente imposible para el individuo común apropiarse de una obra. La idea central es la que nos importa, por eso damos cabida al chisme por encima de las ideas de los autores.

Los grandes autores como Foucault, Maturana o Castoriadis entre otros, pueden leerse y releerse para encontrar siempre cosas nuevas, pero el grueso de nuestras lecturas son unas cuantas ideas revestidas de todo un discurso que nos las hace familiares. Cuando se captan las ideas principales lo que queda es paja. No hay caso para escribir libros revestidos. Aquí hubiera querido poner las ideas a pelo, acompañadas de una breve mención de lo que habría que investigar o mencionar para envolver a las ideas para que formaran un libro. Aquí las ideas abarcan una o unas cuantas páginas, no hace falta más, si acaso solo esa mención del chorizo que habría de acompañarlas.

Desde luego, no hago ninguna propuesta de estilo o estructura literaria, es solo que no me da para más, no encuentro el caso para escribir más, en todo caso, me hace falta ese demonio que lleva a decir cosas y decir y decir sin descanso. También ocurre que me ocupo en cualquier futilidad, quizá me acostumbré a perder el tiempo cuando podía, ocupado como estaba preocupándome por lo que habría de comer el día de mañana. Quizá solo se me hizo vicio pensar que no podía dedicar demasiado tiempo escribiendo. Sin tiempo y todo eso, escribí bastante, lo hice a salto de mata, pero escribí. No sé para qué, pero creo que lo hice buscando hallar respuestas para esta vida que me toco y que nunca me satisfizo del todo.

En fin, hay aquí algunas ideas listas para ser pirateadas o para ser revestidas de paja, al fin y al cabo, todo lo que es posible escribir solamente nos remite a ese imaginario que la sociedad se inventa en el sinfín de redes neurales que toman su contenido del propio enredarse.

Por mucho tiempo me he resistido a escribir en forma de libro muchas de mis reflexiones. El caso es que se me fueron acumulando como notas, muchas de ellas totalmente incompletas o con ideas apenas esbozadas. las acumulé con la idea de retomarlas algún día, pero resulta que pocas veces aparecían estímulos para completarlas. Mis fuentes de motivaciones provenían de los sitios web que construí, pero a su vez poco me motiva a continuar enriqueciendo esos sitios. Pero en realidad no me preocupaba que no siguiera escribiendo para mis sitios, fue solo que poco a poco me di cuenta que mucho de lo que escribía no cabía en ninguno de ellos.

¿Qué hacer con tantas notas sueltas e ideas incompletas? Mis sitios de Autonomía, Neurodiseño y Biomagnetismo los construí para difundir las ideas que se me iban ocurriendo sin tener que entrar a la feria de los talentos ni pelear por si me publicaban o no. Carente de un grupo en el cual interactuar y con nula gana de conseguirme alguno aquí estoy.

Esta vez no prevengo sobre las puertas traseras que pudiera invadir este libro, puesto que son ideas para una utopía, que no llaman a matrimonio alguno y quizá escapen al dominio perceptual capitalista.

Intenté organizar las notas por temas, desde el concepto autonomía hasta la educación autonómica, pasando por la construcción de autonomías, lo cual sugiere una lectura desde el principio; pero en realidad el libro podría comenzarse a leer por cualquier página, aunque yo diría que habría que comenzar por el primer apéndice, que, aunque es un texto ya viejo para este libro, contiene los principios del mismo, pero de manera más compacta.

15

es un texto ya viejo para este libro, contiene los principios del mismo, pero de manera más compacta.

Autonomía

Crear Naturaleza

Una autonomía es una forma de vida colectiva capaz de dotar a los individuos que la componen de posibilidades de sobrevivencia, placer, libertad, ocio, entretenimiento y posibilidades para la creatividad.

Para ello, la autonomía que lo sea, satisfará al individuo y los grupos en sus necesidades vitales y las dotará de su soporte pertinente:

- Sobrevivencia: Ingreso para cubrir alimento, casa, vestido, etc.

- Libertad: Espacio socio-político

- Placer: En sus distintas posibilidades, especialmente el sexo

- Ocio: Posibilidad de tiempo para no hacer nada

- Entretenimiento: Disponibilidad de tiempo y soporte

- Creatividad: espacio físico-social

Una autonomía no es un sistema ni es una tradición ni una cultura. Una autonomía en rigor no es una forma de gobierno ni un sistema. Una autonomía es un conjunto humano productor de naturaleza. Una autonomía trabaja para insertar y reinsertar al ser humano y a su grupo (es decir al ser humano específico, no a todos lo seres humanos ni a cualquier ser humano) en la unidad del todo del cual es producto y que se ha hipostasiado como Dios desde el poder.

El devenir de las cosas y de los seres puede llevarlos a divorciarse del todo del que son unidad (que no parte). Esto puede darse producto de un cambio violento en el todo, como deriva inconveniente de las posibilidades de desglose de seres o cosas o por proliferación al margen del todo de seres o cosas. En todo caso un cambio en el todo da origen a otro todo que no necesariamente va a sustentar lo mismo que sustentaba el todo anterior.

En general el todo cambia, se mueve y con él se mueve todo lo que lo integra. Pero cambia hacia ninguna parte. El cambio se debe a combinaciones y recombinaciones de todo lo que es ese todo, de cada diferencia específica inextricablemente unida al resto de las diferencias específicas. De ahí que los productos de las posibilidades de combinaciones y recombinaciones de las diferencias específicas del todo, al resultar no sustentables (dentro del todo derivado) simplemente desaparezcan.

El ser humano al proliferar se apartó del todo y cada vez se ha ido apartando quedando paulatinamente fuera de la sustentabilidad que significa el todo. De hecho, a cada paso que da es posible que ese paso lo lleve o apunte a llevarlo fuera del todo, por lo que a cada paso habría que revisar que tanto se queda fuera de la unidad del todo.

Con la realidad representada que aparece ya en las cavernas, el hombre comienza una vida que lo lleva fuera del todo. Antes vivió integrado y había que orientar (la potencialización de la consciencia implícita en las imágenes rupestres) a que la representación no sustituyera a las diferencias específicas del todo. Pero eso no ocurrió así, sino que derivó en un paulatino extrañamiento del hombre con el todo.

Con la aparición de la agricultura el hombre comienza su camino a la modernidad que lo separará del todo y que amenaza con su extinción.

No se trata de regresar a épocas utópicas en las que se vivía en armonía con el todo, se trata de aceptar el camino del hombre y reorientarlo a la ya citada integración. Para ello hay que crear nuevas naturalezas sustentables ya que la naturaleza "natural" no es otra cosa que una más de las palabras con que se ha sustituido a la realidad.

Para empezar, tenemos que aceptar que la escisión del hombre del todo, ni es un accidente ni mucho menos una acción deliberada. Tal escisión cabe dentro de las posibilidades de desglose no solo de nuestra especie sino de todas las especies y muy posiblemente de cada especificidad del todo. La concentración de poder potencia las posibilidades de subsistencia de la especie, a la vez que posibilita su propia extinción al ir en contra de lo que lo sustenta.

Saber cuándo se va contra el todo no es difícil. Hoy sabemos que contaminar tierra, aire y agua es dinamitar el suelo en que nos paramos. La explosión demográfica producto del individualismo consumista, indispensable para el capitalismo es ya una de las principales amenazar a la especie. Este argumento, por desgracia, es cultivado por genocidas ebrios de poder. Con el poder pastoral controlado, puede controlarse el ansia de expansión y con ello cada comunidad podría controlar su propio crecimiento demográfico como de hecho a ocurrido en las llamadas "comunidades primitivas".

Es posible que el poder pastoral sea en parte producto del crecimiento demográfico (otras partes lo constituirían, como el manejo de la imaginación y la representación), de ahí que al controlar dichos poderes sea posible controlar ese factor que le alargó la vida.

No se trata pues de desaparecer poderes por muy despóticos o pastorales que sean, se trata de ceñirlos a la naturaleza. Si no somos capaces de entender eso, como especie estamos condenados.

Organización u Organicidad

Una autonomía para serlo, es orgánica o no lo es. Los elementos que conforman esa organicidad pueden ser más o menos orgánicos, pero el conjunto lo es o no es una autonomía. La organicidad es lo que distingue a una autonomía de un sistema despótico, el cual es organizado o no lo es.

Un sistema despótico requiere de la organización o no logra ser ni siquiera un sistema. Una organización se distingue por la mutua extrañeza de los elementos que la conforman, los cuales son solo agregados más o menos eficientes. La organización puede rodearse de organizaciones y órganos, pero a diferencia de lo orgánico, tiene su lógica en ella misma conectándose con su entorno aleatoriamente, mientras que lo orgánico, no solo guarda armonía en sí mismo, sino que lo hace en conjunto de otros órganos y de su entorno. Un órgano permanece integrado al cuerpo al que pertenece, mientras que en una organización no. Una organización dentro de un cuerpo es algo incrustado en él, algo que, siendo ajena, no obstante ayuda al cuerpo a sostenerse. De ahí que sistemas como el capitalismo pueden integrar organizaciones y órganos bajo el predominio de la organización.

Un órgano puede mal funcionar o escindirse del cuerpo y el cuerpo seguirá funcionando ya no de manera tan eficiente como lo hace con sus órganos completos, pero seguirá sin perder la armonía con otros órganos del mismo cuerpo. En el momento en que se pierde la armonía entre los órganos de un cuerpo se entra en organización. Es decir, en algo solamente parecido a lo orgánico.

Una planta hunde sus raíces en la tierra y lanza su tallo y follaje al aire. Mediante las raíces se integra al cuerpo que es el planeta al igual que su tallo y follaje que en el aire son también parte del cuerpo planetario. La planta para vivir necesita de esa integración orgánica y su vida dependerá del movimiento total del todo. Evidentemente un cuerpo planetario demasiado variable no albergará una organicidad viviente. Será capaz de otras organicidades, pro no una de vida tal y como la conocemos.

La organización es la semilla de la organicidad. Nace como comunión de elementos dispersos, mismos que pueden seguir varios caminos: uno el de continuar con su estado larvario de organización, otro el de proceder a la integración armónica en medio de la extrañeza de los elementos que la integran.

La semilla de una autonomía es la empresa orgánica, así como la semilla de un despotismo es la empresa organizada. Así como el capitalismo es un bosque de empresas organizadas bajo el manto organizador de oligarquías, las autonomías pueden crecer como bosques dentro del caos en que creció el capitalismo y en el que crece todo despotismo. Por lo demás, hoy por hoy una autonomía para crecer, lo deberá hacer montada en líneas de fuga que nacen en los intersticios del sistema.

Superar la Ideología Burguesa

Hoy en el planeta campea la ideología burguesa. No es la única pero sus dos grandes divisiones copan casi todo medio intelectual. La ideología burguesa de derecha se encarga de la justificación del sistema capitalista y de la opresión. La ideología burguesa de izquierda se encarga de hacer notar los errores de la ideología de derecha, de documentar minuciosamente los hierros del sistema y de los brotes de rebelión que atentan contra el sistema capitalista.

Hay otras ideologías y creadores de otras formas de pensar fuera de la ideología burguesa, pero ni con mucho le hacen sombra a estas versiones burguesas. Wallerstein, Foucault, Deleuze y otros son con mucho, formas ideológicas marginales. Igualmente, existen movimientos fuera de las izquierdas burguesas marxistas, pero el peso del sistema capitalista las hace poco importantes. Movimientos como CECOSESOLA, los movimientos indígenas como los zapatistas, los panchos villa o las comunas españolas y francesas palidecen ante el dominio burgués apoyado desde la izquierda y la derecha. Esas manifestaciones fuera de la ideología burguesa nada pueden hacer para parar la depredación de bosques, especies, aguas y seres humanos. El poderío burgués se impone y se pretende justificar.

Otros segmentos fuera de la ideología burguesa y del capitalismo perviven como "pueblos primitivos" o indígenas, pero al igual que los movimientos y las otras manifestaciones ideológicas, ni se proponen ni pueden parar al monstruo capitalista y sus ideologías.

El sistema capitalista corre por sus propios caminos, la ideología burguesa también. El sistema capitalista es una forma de sobrevivencia y la ideología burguesa que le corresponde es la forma de mirar esa forma de sobrevivencia.

El sistema capitalista es parte de la sucesión de formas de opresión que arrancaron hace unos 12 mil años. Desde los imperios antiguos, los sistemas de opresión se han ido refinando, revistiéndose cada vez de distintas ideologías, pero todos ellos con una base material que permitía al menos a una importante capa de la población vivir del sistema de opresión en turno, al cual sostenían desde lo que podríamos llamar posiciones de izquierda o de derecha tal cual lo hacen hoy los izquierdistas y los derechistas.

Cristo no se posicionaba ni a favor ni en contra del imperio romano, sino que pregonaba la vida propia de las colectividades, algo así como una vida autonómica que no se erigiera en referencia a los dominadores romanos. Aun cuando Cristo parece ser invención de Lactancio y su compinche Eusebio de Cesarea, tal invención no pudo obviar cierto autonomismo aún visible en ese tiempo y torcido en favor de Bizancio.

Marx y la cauda de izquierdistas que le siguieron nunca aprendieron esa lección. No lo hicieron porque, antes que nada, para "salirse" de un sistema de opresión se tiene que ser tan eficiente como éste para la supervivencia. Se centraron en la búsqueda del pan, pese a que de antaño se sabía que no solo de pan vive el hombre: vive también de placer, de creatividad, de entretenimiento, de ocio y de libertad entre otros. Todos ellos son impulsos vitales mínimos que hay que cubrir. Los poderes despóticos que se han establecido han cubierto algunos y en sus momentos dorados a todos, al menos para una capa de la sociedad. Tan estamos programados para la vida que basta una cobertura deficiente de esos impulsos vitales para sobrevivir. Podemos sobrevivir con mendrugos, con libertades exiguas, diversión y placeres ocasionales o con ocios producto de desvanecimientos. Siempre hay un mañana mientras se sobreviva, y todo aquel que pretenda vivir fuera de un modo de opresión, deberá ser tan eficiente como ese modo de opresión lo es para la sobrevivencia.

Aunque no se quiera ser radical, por desgracia, abandonar a las ideologías de izquierda y de derecha es hoy un imperativo dado el nivel de polución planetaria que amenaza con destruir a la especie. Desestimar a las revoluciones es otro imperativo, ya que de éstas solamente han salido reforzadas las clases opresoras y los sistemas despóticos. De hecho, abandonar cada uno de los puntales de la opresión es un imperativo, ya que esos puntales son la condición de existencia de la opresión. De ese modo hay que abandonar a la ciencia, la teoría, al conocimiento, a la organización (base del poder capitalista) y a las ideologías. Hay que dar paso a la experiencia, a las relaciones personales, a la autonomía de las comunidades y hacer de ellas la base de la sobrevivencia. Esto suena desquiciado, y suena así porque con las herramientas del capitalismo hemos construido cada uno de los eslabones que nos aprisionan y no sabemos vivir de otra manera. Para vivir de otra manera habrá de aprenderse a construir cada región de nuestro cerebro y cada acto de nuestra vida, todo ello comienza con las posibilidades autónomas (que no autárquicas) de sobrevivencia.

A cada instante brotan posibilidades de existencia de formas de vida fuera de la opresión, pero no se cultivan, nacen y mueren en el abandono, mientras que los sistemas opresivos aprovechan impulsos vitales (montándolos y adaptándolos) y circunstancias que los favorecen (cultivándolas).

Medios de Comunicación y Autonomía

Uno de los problemas más agudos que enfrenta la rehechura de la vida colectiva y todo lo que de dicha actividad se desprende, es la actividad de los Medios Masivos de Comunicación (los media) que termina preformando la realidad en una verdadera Matrix que nos dice que hacer, que pensar y que se ocupa de prefigurar hasta el último detalle de nuestra vida.

Desde luego, no se trata de enfrentar al poder de los media, sino de utilizar sus técnicas en beneficio de la vida colectiva y todo lo que ello conlleva.

En primer lugar, debemos partir del principio de que lo divertido es el ser humano e incluso todo ser vivo. Los media solo pueden presentar productos más o menos limitados que responden a unas pocas acciones y con una capacidad de interacción limitada. Cualquier ser humano tiene muchísimas más facetas que el más complicado dispositivo o telenovela manejada por los media. Cierto que se ha creado al mediaespectador capaz de responder a los más simplones productos de los media como las telenovelas, pero ese mediaespectador se revela cotidianamente ante lo limitado de los productos que le ofrecen, por ellos los media deben revolucionarse de tiempo en tiempo. Hay ahí un vacío constantemente generado o una debilidad que puede ser llenada por la vida colectiva.

Por ello es indispensable que cada autonomía desarrolle sus propios medios de entretenimiento y creatividad y que se de soporte a tales actividades. Muchas personas de las comunidades que actualmente construyen su autonomía, espontáneamente buscan crear sus propios medios de diversión, pero no siempre son apoyados por sus comunidades, las cuales ponen el énfasis en lo urgente. Decía Lenin que no había que sacrificar lo importante por lo urgente, aserto que cobra vigencia en la actualidad. En efecto, la izquierda doctrinaria usualmente se centraba en los objetivos revolucionarios dejando en planos secundarios o de plano ignorando, la importancia del juego, de la diversión, del placer y de todos esos elementos que el capitalismo atiende, y que mediante ellos logra mantenerse en el poder pese a sus contradicciones.

Necesidades vitales como el placer o el entretenimiento son indispensables para la generación de dopamina y otras sustancias que ayudan a armonizar y optimizar al cerebro. Es por ello que dentro del capitalismo y cualquier otro tipo de dominación resulta indispensable el control del sexo, de las drogas, del tiempo de ocio, del entretenimiento y de toda actividad generadora de dopamina. El capitalismo induce la creatividad mediante la generación de estrés, entre otros trucos como los premios, la lisonja oficial, la realización de sueños, etc. pero es tal el grado de estrés que induce, que necesita a una sociedad drogada, alcoholizada y dopaminizada con chistes baratos y todo el simplismo que tan bien manejan los medios de comunicación.

Una autonomía deberá a aprender a generar sus sustancias vitales (dopamina, serotonina, oxitocina, etc.) sin necesidad de forzar, manipular, engañar, seducir o inducirlas con fines de dominación.

Ideales y Autonomía

La vida autonómica comienza con las posibilidades de una comunidad para dotarse de sus recursos de subsistencia, no en un sentido autárquico, sino mediante el intercambio o comercio con otras comunidades y con el resto social. Sin esa premisa no hay autonomía posible.

La alimentación, la libertad, el sexo, el entretenimiento, la vivienda y el calzado encabezan la lista de prioridades que habrán de cubrirse. La mayoría de las veces estas necesidades se cubren de manera indirecta, adoptando las formas sociales, sicológicas o culturales que la comunidad adopta. Cada una de esas necesidades, incluidas las definidas por las comunidades, corresponden a impulsos vitales que no es posible dejar de cubrir y, si se deja de hacer, siempre emergen alternativas para cubrirlas, tales como los poderes despóticos, líderes advenedizos o tendencias inconvenientes.

El cerebro no come ideales, aunque los puede utilizar en tanto consigue la comida. El cerebro no requiere de grandes discursos utópicos ni de ideales elevados, le basta una palabra (Dios, por ejemplo) para hacer nacer de ahí ideas, pensamientos, emociones, impulsos, teorías, interpretaciones y concepciones del mundo. Es por ello que cualquiera con un mínimo de pico de oro puede enamorar a una comunidad y moverla de acuerdo con sus intereses.

Para que no ocurra la seducción insensata o enajenante una autonomía debe centrarse en satisfacer los impulsos vitales de los individuos, entre los que destacan los impulsos egoístas y los gregarios. El impulso egoísta exacerbado lleva al individualismo egoísta consumista (como en el caso del capitalismo), Lo cual ocurre cuando el impulso gregario se subsume en aquel o de plano se ignora.

Aunque es imposible parar los procesos de seducción, manipulación, engaño o inducción que pueden llevar a la ruptura de las comunidades, mediante la crítica es posible evitar formas de explotación o de violencia; ya que precisamente la crítica despierta a la consciencia y su papel de recableo cerebral en el sentido que la crítica impone.

De forma deliberada o intuitiva, las comunidades articulan procesos críticos en sus asambleas, movilizaciones y discusiones. Nunca se debe rehuir a la crítica ni evadir discusiones de problemas sensibles para la comunidad. Los demagogos (pico de oro) suelen desviar a las comunidades, pero en su momento sus propias acciones los delatan y son anulados, por lo que no habría que temer a las discusiones por temor a los picos de oro. La erudición y especialmente los "expertos", llegan a ser más peligrosos que un demagogo para una comunidad, porque pretenden fundamentarse en "verdades universales" que suelen olvidar que toda verdad y todo discurso y conocimiento tiene su fundamento primero y último en el grupo que lo genera y sostiene. Al adoptarse una teoría, un punto de vista, un resultado de la ciencia, etc. se excluyen todas las otras posibilidades, reduciendo al mundo a la posibilidad adoptada. Es decir, depauperando la visión del mundo y las posibles interacciones humanas con éste. Caso típico de ese reduccionismo (muchas veces ingenuo o involuntario) es el propio capitalismo que castra a la realidad para someterla a su lógica de explotación.

Como Iniciar una Autonomía

En estos tiempos iniciar una autonomía requiere de al menos dos condiciones: una propagandizar la idea esperando ganar alguna cabeza de playa para seguir propagandizando y así, lograr que poco a poco la noción de construcción de una autonomía sea asimilada socialmente. Con ello se buscaría generar un buen caldo de cultivo social capaz de albergar autonomías, federarlas y confederarlas. Al tiempo que se propagandiza, debe argumentarse sobre las condiciones y posibilidades de tales autonomías, sin que necesariamente se genere una teoría de las autonomías.

La sociedad que hemos creado y que sostenemos está bien hecha y por tanto es muy difícil superarla. Además de la bienhechura social se enfrenta a los poderes fácticos que inducen elementos contra natura de la sociedad que hemos creado. La concentración del poder y la riqueza además de la fama, constituyen el trípode que sostiene la lógica de tales deformaciones, y son el gran obstáculo a superar. Siendo tan difícil superar la lógica de la dominación (en la que todos estamos inmersos), se piensa que habría que tomar a ese trípode o vencerlo para en su sitio poner alguna figura teórica como el comunismo o cualquier otra figura producto de la teorización. Todo eso reclama el análisis de la sociedad que construimos, conocer cómo se deforma y se adapta continuamente en favor de los poderes fácticos. Esto último ayudaría a ya no resolverle las contradicciones a dichos poderes.

Hay infinidad de modelos y propuestas para una sociedad más justa. Desde el ingreso universal mínimo al comunismo no pasan de lineamientos generales de lo que habría de hacerse. Lo general de sus soluciones los ubican como modelos o propuestas utópicas o ingenuas, nacidas de la imaginación subsumida.

Lo importante de conocer la sociedad que hemos construido, es saber cómo resolvemos a diario problemas vitales como la consecución de la subsistencia, el reclamo de placer, de posibilidades para la creatividad y la imaginación, el ocio, el entretenimiento y la libertad. Y en todo caso, saber cómo los poderes fácticos entorpecen o reciclan las soluciones que al respecto realizamos. Todo eso permitiría que se supiese lo que hemos hecho bien para aplicarlo en la construcción de otra sociedad. Por ejemplo, el empleo capitalista es una solución al problema de la subsistencia, habría que crear formas de subsistir que no pasaran por la explotación del hombre por el hombre. El placer y la libertad acotadas, el entretenimiento orientado al individualismo, el ocio dirigido y la imaginación y la creatividad castradas o puestas al servicio de la valorización del capital, deberán ser depurados en función de las nuevas sociedades creadas.

La sociedad que entre todos hemos creado, está secuestrada por las camarillas de sinvergüenzas que pueblan los poderes, los negocios y que presiden los paseos de la fama. Ello les permite que se sostengan los malos gobernantes, malas instituciones, universidades deformadas, políticas sesgadas o rasgos culturales perniciosos. Todas esas camarillas de mil maneras impiden a la sociedad enderezarse con los métodos con los que se ha intentado; como son elecciones, revoluciones, reformas, campañas, luchas parlamentarias y callejeras, etc. Esta sociedad por estar bien hecha y secuestrada, no puede desmontarse sino sustituirse con otra crecida desde abajo, otra sociedad capaz de contener y arrinconar a los poderes fácticos que necesariamente surgen en el devenir humano.

Por todo lo anterior, una nueva sociedad, deberá comenzar con la propagandización de sus posibilidades, tal cual en su tiempo se propagandizó al marxismo. La otra condición para iniciar una autonomía o más generalmente una nueva sociedad, es, como ya se dijo la elucidación de sus condiciones de posibilidad; no en el sentido leninista de "situación revolucionaria", sino de saber cómo controlan los poderes fácticos, conocer los ladrillos básicos sin los cuales la sociedad no podría existir. De eso se trata adelante.

El poder del Gregarismo

Una de las principales manifestaciones del gregarismo es el amor, así como una de las principales manifestaciones del egoísmo es la violencia. Gregarismo e individualismo son de los impulsos vitales más importantes. Aquel ha sido modulado y conducido al amor romántico mientras que este ha sido canalizado hacia el consumismo individualista. De esa manera, ambos han sido puestos al servicio del poder tutelar. De aquí se desprende que ambos impulsos vitales podrían reconducirse al servicio del autonomismo, en vez de a los poderes tutelar o despótico.

Para tales efectos la fórmula aparece conceptualmente fácil: Derivar el impulso gregario hacia la vida en grupo y al impulso egoísta hacia la conservación de la vida en grupo. Nada nuevo, Alejandro el macedonio aprovechó al impulso gregarizante macedonio para establecer el primer imperio occidental. Lo combinó con la violencia como manifestación egoísta para lograr sus propios impulsos egoístas. Al mismo Alejandro le bastó el impulso gregarizante con los egipcios para hacerse dios y gobernarlos.

A lo largo de la historia el poder pastoral, ha aprovechado a ambos impulsos para erigirse, constituirse y mantenerse concentrado. Muchas han sido las formas en que el poder referido ha aprovechado a ambos impulsos vitales, lo que nos habla de otras posibilidades de aprovechamiento para abrir nuevas épocas para la humanidad; una de ellas puede ser el autonomismo.

Pero decirlo es fácil, hacerlo es muy diferente y no porque sea difícil, sino porque nos enfrentamos a siglos de manejo de los impulsos vitales en favor de los poderes pastorales. En todo caso, el estudio de las formas de gregarización y su aprovechamiento autonómico es el que abrirá nuevas eras pese a que, desde ya, no puedan vislumbrarse.

Como impulso vital, el gregarismo cuenta al menos con dos procesos cerebrales: la acción de la oxitocina, conocida como la hormona del amor y las neuronas espejo que permiten al individuo ponerse en el lugar del otro. Es fácil ver que ambos procesos son complementarios y que de su equilibrio emergió la sociedad. También es fácil desprender que los poderes despóticos subsumieron al gregarismo en el egoísmo.

Sin el impulso egoísta no se logra la vida, pero sin el impulso gregario no hubiera sido posible la especie. Ese impulso gregario es el que debe aprovecharse para construir autonomías. Ese impulso ya se tiene, solo hay que depurarlo y reconducirlo. El capitalismo lo reconduce hacia el trabajo de equipo que normalmente es aprovechado por los patrones o jefes. También lo aprovecha admirablemente en la familia a la cual ha convertido en la fábrica casi gratuita de mano de obra barata. En cuanto al impulso egoísta, lo afianza mediante el consumismo, de ahí que sea tan importante que en una autonomía se cubran las necesidades vitales no solo de subsistencia, sino de placer, entretenimiento, etc. Guattari observa que hoy es más importante la producción de subjetividad[1] que la producción de petróleo y otros insumos.

---

[1] No se piense que finalmente es la subjetividad la que inventa al mundo como planteaban los idealistas ni tampoco que la realidad tiene una existencia aparte de la subjetividad como decían los materialistas. La subjetividad es ese proceso que transcurre a matacaballo entre lo que los procesos cerebrales identifican como realidad y lo que la sociedad define como tal. La subjetividad ni es lo que el cerebro inventa como estrategia de sobrevivencia (la realidad) ni lo que la sociedad postula en aras de la convivencia.
Las necesitades vitales hacen emerger a Dios como pura imaginación, pero la sociedad se inventa la religión como soporte social de la divinidad. Aquí la subjetividad es algún punto intermedio entre la imaginación de Dios y su manifestación social como religión o creencia.

Necesidades y Seguridades en la Construcción de Autonomías

Se puede vivir sin democracia, sin justicia y sin libertad, aunque esa forma de vida solo dure poco. Incluso se puede vivir sin otras cosas, pero hay requerimientos sin los cuales la vida se hace imposible y busca escapes. De hecho, la lucha por la democracia, justicia y libertad tan trillada hoy en día, no es más que uno de los posibles escapes ante la inoperancia del actual sistema capitalista.

De acuerdo con los neurocientíficos, el animal está hecho para el movimiento y el hombre es, en primer lugar, un animal. Este principio parece demostrarlo la ascidia, la cual nace con un sistema nervioso, que se reabsorbe al fijarse la planta en algún lugar. Por su movimiento, el animal enfrenta continuos cambios, que solamente logra enfrentar con una frenética actividad cerebral adaptativa. La base para esa actividad es la expectativa mínima de ciertas seguridades

La construcción de autonomías requiere garantizar la existencia humana, la cual comienza por:

1. Las seguridades físicas
2. Las seguridades amorosas
3. Las seguridades alimentarias
4. Las seguridades emocionales
5. La producción/disfrute del placer

Seguridades físicas

Comienzan con el más elemental instinto de conservación. La consecución, conservación o ampliación de tales seguridades ocupa gran parte de nuestra existencia y permea todo nuestro hacer y nuestro pensar. De hecho, es la más notable función el pensamiento el cual ocupa la mayor parte de sus recursos en torno a la conservación de la vida. Esto último lo mantiene perennemente ocupado, atenuando condiciones extremas de explotación y avasallamiento. Es el caso de la dominación por vía del trabajo y el empleo.

La vida y sus circunstancias cambiantes exigen un pensamiento alerta y cambiante y cuando esto no ocurre, deviene la degradación de la vida y con ella la de los despotismos. Por esas circunstancias cambiantes; al cambio, a la forma de la ocurrencia y a como se desglosa la llamamos historia o experiencia, según sea el caso de circunstancias generales (historia) o especificas (experiencia).

Dadas pues circunstancias cambiantes, es imposible contar con seguridades plenas y duraderas e incluso no es posible contar, en cada caso, con todas las seguridades posibles. De ese modo, la conservación de la vida depende de que se pueda subsistir con las seguridades que las circunstancias ofrezcan. La vida torna miserable e invivible cuando en cualquier esquina se puede ser asesinado, cuando en cualquier momento o lugar se puede ser atracado. No es posible una vida llevadera si en tu propia casa no se duerme con cierta seguridad de que no entrará alguien a amenazarte o robarte.

No obstante, la vida se conserva cuando la inseguridad tiende a ser aleatoria o que, siendo generalizada puede suavizársele como en el caso de los migrantes centroamericanos, cuyas mujeres enfrentan la inseguridad inyectándose para evitar el embarazo cuando son violadas. Esas mismas mujeres ante el caso de violación suelen ser cooperativas para que la violación, en lo que cabe, sea incruenta. En el mismo caso de los citados migrantes, las seguridades están totalmente anuladas, sin embargo, se sostiene la vida con la persistencia de otras seguridades como las amorosas y las emocionales y la expectativa de alcanzar un empleo que dé ciertas seguridades alimentarias.

Cuando un despotismo (llámese democracia, imperio o dictadura) es incapaz de brindar un mínimo de seguridades, decae y cuando no hay seguridades que complementen esa ausencia, desaparece. En el caso del imperio norteamericano el principal fallo está en la casi desaparición de seguridades emocionales y ellas solas motivan su decadencia y amenazan con su desaparición.

Seguridades amorosas

Las seguridades amorosas se desprenden de la capacidad biológica de ponerse en el lugar del otro. Es el amor biológico un proceso sináptico que derrumba las barreras naturales del egoísmo (Maturana y Varela), producto de la estructura perceptual del individuo. Este proceso es el responsable de la actuación en sociedad y más particularmente de la formación de parejas y familias. Es tal la identificación con el otro que se produce, que sentimos la necesidad de garantizar su vida tal cual queremos garantizar la nuestra, lo cual incluye las cuatro seguridades y la producción/consumo de placeres.

De no sentir que ocurren tales garantías y placeres para con los nuestros, sentimos una profunda insatisfacción que eventualmente rompe el tejido social y provoca una paulatina desterritorialización en el sentido deleuziano. Es el inicio de las caídas de imperios, sistemas y formaciones sociales.

Seguridades alimentarias

Son las seguridades que mejor ilustran a todo el conjunto, en tanto que la sensación de que hay seguridad alimentaria nace de la capacidad de adaptación del cuerpo humano. Mientras el cuerpo tenga los suficientes nutrientes para subsistir, siempre asociará esos nutrientes con cierta seguridad alimentaria. Al igual que todas las seguridades, la seguridad alimentaria es sumamente plástica: las más diversas disponibilidades de alimentos, tanto en cantidad como en calidad y variedad, dan muy similares sensaciones de seguridad alimentaria. Salvo en el caso de que se pasa de un régimen alimenticio a otro de manera abrupta no ocurre lo anterior. En este caso lo que ocurre es una marcada insatisfacción que llega a asociarse arbitrariamente a cierta inseguridad.

Seguridades emocionales

Estas seguridades son las más difíciles de satisfacer y son las más importantes. La producción de seguridades emocionales es vital para la conservación de la vida, de los sistemas, de los despotismos y de las formaciones sociales. Son el motor que lo mueve todo. Las seguridades emocionales son la sensación de que se tiene algo que justifica lo que se hace de cotidiano, de ordinario y extraordinario. La emoción es la que nos mueve.

Sistema o formación social que no produce emociones motivantes, rápidamente languidecen y caen. Las seguridades emocionales son el sentido y la sal de la vida, es la sangre que da vida a los sistemas, imperios y formaciones sociales.

El sistema capitalista produce un sinfín de emociones motivantes mediante todo su sistema de espectáculos, tales, que son capaces de atenuar las miserias de la población y el perenne estrés tan vital a la dominación. Pero las emociones que producen los espectáculos suelen ser de corto alcance y de intensidad limitada. Ocurren más bien externas a la gente que las procura y su máximo alcance es el delimitado por esa misma gente dentro de las reglas del sistema. Se tienen que crear, promocionar y mantener fuentes de emociones específicas: futboleras, teatrales, musicales, políticas, militantes, etc. De esa suerte, las emociones del sistema permanecen desligadas del resto social que naturalmente las sostendría. Nociones como el calentamiento global, el coronavirus, el terrorismo y la crisis son intentonas de conformación de un marco general emocional que de coherencia al mosaico disperso emocional que produce el sistema.

El estrés que produce toda dominación, dado que el estrés es indispensable para la inducción de creatividad, alimenta la inestabilidad emocional, la cual se amplifica con la ausencia o deficiencia en la cobertura de necesidades y seguridades.

El equilibrio emocional solo es dado dentro de una comunidad integrada, capaz de atender (satisfacer o aproximarse a ello) necesidades y seguridades de la gente.

Producción/disfrute de placer

La producción y disfrute del placer es una tendencia irrefrenable en el ser humano, es la condición de su existencia. Sin los placeres nuestro sistema nervioso colapsa. El sueño es un gran productor de placer, tan inevitable que puede ocurrir en medio de peligros mortales. El sueño es inevitable como lo es el sexo o cualquier otra fuente de placer.

El cerebro está siembre a la caza del placer, uno de sus procesos más importantes es el de error de predicción (algo similar a lo que le ocurría al perro de Pávlov), mediante el cual se activa el circuito dopaminérgico, principal responsable del placer. Este proceso ha sido desde siempre explotado, ya que proporciona placer ante solo la expectativa de la ocurrencia de un evento afortunado. Los romanos lo utilizaron intensivamente y en la actualidad se utiliza eficientemente para acallar inconformidades. El control es simple: se tiene una inconformidad, pero se tiene alguna asistencia, la expectativa de la asistencia genera dopamina, ante esta, la inconformidad disminuye. Las becas estudiantiles, la ayuda a los viejitos y todo el asistencialismo, no es otra cosa que el triunfo romano modernizado.

Cuando no se puede acceder a algún placer, se recurre a cualquier modalidad de otro. Cuando de plano se está ayuno de placeres, se tiene el último recurso de la borrachera, típica diversión de los más pobres. Pero aún dentro de ese ayuno, no se desperdicia la oportunidad del taco dominguero que aporta placeres culinarios, tampoco se desprecia el placer de la puñeta ante el ayuno sexual o la recurrencia a la comida chatarra que produce placeres tan bien entendidos por las multinacionales.

Al placer se le busca y normalmente se le encuentra, aunque sea en sus mínimas expresiones. Por ello al placer antes que producirlo se le controla y solo se produce para generar efectos colaterales de control. La moderna incitación masiva hacia el sexo no es sino una forma de control. Cuando se invita a poseer un auto mediante una chica sexy, se invita al sexo mediante el auto. Sexo y auto son indisolubles, como lo son sed y refresco, antojo-comida chatarra, triunfo-reconocimiento, etc. etc. De esa manera, entre otras, se controla el placer.

Para las formaciones sociales autonomistas la pista es la producción de placeres sin más control que el que cada familia o comunidad quiera darle; porque está visto que la producción de placeres es irreprimible y su control necesariamente da con su limitación.

Una de las características principales del placer, es ser impulsor de la vida. Sin placer la vida sabe gris y no tiene mayores motivaciones para seguir.

El placer tiene una función primordial en el impulso de la vida, tal es así que el sexo proporciona uno de los placeres más intensos. Cuando enfermamos nuestra sensibilidad disminuye y con ella se alejan los placeres. Pronto, el enfermo llega a sentir desapego a la vida e incluso llega a desear la muerte. El placer al, parecer es la catapulta de la vida.

Esa característica del placer ha sido muy bien aprovechada por la dominación, la cual administra y restringe el acceso a los placeres, ya sea por prohibición, inalcanzabilidad o limitación.

El placer es inevitable. Entre más restricciones hay, mejor saben las migajas que quedan. Es muy posible que sin placer el cerebro se descentre, pierda la armonía de sus redes neurales que le permiten un funcionamiento normal. Así de vital es el placer, por ello, una autonomía debe tener en su agenda propiciar todo tipo de placeres reales. Los imaginarios no son recomendables por su endeble duración y el desencanto que dejan. Podemos engañar a la consciencia, pero a la intuición no.

De hecho, una autonomía debe ser puro placer, al igual que la vida misma. Para lograrlo, el placer en una autonomía debe desprenderse de su experiencia colectiva, en la cual deben encajar todos sus individuos.

Las seguridades no son necesidades

Las necesidades son imperativos, mientras que las seguridades son condiciones de ocurrencia, es decir, condiciones para que ocurra la vida en su posibilidad autopoiética. Desde los griegos hay una concepción de necesidad que da cierta cuenta de las motivaciones de nuestro hacer, incluso en autores posteriores existe la noción de necesidad (Durkheim) que en la actualidad se maneja como una pirámide.

Tales nociones dan una idea de cómo se sostienen los imperios y más actualmente los sistemas, pero no aportan ideas que relacionen esas necesidades con la construcción de autonomías. La necesidad aparece por generación espontánea lo que hace que pierda su especificidad condicionante de posibilidades mayores como la vida misma, los imperios y los sistemas.

Las seguridades permiten tener claridad sobre los mínimos que hay que cumplir para hacer factible la construcción de autonomías, ya que estas no hablan de absolutos, sino de condiciones de posibilidad que otorgan garantías que, aunque pueden ser mínimas, son indispensables para su sostenimiento.

La necesidad es un imperativo que de alguna manera se satisface, la seguridad de algo proporciona sensación de satisfacción, aunque esta no se haya realizado materialmente. De esa forma, se puede contar con la seguridad de que no será uno robado en cualquier esquina, lo que no garantiza que no ocurra. Una necesidad se debe satisfacer, sea total o parciamente, pero debe satisfacerse, una seguridad es solo una sensación. Por ejemplo, se puede contar con cierta seguridad alimentaria, aunque se sepa que la necesidad de alimentos no está satisfecha, en cuyo caso la necesidad puede llegarse a considerar como cubierta. Una necesidad alimentaria cubierta con filetes provee una sensación de seguridad alimentara, similar a una necesidad alimentaria satisfecha con frijoles y tortillas.

La vida, los imperios, los sistemas y las formaciones sociales

La vida como los imperios, los sistemas y las formaciones sociales son atractores que se forman en medio del todo, como producto de su movimiento. Surgen forjados por los pueblos a través de su experiencia cotidiana. En esos atractores se construyen sus significados que, con sus variantes, hacen emerger mil mundos.

Los atractores se forman con las seguridades y los placeres que son los que los posibilitan. No es posible conocer la medida en que cada seguridad participa dentro del atractor, esto solo se conoce cuando el atractor está diluyéndose. Esto es así porque al ser la seguridad una sensación, ésta puede provenir de múltiples estímulos. Como se sabe, la vida puede sostenerse con requerimientos mínimos, de ahí que cada seguridad puede generarse con infinitos juegos de elementos.

La historia y la experiencia solo dan forma. Las formas se intercambian de mil maneras para emerger cada vez en una forma distinta. Pero la forma no es el contenido. Las formas se apoyan en soportes biológicos. Esos soportes biológicos son los que constituyen los sustratos que permanecen bajo una inmensa variedad de formas. La interacción bio-físico-social forma y conforma los sustratos biológicos. Los sustratos de la forma son los constituyentes de la vida orgánica, son los que sostienen e impulsan a la vida, a los imperios, sistemas y formaciones sociales.

Una formación social autonómica surge también mediante atractores, pero estos solo darán con una formación social autonómica si así se orienta y cumple con la satisfacción de las seguridades y cuenta con una buena producción/consumo de placeres. De hecho, primero tienen que ocurrir las garantías y los placeres y posteriormente puede imprimirse el giro que se quiera.

Desde luego, nunca ha ocurrido que una nueva sociedad se forme de la noche a la mañana, sino que ocurre paulatinamente y solo se afianza cuando están ya presentes las seguridades y placeres nacidos de su propio seno. El capitalismo muy tardíamente fue capaz de proveer la seguridad alimentaria con la revolución verde e industrial del siglo XIX. Pero ya antes había proveído de la seguridad física, la seguridad amorosa (Donzelot) y cierta seguridad emocional. La producción capitalista de placeres y emociones, si bien fue incipiente al principio, se afianzó con su desarrollo, particularmente en su etapa de consumismo desde principios del siglo XX.

El comunismo que nunca entendió las seguridades que debía de proveer, se derrumbó estrepitosamente en los 90's. Hoy la izquierda sigue perdida en sus alucinaciones y análisis que la derecha mal agradece.

La Autonomía Como Acción, el Poder Como Propuesta

Cómo se transita de la propuesta hacia la acción y de la acción a la propuesta

La autonomía es acción y en estricto rigor es un grupo de acciones que subsumen al poder tutelar. A su vez, el poder tutelar es otro grupo de acciones que subsume a la acción autonómica. Autonomía y poder tienden a coexistir con predominancia de una u otra o bien bajo equilibrio como en los sistemas orientales y mexicanos antiguos.

Asociarse para potenciar las posibilidades de vida es algo que surge espontáneamente, así como organizarse buscando la misma potenciación también lo es. Asociarse no es organizarse. Las formas de asociación suponen la coordinación vía la experiencia, el hecho. Las formas de organización suponen la propuesta, misma que se caracteriza por cerrarse en ella misma, al contrario que la experiencia y el suceso, los cuales se distinguen por mantenerse abiertos regidos por la función (lo que funciona, no lo que es funcionalista). La propuesta fuerza los hechos, fuerza a la acción, ciñe a ambos a lo que propone. Por su parte la asociación se rige por la función, se busca que todo funcione y no solamente un grupo de ideas como en la propuesta.

Las formas de asociación suponen propuestas subsumidas a resultados, las formas de organización suponen resultados subsumidos a la propuesta. La experiencia y los hechos se despliegan en la asociación, la organización se pliega a la propuesta. La asociación es proactiva, la organización propositiva. En una el entendimiento y el acercamiento humano ocurre en la experiencia y en los actos, en las otras ocurre en la palabra y en la imaginación, subsumiendo éstas a hechos y acciones.

Cuando se dice o escribe algo se está proponiendo un algo representado en el lenguaje y de ahí se transita hacia sucesos y acciones subordinados a lo que se escribe o dice y hacia sucesos y acciones que se despliegan siguiendo caminos diversos. La organización limita la dispersión de acuerdo con la propuesta. Por otra parte, cuando se hace algo, se hace siguiendo una tendencia que obedece a otros sucesos y acciones desplegados, la cual supone cierta organización de acuerdo a esa tendencia. En tal sentido el suceso y la experiencia contienen a la organización si bien esta solamente opera como pauta. Así pues, organización y asociación se contienen mutuamente, predominando una u otra o conviviendo en equilibrio. Cuando predominan las formas de asociación se originan variaciones de autonomía y cuando predominan las formas de organización se tiende a variedades de poderes tutelares. Cuando ambas tendencias se equilibran se propende a la conformación de sistemas como los orientales antiguos o los que regían a los pueblos nahuas caracterizados por una vida comunitaria autonómica con participación en el poder de3spótico encabezado por los soberanos en turno.

Cuando aquí se habla de poder se hace referencia al poder tutelar, entendido este como distinto al poder pastoral que manejaba Foucault y que consiste en el poder que guía. El poder tutelar que aquí se entiende, comprende tanto al poder pastoral como al poder que solo se impone, adoptando cualquier matiz, ya sea tutelar, despótico, democrático, etc.

De todo esto se desprende que la construcción de autonomías es un asunto de asociación y no de organización. La construcción de autonomías supone la subsunción de la organización en la autonomía. La organización debe aparecer puntual y sin mayor influencia para el colectivo salvo la función que este le asigne. De esa manera, una unidad productiva puede ser un medio, más nunca un fin para una comunidad.

Evitar el Sectarismo Autonomista

Uno de los problemas que presenta el gregarismo, es la posibilidad de derivar en una especie de sectarismo, lo que puede provocar que una autonomía se enconche sin procurar o de plano rechazar contactos fuera de la comunidad. Esto generalmente ocurre bajo el manto de un liderazgo.

La gente normalmente nos ocupamos de la subsistencia y en eso nos mantenemos ocupados sin mayor posibilidad de esfuerzos y tiempo para ocuparnos de otra cosa. Esto debido a que las estrategias de la dominación controlan todo lo que permite la subsistencia y no se diga la subsistencia sana. Los sistemas de salud lo son de rehabilitación para el trabajo, los sueldos son de subsistencia y cuando no, los empleos son tan demandantes que ahogan. El ocio, el entretenimiento y la libertad son acotados y apenas fungen el papel de válvulas de escape. Los placeres están tan acotados que se tienen que obtener mediante enervantes.

Con todo y eso eventualmente se abren ventanas de oportunidad para escapar del sistema, lo cual algunos aprovechan para establecerse en resistencia o intentar algo distinto al sistema. Precisamente esas ventanas de oportunidad dan la clave para una militancia autonomista, consistente en ampliar dichas ventanas, o en ganar cabezas de playa para el autonomismo como han hecho el EZLN y los Panchos en la Ciudad de México, por citar solo algunas cabezas de playa del autonomismo.

Por lo demás, es tal el agobio y la cobertura del sistema, que un cambio solo tiene posibilidad si es concebido por profesionales de la política o de plano por demagogos y maniáticos capaces de forzar su cuerpo, aunque no tengan tiempo ni fuerza para nada. Si a eso le agregamos que el sistema ha impuesto el dominio de la teoría y cuando mucho de la praxis, entonces las posibilidades de un cambio, fuera del dominio de los despotismos es virtualmente imposible.

Una autonomía bajo la guía de un liderazgo tiene un alto riesgo de sectarizarse, pero solo las autonomías pueden decidir qué hacer para que la sectarización no ocurra. Desde este tiempo y fuera de una autonomía más amplia, algo se puede decir al respecto. Una de las formas de prevenir el sectarismo autonomista es la movilización total. Hay diversas maneras de movilización que, por su importancia conviene enumerar:

1. Creación y/o apoyo de autonomías en otras comunidades
2. Asistencia a estudios superiores e intercambio de conocimientos fuera de la comunidad
3. Obtención de recursos externos para proyectos de las comunidades
4. Movilización callejera en apoyo a políticas y propuestas autonomistas
5. Asistencia y/o apoyo a movilizaciones de otras comunidades
6. Participación en legislaturas locales y federales tanto para la obtención de recursos como para apoyo y cabildeo de las causas autonomistas

Tipos de sectarismo

1. Sectarismo ingenuo (cuando ni siquiera se repara en la necesidad de interrelacionarse con otras comunidades)
2. Sectarismo operativo (cuando no se encuentra tiempo, recursos o personal para la interrelación por estar ocupados en asuntos propios)
3. Sectarismo dogmático (cuando se cree que se es ejemplo a seguir por todos los demás)
4. Sectarismo obligado (cuando a pesar de los esfuerzos, el sistema acorrala y no deja salir)
5. Sectarismo mesiánico (najo la égida de un líder)

Desde fuera de una autonomía, solamente se puede prevenir contra del sectarismo.

La Anorganización

El concepto "organización"

La organización normalmente se define como la "acción de organizar u organizarse". La Wikipedia define a las organizaciones como: "Son entidades sociales que permiten la asociación de personas que interactúan entre sí para contribuir mediante sus experiencias y relaciones al logro de objetivos y metas determinadas."

El término organización se deriva del griego organón, que significa "herramienta" o "instrumento" lo cual le daría un significado instrumental. De esa manera, una organización es una herramienta o instrumento para hacer algo.

Por otra parte, en el ámbito de la biología y la anatomía, un órgano es un conjunto asociado de tejidos que comparten una estructura. La escala de complejidad biológica ubica a los órganos por encima de los tejidos y por debajo de los sistemas. Es decir, un órgano es la parte diferenciada del cuerpo que participa en la realización de una función.

El órgano no existe por sí solo, solamente es posible dentro de un cuerpo o sistema. La vida de un órgano u organización depende de otros órganos con los que se acuerpa. En tal sentido, un órgano u organización o está funcionalizado por un cuerpo o sistema o muere. Se da el caso de órganos y organizaciones que se pretenden independientes y autónomos de un cuerpo o sistema, pero su propia asunción como órgano u organización los desmiente.

La Anorganización

Este sería un neologismo necesario. Anorganización no es desorganización, es el despliegue de la experiencia. La desorganización solamente existe como contraparte de la organización. El concepto de desorganización va de la mano de la organización por rumbos muy distintos a la anorganización.

Un órgano es parte de un cuerpo. Socialmente hablando es parte de un sistema, es algo que se acuerpa con otros órganos conformando un sistema. En tal sentido, una organización de lucha (sindical, revolucionaria, contestataria entre otras) es parte de un sistema, el cual lo acuerpa. Si una organización de lucha no es parte de un cuerpo propio, por default pasa a formar parte del cuerpo o sistema en que se inscribe. De esa manera, la mayoría de las organizaciones de lucha actuales, son parte del sistema capitalista que las acuerpa y, por tanto, contribuyen (muchas veces a su pesar) al sostenimiento y perpetuación de éste.

Un colectivo que pretenda no formar parte del cuerpo capitalista, debe formar parte de un cuerpo independiente del capitalismo. Es decir, debe buscar constituirse como una anorganización en lugar de una organización. Tal es el caso de los zapatistas, las comunidades indígenas, los pueblos "salvajes o primitivos", los vagos, los desviados, y los expulsados o marginados de los sistemas u organizaciones que han constituido sus propios cuerpos.

¿Existen organizaciones fuera del capitalismo? Sí, todo sistema despótico como los imperios antiguos, los reinos medievales o las democracias occidentales tienen como base a la organización. Fuera del despotismo, la organización no es posible. Si se pretende estar fuera del sistema y se responde a una organización, entonces no se ha salido del sistema.

Se ha malinterpretado que el cuerpo biológico tiene una finalidad, objetivos y metas como pueden ser la vida (he utilizado esa malinterpretación para expresar lo vital), el bien común, la superación, etc. No obstante, hoy sabemos que el cuerpo como entidad biológica no tiene finalidad alguna, ni siquiera ese concepto confuso que es la vida. Del cuerpo se puede decir que vive, pero no está hecho para vivir. No sigue finalidad alguna, simplemente discurre a tono del medio en el cual nace y se despliega. En vez de finalidad de su vida, el cuerpo deriva con el todo al que pertenece, mismo que, a cada momento le da "sentido" y "contenido" a su existencia, en medio de su relación con su entorno físico y social.

En una anorganización no hay fines ni metas ni objetivos, todo discurre de acuerdo a las relaciones que en cada momento de su existencia traban los individuos y los grupos interrelacionados. Finalidades, metas y objetivos son rígidos. De no serlo, pierden todo sentido. Una anorganización parte de la experiencia, de la interacción íntima, por tal, parte de una vida integrada que, no obstante no discurre al azar, sino que sigue el derrotero de las creaciones imaginarias colectivas fuera de toda cultura. En vez de cultura crea formas de subjetivación singulares con todos los objetos y sujetos con los que interactúa.

Gregarismo en Vez de Organización

Cuando se habla de lucha popular indefectiblemente se habla de organizarla. Lo que se logra con ello es una versión más o menos fiel del sistema que pretende combatirse. Una alternativa a la organización es la gregarización. Para entender a esta habría que partir de lo siguiente:

1.	La gregarización no es asunto de definiciones ni mucho menos de explicaciones o teorías, es un asunto eminentemente vívido.
2.	La discusión relativa a la gregarización o es parte de la experiencia o es pura teoría: se discute para hacer, no para aclarar nada o en todo caso para aclarar el hacer.
3.	La gregarización no es un modelo y por tanto no es teorizable. Hay muchas gregarizaciones, tantas como comunidades gregarizadas existan (que no organizadas). Igualmente hay tantas formas de gregarización como etapas y momentos existan en cada gregarización. Esto es, una gregarización es necesariamente dinámica y cambia como cambia la manera de convivir gregarizadamente.
4.	Una iniciativa de gregarización dentro del capitalismo es necesariamente una propuesta exótica, en tanto que es una propuesta de orden teórico, por lo que una gregarización debe comenzar como una intención anexa a la construcción de

condiciones materiales que sustentan impulsos vitales del hombre.

5.   La intención de gregarización con ser una intención no es una guía, es solo un recurso de consciencia para echar a andar al resto cerebral (el mal llamado inconsciente), por tanto, no tiene por qué existir como guía consciente. Como intención de gregarización puede recurrirse a ella las veces que sea, pero solo como motor del "inconsciente" y nada más. Por lo tanto, la consciencia de que se quiere construir una gregarización no debe transformarse en precepto por ningún motivo. El truco para evitar esto es permitir que la experiencia reclame a la intención y no que la intención diga lo que hay que hacer.

6.   Un buen prerrequisito en la construcción de gregarizaciones (que no "EL REQUISITO") es la transparencia, nada debe ocultarse a los gregarizados, particularmente si se trata de los motivos de la gregarización (cuentas, informes, existencias de productos, intenciones para con lo que se trabaja, etc.). Esto no implica que se pierda la individualidad o la posesión privada, ni que la gregarización se convierta en un confesionario en el que no se guarden secretos o detalles de la vida de cada persona.

7.   Se sabe que un proceso de gregarización es exitoso en cuanto desaparecen las jerarquías dentro del hacer comunitario. Es decir, en cuanto desaparece la organización sin desaparecer el hacer comunitario.

8.   En conclusión: hay que gregarizar al pueblo en vez de organizarlo. Hay que gregarizar la lucha. Hay que gregarizar al movimiento y todo lo que como colectivo se haga.

Gregarizar es poner siempre adelante los intereses del colectivo por encima de grupos e individuos. Pero esto no se logra con una simple declaración, de hecho si existe una declaración en tal sentido (típica de políticos y gobernantes), se puede estar seguro de que el colectivo no está por encima de nada, y que de hecho, está solo en el primer lugar del discurso.

Actuar de acuerdo con los intereses colectivos es exótico dentro del capitalismo; es un término que no se entiende más allá de la filantropía y el samaritanismo. En un sistema en el que privan los intereses individuales o de élite, la gregarización es mera fantasía, carece de significado coherente. Teóricamente puede entenderse, pero difícilmente va a trascender más allá de la letra o de la palabra. Es por eso que la gregarización es asunto de vivencia antes que de comprensión.

Podemos decir en dónde empieza la gregarización pero no por donde continúa ni lo que hay que hacer para permanecer en ella. Un claro ejemplo de gregarización es la cooperativa venezolana CECOSESOLA en la cual ya no existe orden del día en sus asambleas ni existen mesas directivas que presidan sus sesiones de trabajo o asambleas. Todo mundo sabe que es lo que hace falta y qué es lo que hay que hacer. Esto es posible por el grado de integración que tienen en la cooperativa y esa es la clave en la gregarización.

Cuando se actúan ponderando en primer lugar a la colectividad, el tipo y grado de integración va a determinar el grado de entendimiento de los elementos que la componen.

Vida y gregarismo

Existen al menos tres maneras de dirigir la vida: mediante la reflexión (aportación occidental), la meditación (aportación oriental) y el gregarismo (Propio de pueblos indígenas antiguos y algunos modernos). La reflexión es harto conocida por los aportes de los filósofos, principalmente occidentales, los que mediante un uso intensivo del análisis-síntesis logran establecer posibilidades de desglose de la existencia tanto a nivel personal como colectivo.

La meditación es también harto conocida porque aporta posibilidades de acceso a procesos cerebrales profundos al igual que lo hace la reflexión. Ambas, meditación y reflexión utilizan a la consciencia para inducir cambios en la percepción y en la estructura perceptual del individuo y de los colectivos lo que equivale a decir que es la consciencia la herramienta utilizada por estos procedimientos mentales (reflexión y meditación).

De acuerdo con el surgimiento de la meditación y la reflexión, podemos decir que su distorsión surge paralela al poder pastoral (la moderna reflexión con los griegos antiguos y la meditación en la era de los príncipes indios antiguos: Buda era un príncipe), y esa distorsión es bien aprovechada por los despotismos en la conducción de la sociedad.

Sin embargo, meditación y reflexión pueden utilizarse sin la mediación de los poderes pastorales para dirigir una vida independiente, con tan solo no caer en la contemplación o en la filosofía.

El gregarismo es mucho más antiguo y ha ido quedando enterrado ante el embate de los poderes pastorales expresados en la meditación y la reflexión modernas. El gregarismo en vez de llamar a la consciencia acude a la percepción colectiva para dirigir la existencia. Los pueblos germánicos, los nahuas y en general los pueblos más antiguos utilizaron el gregarismo para normar su decir-hacer. Hoy las autonomías pueden recurrir al gregarismo como fuente que lleva la vida en el sentido de la experiencia comunitaria.

La Vía de los Hechos

Un sistema es un sistema porque funciona entrelazando a los elementos más importantes que lo componen y porque estos a su vez entrelazan a los elementos que los rodean en una especie de metástasis que deja pocos huecos para que acurra algo diferente o disyuntivo al sistema. Si llega a ocurrir algo discordante, la malla del sistema lo copa o aísla para que muera de inanición.

Cuando Marx decía que la cuestión no era interpretar al mundo sino transformarlo, tenía una intuición que por desgracia no llegó a concretar en sus trabajos, o mejor dicho, no superó al sistema que vivió y su intuición acabó siendo absorbida por el sistema que criticaba.

Marx tenía razón, no se trata de interpretar al mundo, pero ni siquiera de entenderlo, se trata de vivirlo antes que de transformarlo. Eso último fue uno de los pasos a los que no llegó la intuición de Marx quizá porque él entendía al individuo como activo y transformador. Aquí se ve claramente la influencia capitalista que requiere que todo se transforme y revolucione para alimentar al mercado dentro de una vorágine perpetua de "novedosismo".

La vía de la experiencia es uno de los pocos caminos que hay para salir de un sistema sea este cual sea. Un sistema metastásico como el capitalismo difícilmente puede ser abandonado o superado porque los agentes que lo sostienen (derechas, izquierdas, críticos, apologistas, beneficiarios y víctimas) son incapaces de imaginar nada que no se haya producido dentro del sistema.

La intuición marxista habla de la práctica, lo cual se aproxima a una "lógica" de hechos. Es decir, no hay nada que proponer, analizar, o criticar, solo hay hechos cuando se trata de hacer algo que apunte fuera del sistema. Solo es posible construir líneas de fuga del sistema. Todo lo que nace en el sistema es del sistema, ya sea por subsunción formal o real. Esto es especialmente claro con la noción de autonomía. Nunca como hoy el sistema nos ha vuelto autónomos a todos. Ni el amo esclavista dejaba de su mano a sus esclavos. El sistema capitalista requiere de individuos autónomos para alimentar con su diversidad a la producción-consumo-ganancia. Es por ello que la noción de autonomía tiene que superarse en los hechos, como de hecho lo hacen los indios, los marginados, los vagos y los disidentes que con sus cuerpos y devaneos se ubican fuera del sistema o apuntan hacia su periferia.

Este tiempo en que el capitalismo es disfuncional para quienes lo sostienen desde arriba, es ideal para tender líneas de fuga. Cuando el capitalismo se recomponga en un nuevo sistema, entonces va a ser mucho más difícil ya no digamos salir de él, sino la existencia de cualquier alternativa. Es tiempo para callar y poner de moda una "lógica" de hechos. Los impulsos biológicos son los grandes aliados de los hechos y ya no las teorías o doctrinas. Buscar el sustento biológico (mediante el empleo u otro recurso), el esparcimiento-diversión, la satisfacción sexual y la satisfacción egoísta-gregaria, son la base de una "lógica" de hechos. De hecho, el capitalismo se sostiene porque de múltiples maneras satisface esos impulsos. Su falla radica en que se ha limitado a eso sin cubrir otros impulsos que nacen de la sociedad y acaban encarnando como auténticos impulsos biológicos. La satisfacción de imperativos biológicos es un buen comienzo más no el fin.

Poder y Autonomía

El Showman: Sistema y Autonomías

La sociedad del espectáculo, al margen de lo que acota Guy Debord, es aquella dirigida por showmen (del inglés, plural), dentro de los cuales eventualmente puede destacar un showman (singular).

Los primeros showmen seguramente provienen de las primeras civilizaciones, encarnados en faraones, sacerdotes, profetas, conquistadores y líderes menores, aunque habría que admitir que en sus sistemas, aunque apoyados en el espectáculo, no era el showmen el corazón de los mismos. Cada sistema despótico tuvo su especificidad y es solo hasta nuestra era en que el showman adquiere especial relevancia al encarnarse en todo ámbito social, de la política al arte y de la ciencia a la brujería pasando por toda instancia imaginable como el deporte, la religión, el magisterio, etc.

Un showman es aquel que se mueve entre la intuición y la consciencia, motivando a aquella y refuncionalizando a ésta. Motiva a la intuición refiriendo cosas, sucesos y conceptos del dominio público, capaces de activar redes y áreas cerebrales como las del error de predicción (dopamina), el hipocampo (recuerdos), amígdala (emociones), etc. Aquí habría que recordar que la intuición se actualiza con cada estímulo que recibe el cuerpo, particularmente con los estímulos que son capaces de activar redes primarias y secundarias directamente relacionadas con la subsistencia. Es decir, la intuición siempre se actualiza, pero cuando la actualización incide en redes preferenciales, cobra mayor relevancia por sus posibilidades de activación más frecuentes y por ello, por sus posibilidades de una mayor incidencia en la sobrevivencia.

Por su manejo del dominio público, el showman puede parecer gracioso, simpático, divertido, familiar, afín, certero, crítico o inteligente entre otras posibilidades capaces de impactar redes neurales preferenciales del público meta. Pero eso no lo va a distinguir del resto de los mortales, ya que mucha gente es capaz de hacer eso sin llegar a ser showman. El showman lo es por su manejo simultáneo de la intuición y la consciencia. A esta última la refuncionaliza de acuerdo con las propiedades de esta función del cerebro (tan utilizada por los poderes pastorales). Es decir, apoyado en la capacidad de la consciencia de inducir recableados neurales acorde con lo que se es consciente. El showman logra implantar motivaciones y acciones en el camino que él decide.

La consciencia tiene la propiedad de inducir organización en la intuición, siempre de acuerdo con el ensamble neuronal intuitivo y con su potencial para efectos de sobrevivencia. Esas dos cotas limitan a la consciencia en su capacidad de reorganización cerebral. El showman apela a la consciencia intentando implantar un cierto orden (normalmente el de los poderes fácticos), pero no cualquier orden, sino un orden subsumido en una forma de pensar/hacer acorde al dominio público previamente conformado por los poderes pastorales. El showman puede dirigirse a públicos meta específicos, pero su mira está puesta siempre en el dominio público previamente conformado, de ahí su recurrencia a la verdad, la vida, los valores "universales", la honestidad, lo que debe ser, etc.

Los recursos del showman suelen ser la ciencia, la filosofía, el intelectualismo, la contemplación, la futilidad y en general el conocimiento, que son degeneraciones del natural reflexionar (íntimamente ligado a la sobrevivencia). Su finalidad es sacar la cabeza, que se le mire, que se note, persiguiendo las más diversas finalidades: desde satisfacer sus impulsos de sobrevivencia más básicos (alimentación, sexo, etc.), hasta los delirios más pirados. Para un showman lo principal es destacar, el resto viene por añadidura. Por suerte, el grueso de la humanidad no somos showmen, sino eminencias grises que no vamos mucho más allá de los impulsos vitales que nos soportan. Sí, como cualquier bestia.

Showmen como López Obrador y Marcos (Galeano) normalmente están en conflicto. Pero lo están por su inconmensurabilidad, son mutuamente ajenos. López Obrador es el típico showman sistémico, producto de los poderes pastorales y Marcos es el showman típico de las comunidades autónomas. Ambos inducen actualizaciones de la intuición y organización de la consciencia en sentidos diferentes y, aunque tiene puntos de contacto, son mutuamente ajenos.

AMLO es una válvula de desfogue del sistema, sin salirse de él lo alivia. No cambia la forma de explotación, la corrupción (que es consustancial a todo sistema), la violencia, el abuso, etc. Pero si los alivia. Marcos trabaja dentro de una de las múltiples posibilidades de construcción de autonomías en donde se intenta desterrar todo eso que no nos gusta y ya no solo mitigarlos.

Solemos confundirnos y pretender que se puede traer el cielo al infierno, o que se puede santificar al demonio. El que trabaja para un sistema puede ser bueno o malo, suave o duro, pero siempre lo hará en su dominio de definición con mayor o menos eficiencia. A quien trabaja en la construcción de autonomías le ocurre algo similar. Ni AMLO construye autonomías ni Marcos hace sistemas, por lo que no puede compararse ni juzgarse lo que hacen uno respecto del otro. Puede apoyarse a uno u otro por así convenir, pero siempre hay que tener presente el dominio de definición en el que se mueve cada showman.

Vivir en un sistema o una autonomía sin desearlo, lleva naturalmente a la resistencia. La misma generalmente torna discursiva en un sistema mientras que en una autonomía toma alguna forma del mundo que adopta la autonomía específica. Esto porque una autonomía no es el súmmum de lo deseable, sino simplemente una forma de vida, en la que se pretende tomar la existencia en propias manos. Superar a un sistema es más difícil que superar una autonomía, sin embargo, se pueden tender líneas de fuga que apunten fuera del sistema. Abonando, cultivando y regando a esas líneas de fuga se abre la posibilidad de superación de un sistema. Eso es lo que regularmente ocurre en la transición de un sistema. No obstante, aunque desde hace unos cinco mil años se ha transitado de sistema en sistema en la mayor parte del planeta, la posibilidad de trascender a los sistemas se presenta mediante líneas de fuga fuertes, bien cultivadas, bien abonadas y regadas. Actualmente hay todo un movimiento autonomista tanto en América como en Europa, con dicho movimiento se abre la posibilidad de que no sea otro sistema el que sustituya al capitalismo.

Sembrar autonomías, cultivar autonomías y líneas de fuga son formas de resistencia mucho más eficiente que la resistencia discursiva (críticas, análisis, etc.) o la resistencia militante (protestas, marchas, mítines, etc.). La resistencia discursiva y la militante acaban siendo asimiladas por los sistemas, a los cuales refuerzan. Aquí la máxima cristiana de dar al cesar lo del cesar y a Dios lo que es de Dios, alumbra el camino de las autonomías. (aunque al parecer es una invención de Lactancio y Eusebio, inventores del cristianismo, según Fernando Conde Torrens)

El Sistema Dopaminérgico de Control

Los sistemas de control poco han variado en sus métodos en el tiempo. Los métodos de control solamente se han sofisticado y adaptado a los cambios sociales. Todos ellos tienen un elemento en común que es el de buscar controlar los instintos vitales más básicos y su correlato social. Generalmente dichos métodos se centran en el control de los medios de vida, de la educación, de la comunicación, del sexo y del estrés.

Cada época y cada modalidad de poder pastoral ejerce también alguna variedad de control de impulsos básicos menores, pero importantes para la vida. De esa manera se llegan a controlar las evacuaciones humanas, el habla y las festividades entre otros impulsos que llegan a determinar modas y estilos generales de todo tipo incluyendo los estilos de vida y cultura.

Los impulsos básicos al ser irrefrenables, igual pueden servir para la dominación o para la convivencia fuera de poderes pastorales. De hecho, cada pueblo autorregula sus impulsos básicos de acuerdo con su experiencia y no necesariamente acorde con un discurso. La autorregulación colectiva se distingue de la regulación pastoral, en que esta obedece a reglas cosificadas las más de las veces producto de discursos centralizantes o culturales.

El sistema capitalista induce el estrés crónico como una forma de mantener activa y creativa a la gente. El estrés obliga al organismo a reaccionar de acuerdo con la siguiente secuencia:

1. Un individuo se enfrenta a un factor de estrés.

2. Se genera una compleja respuesta hormonal y las glándulas suprarrenales secretan cortisol.

3. El cortisol prepara al cuerpo para una respuesta de lucha o huida, inundándolo de glucosa, una fuente de energía inmediata para los músculos grandes.

4. El cortisol inhibe la producción de insulina en un intento de evitar que la glucosa se almacene, favoreciendo su uso inmediato.

5. El cortisol estrecha las arterias, mientras que la epinefrina aumenta la frecuencia cardíaca, así la fuerza de la sangre al bombear es más fuerte y más rápida.

Si bien el estrés mueve a la acción y hacia la creatividad, el estrés crónico produce un desequilibrio bioquímico que produce un intenso malestar provocando padecimientos físicos, enfermedades degenerativas y produciendo conductas atípicas y violencia.

El estrés que se induce requiere de ser controlado para mantener al individuo dentro de límites de conducta tolerados, sin importar demasiado, no obstante, la salud del sujeto. En esos casos, la salud torna en un asunto estadístico.

El control del estrés se logra mediante la producción regulada de dopamina, la cual si llega a excederse se transforma en precursora de cortisol, precisamente la sustancia del estrés. La producción de dopamina puede regularse mediante el proceso del "error de predicción", que consiste en recompensar por adelantado un evento del cual se tiene la certeza de que va a ocurrir, mismo que ha sido previamente identificado como productor de dopamina. El error de predicción no produce frustración, sino que dispara procesos cerebrales que mueven a buscar las causas del error. Se busca así el camino hacia la dopamina antes que a la dopamina misma. Así, ante la expectativa futura de un evento productor de dopamina, se segrega dopamina, aunque el evento esperado no llegue a ocurrir. Mecanismo simple pero sumamente eficiente para contrarrestar el estrés permanente que inducen los poderes pastorales como el capitalismo. Además, es prácticamente imperceptible. El individuo puede estar perfectamente controlado mediante el proceso del error de predicción sin reparar jamás en ello.

El proceso del error de predicción no ocurre solo. Viejos mecanismos se siguen utilizando con resultados aún buenos. La ley, la cultura, la comunicación, los aparatos represivos, las instituciones y la educación son ampliamente utilizados apoyándose mutuamente para efectos de control.

Ejemplos modernos de producción regulada de dopamina son las ayudas instituidas que se ofrecen, tales como las ayudas institucionalizadas a la población pobre, las ayudas permanentes a las madres solteras, las prestaciones contractuales, los premios institucionalizados y en general todo asistencialismo regular soportado en leyes.

La forma de control dopaminérgica es añeja, la sumisión-premio en los imperios antiguos, el circo romano, los festejos de triunfos, el perdón institucional cristiano o la prevención del pecado son otros tantos eventos que desatan el error de predicción controlador del estrés (que necesariamente producen los poderes pastorales). En la actualidad el manejo de esta forma de control se ha sofisticado, como respuesta a la masificación de la humanidad.

De forma similar, los procesos comunicativos, el control de los medios de subsistencia y el control del sexo se han sofisticado, atendiendo a la citada masificación. De estas formas de control sabemos bastante, pero del proceso de error de predicción solamente sabemos lo relativo a los procesos biológicos y casi nada de sus implicaciones sociales. Esto último es importante porque los procesos sociales incardinan en el cableado neural apareciendo como procesos biológicos "naturales".

Los movimientos contestatarios dejan fuera de sus planes de acción a la atención de los impulsos vitales, dejando todo a la consciencia, como si los procesos volitivos, por ellos mismos, fueran capaces de contrapesar a los impulsos básicos. Si se sabe que los impulsos vitales son irrefrenables, se les debe satisfacer antes de pretender cualquier cambio.

Sin embargo, pese a todas las previsiones de control de los procesos vitales en los sistemas, el estrés resulta inevitable. Es tan grande la combinación de estímulos y procesos cerebrales que no se alcanza el control total. Las contradicciones internas de los sistemas despóticos son las que los acaban derrumbando, al ser incapaces de cumplir sus propias expectativas. Ejemplo de lo Anterior es la exacerbación del consumo mediante los medios de comunicación; dicha exacerbación produce frustración ante la imposibilidad de universalizar ciertos consumos. El estrés que esto provoca no puede ser contrarrestado con la acción conjunta de todos los medios de control, teniéndose que recurrir a viejos métodos como la represión.

En otro lado he planteado que el cultivo de líneas de fuga parece ser la única vía para la superación de un sistema. Los cambios inducidos desde dentro de un sistema solamente dan con otro sistema tal y como ha ocurrido en la historia desde la aparición de los primeros imperios.

Si ya en la antigüedad se cultivaban los procesos de recompensa (el pan y circo romano, la celebración de triunfos, las indulgencias cristianas, etc.), estos no eran regulares ni generalizados, lo que les restaba eficiencia. Lo que la actualidad aporta a los procesos de recompensa es la regularidad de su ocurrencia: se otorgan ayudas periódicas y permanentes. En el primer caso están los apoyos por programa, los cuales acabado el programa, acaba el apoyo como los apoyos a la construcción o mejoramiento de la vivienda y todo el asistencialismo que, por su naturaleza es intermitente y temporal. En el segundo caso están los apoyos por ley, como los apoyos a los adultos mayores, las prestaciones contractuales y las pensiones, entre otros que son permanentes por ley o contrato.

En suma, el proceso del error de predicción opera imperceptiblemente, contribuyendo a disminuir los niveles de estrés. Una consecuencia poco favorable de esto para el sistema, es la pasividad social, la abulia y su hijo más reciente: los milenials. Al disminuir el estrés se disminuye la gana de protestar, de luchar y de todo lo que implique la presencia del natural estrés creativo. Esto es lesivo para los sistemas, porque dependen de la renovación e innovación para perpetuarse. Esto, desde luego, no implica la exclusión de la creatividad en las autonomías, sino su aplicación a las mismas y contra la aparición de poderes pastorales y despóticos.

El sistema de recompensa dopaminérgico ante, por ejemplo, la expectativa de recibir cierta aportación asistencial o contractual opera así:

-        Se tiene una necesidad

-        Se espera el pago (beca, asistencia, prestación, salario, entre otros)

-        Se realiza la asociación necesidad-pago

-        Ante la supuesta inminencia del pago ocurre una descarga de dopamina en el cerebro

- Ocurre una cierta disminución del estrés (sensación de alivio que puede ser a nivel inconsciente)

De esa manera se logra un control de la gente operando en niveles subconscientes. Lo que aparece como apoyo humanitario, no es otra cosa que un añejo proceso de control masificado. Bien acota el dicho popular: "El camino al infierno está empedrado con buenas intenciones"

El Futilismo

Castroriadis en algunos de sus últimos escritos percibe "el ascenso de la insignificancia", de hecho, ese es el título de uno de sus libros. Desde los 70s la insignificancia avanzó hasta convertirse en toda una corriente que abarca todos los géneros literarios, desde la filosofía hasta la literatura.

En literatura destaca Georges Perec, en filosofía jean baudrillard y los posmodernistas, en sociología Michel Maffesoli y en antropología Auge y otros. Esta tendencia que ha invadido todos los géneros parece nacer de la impotencia de los programas de cambio social y revolucionarios. Al parecer el sistema capitalista convenció a todos de la imposibilidad de un cambio hacia otro sistema que no sea el capitalismo u otro similar.

Por doquier hay huellas de impotencia que van desde la caída de la URSS hasta el fracaso de gobiernos que presumían de progresistas, pasando por movimientos sociales de todo tipo que cuando no fracasaron, no han podido superar su enanismo. Es el caso del zapatismo, los partidos de izquierda y del propio AMLO que está dejando intocado al sistema capitalista, cuando ni siquiera se advierte una sola línea de fuga que permita sugerir que el gobierno de la pretendida cuarta transformación va en un rumbo diferente al del capitalismo o hacia una nueva modalidad de dominación.

Esta corriente, que podríamos llamar "futilismo" viene desde los 70s del siglo pasado con autores como Baudrillard y Lyotard, quienes adoptan una mirada crítico-apologista fundada en una mera descripción de hechos pretendidamente objetivos.

Las obras de los futilistas son amplios abanicos de descripciones detalladas hasta el hastío pero que no llevan a ninguna parte. Su postura asemeja a un nihilismo no declarado y a un escepticismo disfrazado. Su postura es la del observador que narra "lo que ve", olvidando flagrantemente que se ve lo que se quiere o lo que se puede ver.

Marx, Foucault o Deleuze, entre otros, adoptaron el punto de vista de los oprimidos y en torno a esa perspectiva construyeron sus teorías, las cuales ni eran necesariamente ciertas (aunque por necesidad así se defendían) ni objetivas. Ya tenían un sesgo favorable a los jodidos de toda la vida. Estos pensadores tuvieron que ser tolerados porque recurrieron al mismo truco que los pretendidos pensadores neutrales o apologistas del sistema. Es decir, se montaron en la ciencia con discursos similares a los de estos, y no hubo más remedio que tolerarlos dentro del sistema.

Los futilistas, al igual que los pretendidos "neutrales" u objetivos, acaban siendo voceros del sistema, en este caso, del capitalismo.

Pretenden ser la crítica del sistema, pero desde un apologismo del mismo. Si la izquierda fue un consejero involuntario de la derecha, los futilistas pretenden ser los consejeros voluntarios.

Baudrillard reclama realidad al sistema capitalista porque estima que la hiperrealidad del sistema le resulta dañina. Perec lanza gritos desesperados contra la insignificancia en la que ha caído el sistema como lo percibió tempranamente Castoriadis, solo que este lo hacía desde una perspectiva que se deseaba revolucionaria.

Hoy la misma ciencia nos muestra que no es posible la neutralidad, ni la objetividad, ni la asepsia. Pero es el caso que ante el fracaso de los horizontes utópicos que planteó la izquierda, parece derrumbarse toda posibilidad de sociedad que no sea la de un capitalismo, o cualquier versión en la que se mantenga la explotación del hombre por el hombre. Ante la disolución de los horizontes de izquierda, se pretende revivir al marxismo, a pesar de que este solo puede volver como religión.

Se reconoce que el capitalismo somos todos. Se reconoce que el capitalismo sobredetermina hasta la más nimia de nuestras conductas y pensamientos. Ese es el más grande triunfo del capitalismo. Lo es porque realmente el capitalismo solamente domina los impulsos vitales del ser biológico y los puntos nodales del ser social, lo cual es reversible siempre y cuando se acepte que nos movemos frente a una cortina de humo generada por el sistema.

Se trata, y se está haciendo puntillosamente, de que la gente no tome su sobrevivencia en sus manos ni mucho menos su vida social. La izquierda, solo lucha por "democracia, justicia y libertad" y deja al capital todo lo demás. Si esto no fuera tan ridículo hasta sería gracioso.

Se llama a la organización para luchar contra el capitalismo, cuando la organización es el corazón mismo del sistema. Se apela a la consciencia, cuando esta es la base de la producción capitalista, se llama a la revolución, a luchar por el cambio cuando el capitalismo está ávido de cambios y revoluciones que permitan la necesaria novedad realizadora de ganancias. Factores como esos deben pasar a planos segundos o terceros, echando por delante la rehechura de la vida colectiva y el abono a las líneas de fuga que perenne y cotidianamente surgen en el sistema y fuera de él.

El futilismo se ha impuesto y campeará por sus fueros mientras la izquierda esté perdida. Esto plantea un problema porque la izquierda es parte integrante del sistema. Con la derecha dinamitando a la humanidad en pro de la ganancia y la izquierda perdida, el capitalismo abre una ventana para actuar fuera del sistema.

Notas para una Genealogía del Poder como Administración de la Imaginación

1º. Representación de la vida con el trazo (dibujos rupestres)

2º. Asociación de la cosa con el sonido (realidad-palabra, verbo creador)

3º. Asociación libre (potenciación de la imaginación: asociación de redes neurales disímbolas)

4º. Aparición de catalizadores humanos de la imaginación (personajes, brujos, jefes)

5º. Aparición de pueblos sedentarios (imaginación promisoria)

6º. Administración de la imaginación (sustitución parcial de la experiencia con el conocimiento)

7º. Transformación del liderazgo-guía en poder pastoral (entronización de personajes, brujos, jefes)

8º. Primeros reinos sustentados en funciones vitales básicas (amenazas de muerte, privación de alimento, etc.: etapa esclavista, en occidente, primeras dinastías en oriente)

9º. Aparición de primeros reinos utilizando las funciones pensamiento como sustento (observación continua de reglas morales y religiosas)

10º. Aparición de reinos con sustento dominante en la función pensamiento e imaginación (edad media con la religión cristiana)

11º. Aparición del capitalismo con la modalidad de sustento en la atención como motor de la valorización capitalista, apelando a la imaginación e incluyendo en segundos planos a la función pensamiento (proceso productivo demandante de concentración y de identificación de perjuicios y bondades para dicho proceso) y a las funciones básicas (aparatos represivos, ley, desempleo, terror, etc.)

El Sistema Como Modulación Senso-perceptual

El camino hacia la modulación senso-perceptual humana contemporánea comienza con las primeras marcas aparecidas en ocre hace unos 70 mil años y se consolida con la aparición de las pinturas rupestres hace unos 35 mil años. En estas ya es posible el nacimiento de la idea de que hay una relación entre lo que se pinta y el motivo de la pintura: la realidad ya puede ser representada e incluso sustituida.

Pero no va a ser sino hasta la aparición de las primeras comunidades rurales cuando esa modulación va a orientarse hacia la estructuración perceptual y la concentración de poder. Poco a poco se pasa de la modulación perceptual instintiva a la modulación ideológica en la que el mundo y su realidad se presentan y perciben acorde a ciertas nociones, ideas y visiones del mundo. De ahí hacia la concentración de poder, el camino ya no resultó tan largo.

Se sabe que al cuerpo humano ingresan una multitud de sensaciones que la percepción ordena. Con ello se crea la percepción de acuerdo con una estructura que puede ser instintiva y/o ideológica. En el reino animal la percepción se ordena en primer lugar en armonía con los principales nodos perceptuales productores de instintos. La percepción se organiza en primer lugar en torno a la conservación de la vida, la reproducción y la mejora de la existencia. En el hombre a esas prioridades se agrega la ideología: ya no son solamente los instintos los que guían a la percepción, ahora también es la idea que se tiene en torno a los instintos la que guía a la percepción. Esta idea es la que constituye la percepción en la tarea de "ordenar" a las sensaciones recibidas.

El poder modula la necesidad de ingesta y la lleva al control de la misma. Lo mismo hace con el sexo y todo lo que aparece como proceso biológico "natural". De hecho, el machismo y lo que determina al sexo masculino como tal, no es otra cosa que la incardinación social del sistema en la trama neural. El hombre pasa de ser una unidad con la mujer, a ser el sexo dominante: jefe, tirano de la familia, violador, golpeador, etc. Estos son atributos de la dominación, la cual de esa manera se incardina en los machos, quienes se limitan a desplegar la incardinación neural inducida por los sistemas.

La sociedad de múltiples maneras crea sus tramas neurales que constituyen su estructura perceptual. Los sistemas de dominación se limitan a modular tales estructuras. De ahí se desprende rápidamente que en una autonomía se debe pasar de una modulación acorde a la dominación, a una modulación acorde a lo que las autonomías determinen como deseable. No es pues el caso de eliminar la modulación de los impulsos vitales, sino redirigirlos.

Experiencismo

El experiencismo, dicho con el humor debido, no es perspectivimo ni relativismo. No es tampoco nihilismo o escepticismo ni mucho menos eclecticismo. Ni de lejos es pragmatismo o empirismo pero se puede asociar a cualquiera de esas categorías, toda vez que todas ellas constituyen una perspectiva practicada desde el sistema de poder tutelar.

Pero ya desde fuera del sistema del poder tutelar, rehacer la vida colectiva y mirar al mundo desde la experiencia colectiva no es experiencismo, es la vida misma corriendo sin denominaciones ajenas a la experiencia de cada colectivo, lo cual es imperceptible desde el poder tutelar que busca encarcelar a cada idea, a cada impulso en un concepto "universal".

Si vale la aclaración es porque emprendida la experiencia tendiente a escapar del sistema, no faltará quien aplique el peyorativo experiencismo tratando de minimizar la experiencia emprendida y desde luego, no faltará quién, viviendo la experiencia, pretenda acotar a ésta dentro de algún concepto. Mientras se gravite cerca del sistema actual, tales confusiones e influencias serán inevitables y solo la experiencia misma será capaz de superarlas como parte del abandono del capitalismo. En su caso pueden adoptarse como una de tantas ilusiones de que ya no se está en el sistema actual.

Bases Neuro de la Autonomía

Vida, Motivación y Autonomía

El hombre es una resultante de procesos bio-físicos y psico-sociales, los cuales pueden provenir de procesos económicos (los que no lo hacen "homo economicus"), políticos (que igualmente no lo hacen "zoon politikon") y muchos otros más, los cuales no podrían ocurrir sin los procesos fundamentales bio-físicos y psico-sociales. Estos procesos permiten la vida cuando promueven el pacer y el bienestar y por esa vía, son el soporte de la vida y de lo que la motiva.

El placer y el bienestar provienen de la secreción de cuatro sustancias, producto de los procesos biofísicos y psicosociales: la dopamina, la serotonina, la oxitocina y las endorfinas. Esas cuatro sustancias son la base del impulso de la vida y son las que permiten que el individuo siga vivo aún sin mayores motivaciones para vivir.

Vivir es un proceso automático autorecompensado y automotivante dentro del cual el placer y el bienestar juegan un papel central. El placer y el bienestar son la piedra angular en la que descansan el resto de los procesos humanos, sin ellos la vida no es posible.

De mil maneras buscamos el placer y el bienestar y estos vienen de múltiples fuentes: al comer, excretar, descansar, errabundear, adivinar, etc. De tal manera ocurren el placer y el bienestar que no es necesaria la ingesta de manjares, las experiencias exquisitas o de bien estar ocurren tan solo al orinar, oír un chiste, comer un mendrugo o parar un instante a descansar. Por ello es posible encontrar vidas monótonas sin mayores motivaciones, dedicadas solo a sobrevivir cual si se fuera una bestia más de la creación. En la vida moderna lo anterior ocurre en localidades alejadas de las grandes urbes. Ocurre también entre burócratas, obreros o clases citadinas atrapadas en el nihilismo, en las que placer y bienestar son producto de manipulaciones sistémicas orientadas a cumplir un destino externo o tan solo al mantenimiento y la reproducción animal. Los sistemas de dominación irrumpen en esa monotonía induciendo un eterno estrés.

Las motivaciones son de otra naturaleza, si bien comparten orígenes con el placer y el bienestar al provenir de las mismas sustancias, provienen, además de la satisfacción de lo que se consideran necesidades básicas como el entretenimiento, la creatividad, el ocio y de la libertad. Cada una de estas necesidades otorga diversas intensidades de placer, creando diversas expectativas que son las responsables de las motivaciones (como es el caso del llamado "error de predicción" que ocurre en el cerebro).

El placer y el bienestar son los impulsores de la vida, la motivación es el soporte del destino.

La sobrevivencia no se da solo en un nivel biológico, sino que ocurre con un sentido y eso tiene sentido para la sobrevivencia, porque la sobrevivencia siempre va a estar acorde con sus propias posibilidades de existir. Entre más posibilidades tenga de existir algo, más se va se va a apegar a esas posibilidades. Por ejemplo, una sobrevivencia rústica depende de la naturaleza y a ella responderá. Una sobrevivencia industrializada o tecnificada depende de la industria o de sus técnicas. Esto se complica con los usos y costumbres sociales (con la cultura). Se complica y entonces la sobrevivencia agarra un estilo. Cada estilo de sobrevivencia va a ofrecer sus propias posibilidades de vida, que pueden ser mayores o menores respecto de otro estilo de sobrevivencia. Es decir, la sobrevivencia no nada más es sobrevivencia biológica, sino que es sobrevivencia biofísico-sicosocial. Biofísica porque va a responder a la constitución biológica y al medio, psíquica porque va a responder a cada individuo y social porque va a corresponder al grupo en que ocurre la sobrevivencia de los individuos.

Recibimos paquetes de estímulos filtrados por la percepción y liberamos paquetes mixtos (conductas, pensamientos, acciones o procesos inconscientes). Los estímulos que recibimos son simultáneamente interoceptivos y exteroceptivos, lo que implica estímulos de naturaleza físico-biológica y psico-social. Los paquetes que liberamos van también dirigidos a los ámbitos bio-físicos y psico-sociales en medio de una interacción e influencia mutua.

Los estímulos bio-físicos incardinan al menos como sinapsis que eventualmente pueden integrarse a redes neurales. Toman, además, formas sociales manifiestas en costumbres, conductas y culturas. Éstas tres a su vez incardinan como sinapsis que modifican redes neurales responsables de la percepción y de los procesos subconscientes que delinean lo que se es en un momento y tiempo determinados. La continua interacción biofísica y psicosocial es la que conforma el cableado neural y por tanto nuestra percepción del mundo y nuestro actuar en él.

El estudio del sistema nervioso en su constitución y su accionar es por tanto parcial y sustancialmente ideológico, así como lo es el estudio de la influencia del medio en la constitución humana y más generalmente en la constitución animal. De manera similar, es parcial e ideológico el estudio psicológico, antropológico, económico, etc. del hombre. Es decir, son estudios con base religiosa, fundados en la fe. No podría ser de otra manera, ya que el complejo biofísico-psicosocial solamente se resuelve en la acción, o si se quiere, en el vivir mismo. De hecho, así ocurre por más razones o fe se echen por delante.

Del cúmulo de estímulos biofísicos y psicosociales solo captamos aquellos filtrados por la percepción y por los procesos subconscientes relativos a la conservación de la vida. El resto de los estímulos son sobreseídos (se captan, pero no son, en ,lo inmediato, tomados en cuenta). Los estímulos captados lo son por ser fuentes de sobrevivencia y motivación, ya sea como ingesta, placer, entretenimiento, creatividad, errabundeo o como libertad. Esta última y el placer son consustanciales a todas las demás, no obstante, pueden manifestarse aisladamente.

Los sistemas despóticos (o simplemente sistemas) que se han sucedido en la historia han propiciado las citadas fuentes de distintas maneras, mismas que al ser fuentes de vida, se reconfiguran y aprovechan como soportes de los sistemas. Esas fuentes de vida generalmente se satisfacen en el círculo cupular del poder y su eficiencia se va diluyendo conforme se desciende de la pirámide poblacional hasta casi desaparecer en las clases más bajas o excluidas de los sistemas. Todo reformismo aspira dotar de fuentes de vida y motivación a las más clases sociales posibles o a ampliar la eficiencia de placeres y motivaciones que se pueden generar; si no se logra, entonces las deficiencias o ausencia de fuentes de vida y motivaciones se compensan con sueños (como en la edad media y en la actual sociedad del espectáculo). El reformismo (y aún el revolucionarismo) lo único que logra es afianzar a los poderes establecidos antes que ser una fuente estable de subsistencia y motivación.

Siguiendo historias y relatos de los egipcios para acá, puede afirmarse que no hay sistema capaz de dotar de placeres y motivaciones suficientes a la humanidad. La principal fuente de placeres y motivaciones, sustento de la vida y su desglose, proviene del hombre. Pero no de ese humano como entidad biológica que conocemos, ni de ese hombre psico-social que entendemos, sino de ese ser biofísico-psicosocial que somos.

Lo que logramos entender del hombre no son sino colecciones de mitos. De hecho, el entendimiento es el mito central, rodeado por sus acólitos el racionalismo, la verdad, el irracionalismo, la lógica y en general del conocimiento.

La natural reflexión como parte de la experiencia (que no la praxis) podría ser el camino para romper las cadenas que nos atan a la tierra. Curiosamente nuestra naturaleza biofísica-psicosicial es la que nos ata a la tierra y es ella misma la que nos liberará. Equipados como estamos para el amor, la libertad y la reflexión, bastará con mantener al odio a raya, a la libertad, liberada de los sueños y a la reflexión de la filosofía, la ciencia y el intelectualismo y, por supuesto, habrá que tener alejada a la meditación de la contemplación y del simplismo campante hoy en los medios.

No hemos comenzado el camino de la humanidad, seguimos atados a la creación original. La experiencia del poder si bien amplió nuestras posibilidades de sobrevivencia, nos alejó del camino de la humanidad. Habrá que reemprender ese camino, cuyo comienzo quizá sea el camino de la autonomía.

La eficiencia del poder para la sobrevivencia pronto quedó contrarrestada por las necesarias cotas que el poder, para serlo, requiere. Para todo poder, toda teoría, todo pensamiento son necesarias parcializaciones de la experiencia (incluida la praxis). Por tanto, superar al sistema capitalista y cualquier sistema de dominación supone tomar distancia de lo que nos resulta caro y darles su peso justo, comenzando con el conocimiento, la escritura, el habla y todo lo que en ellos se soporta o ellos soportan. Pero no se debe caer en fatalismos, ya que todo lo que se dice o escribe es solo algo de lo que se puede decir escribiendo y diciendo dentro de un campo de definición humano. En tal sentido, los vocablos autonomía y rehacer la vida colectiva son nociones difusas que solo pueden cobrar sentido en experiencias particulares, que son precisamente las que posibilitn caminar por otros rumbos.

Cuando las Deficiencias nos Traicionan

Estoy en la estación del metro Atlalilco y desde hace rato estoy experimentando sensaciones de añoranza, como que algo me falta y lo deseo profundamente. Pareciera que algo me faltara y que debo buscarlo. De hecho, se me ocurre que debería ir a Tlahuac que está al final de la línea del metro. Me digo que debería ir, aunque sea solo a pasear un rato y de ahí irme a mi casa.

Me acompaña mi esposa y debo de regresar de inmediato a dar mi clase, pero se me ocurre que no importaría si falto a clase con tal de irme a dar una vuelta a Tlahuac. Se que nada tengo que hacer en Tlahuac (que se me confunde con Tulyehualco) al cual voy algunas veces, pero siento que debo ir como si fuese a buscar algo. Eso me da una clave.

De inmediato reparo que esa no es mi conducta habitual, que algo la ha cambiado y sé que es mi sensación de añoranza. Al mismo tiempo recuerdo que siempre he sido deficitario de vitamina B y que precisamente hace días que no la tomo porque se me acabó. Cuando me falta la vitamina B me siento triste, veo todo negro desde un gran pesimismo y esta vez es de esas ocasiones en que la falta de vitaminas me acarrea ese sentimiento de añoranza como cuando se está enamorado y se quiere ver a la amada.

Me queda claro que las emociones y sentimientos son capaces de cambiar nuestra conducta sin que nos demos cuenta. Me cabe la duda de si eso es el amor y otros sentimientos nobles ¿Pura falta de vitaminas? No siempre es así, pero cuando lo es, lo es. El caso es que debería uno detenerse a reflexionar cuando la falta de sustancias nos cambia de manera inconveniente.

¿Cuántas veces nos ha pasado que, al añorar a una mujer, la añoranza desaparece al tenerla enfrente y no porque ya la conseguimos, sino porque su presencia no llena el vacío que deja la añoranza?

Se ve claramente que la falta de vitaminas o nutrientes nos suele llevar a pleitos y posturas absurdas. Habríamos de preguntarnos si detrás de las interminables discusiones que entablamos no hay algo deficitario. Con solo darnos cuenta de ello, solemos abandonar posturas y acciones necias, lo cual es sano en la conservación de una autonomía.

De la Dejadez

Nos pasa muy seguido que de pronto perdemos las ganas de hacer algo, nos ponemos melancólicos, tristes o solamente callados y hasta silenciosos. Se llega incluso a atentar contra la vida, el vacío que se siente llega a ser insoportable. No le hallamos sentido a nada y nada nos motiva, nos paralizamos, nos inmovilizamos y pasamos las horas tirados en la cama o recargados en cualquier rincón.

A veces nos movemos dentro de nuestra parálisis, dentro de nuestra indiferencia e inacción, pero lo hacemos sin ganas, como si nos pesara hacer lo que hacemos, como si fuéramos robots trabajando y vemos pasar los días uno tras otro sin que casi nada nos alegre, aunque sea un poquito, la vida. Es cuando nos ponemos borrachos y seguramente que es cuando la gente se mete droga. O sea, se fuerza al organismo a sentir algo para paliar aquella vida vaciada, gris, monótona. Pero los efectos del alcohol y de la droga pasan y aunque no se quiera se llega al páramo del que se quiso salir.

Otras veces llenamos nuestra vida de locuras vacías que hacen un efecto parecido al de la droga y el alcohol. Nos liamos a golpes con alguien y ya tenemos que platicar. Seducimos a alguna sirvienta o niña perdida igual que nosotros, nos masturbamos hasta que el cuerpo protesta. Nos convertimos en rateros furtivos o poco a poco nos embarcamos en tareas riesgosas como el narco. Por lo común nos tiramos de cabeza en alguna creencia, religión o movimiento para llenar nuestros días de acción soñando en algún Dios, algún futuro brillante o en una vida perfecta bajo el canon de alguna creencia. Esto es lo normal o lo que parece normal y lo sería si no naciera de esa sensación de vaguedad y de vaciamiento de la vida.

No es difícil dar con el origen de esa vaciedad. En primer lugar, está la locura del sentido de la vida nacida de la necesidad de dominación irreprimible que tienen muchos y que se autoreproduce, fundada en una necesidad de subsistencia enloquecida. Darle sentido a la vida requiere de coherencia, continuidad y guía. La guía generalmente la ponen los poderosos, lo líderes, las religiones y las creencias, pero coherencia y continuidad son imposibles en este mundo aleatorio en que los líderes pasan de moda, los poderes declinan, las creencias cambian y las religiones se van olvidando. El sentido es el gran absurdo de la vida, pese a lo cual le da buenos dividendos a líderes y poderosos.

El sentido de la vida, de lo que se hace o piensa rápidamente se pierde ya sea mediante los fracasos o desencantos o por mera intuición que logra captar la imposibilidad del sentido de la vida o el sentido como una locura o una mera estupidez. Entonces se llega a simplonadas como las de Feyerabend que dice que "todo vale" o cualquier otra afirmación ligera como la de seguir sueños, el progreso de la humanidad, hacer revoluciones, salvar a niños pobres o dedicarse a Dios entre muchísimas otras posibilidades que solo dan forma al vacío imposible de ocultar, lo cual incluye al escepticismo, al solipsismo y al nihilismo. El problema de la dejadez es que no es una idea, ni una teoría sino algo que nace del cuerpo.

El vacío de la dejadez suele tener origen orgánico, pero la falta de algunas vitaminas (el complejo B) o nutrientes es fácilmente remediable. Vale mencionarlo porque muchas veces ignoramos que la falta de esas vitaminas o nutrientes es la que nos pone de rodillas. Más comúnmente la falta de vitaminas es la que lo hace y sin embargo pasamos años deprimidos debido o esa pequeña omisión.

La falta de empleo o expectativas para la vida suelen ser detonantes de cierta dejadez angustiante. Te quieres mover, pero no hay para adonde. Quieres hacer algo, pero no hay qué. Tienes Tus sueños, pero claramente se ve que no hay caminos pasa seguirlos. No hay modos ni caminos para nada, solo robando o haciendo eso que se dice que no se debe hacer. El mundo se llena entonces de raterillos y de pequeños, medianos y grandes sinvergüenzas que pueblan las cárceles, los panteones y emergen innumerables movimientos "progresistas" y de protesta. Quieres hacer, pero no se puede: la parálisis convive con la angustia en un estado que lleva muchas veces al suicidio.

La falta de empleo produce síntomas similares al impulso consumista. Similar a estos es también la falta de realización, el impulso al reconocimiento, entre otras tendencias que nos imprimen los sistemas establecidos y lo poderes conductores de las sociedades. Muchos de esos impulsos inducidos llegan a considerarse como necesidades, es decir, algo a lo que no podemos rehuir, obviar o hacer como que no existen. La necesidad se impone como algo vital.

Nada de eso es cierto, solo que se trabaja acuciantemente en nuestro cableado neural para que parezca así. En estricto rigor el sentido de la vida también es una construcción de los sistemas y los poderes, pero resalta su importancia por ser el trasfondo que se sugiere para apoyar lo que hacemos y pensamos y como remedio universal para la dejadez.

En suma, **la dejadez** proviene del manoseo de nuestras redes neurales, lo cual **nos incapacita para ver el aquí y el ahora**. Nos incapacita para ver lo que tenemos enfrente, ver hacia donde apunta, cómo se rodea de otras cosas y cómo se involucra uno en eso. O sea, se logra que la vida se vuelva contra la propia vida.

De Buda a Cristo y de los griegos a los pensadores modernos, pasando por Confucio y los pensadores orientales, todos ellos han procurado, con mayor o menor éxito, mostrarnos que hay que abrir los ojos. Unos mediante la meditación, otros mediante la reflexión o los sistemas morales, pero todos ellos queriendo sacarnos de la inmediatez, de la ensoñación, de la ceguera o de plano de la estupidez.

No hay que confundir la natural flojera con la dejadez del vacío ni a esta con esos momentos naturales de depresión o tristeza ante fracasos o desilusiones. La dejadez paraliza, nos sumerge en una melancolía que dura. No en esa melancolía añorante de lo que se quisiera y que ya no está sino en una melancolía aliada con una abulia que nos paraliza y que solo los instintos más básicos hacen que nos movamos. Trabajamos, hacemos sexo, nos emborrachamos y más, pero la dejadez sigue ahí, paralizándonos, carcomiéndonos.

En general podemos decir que la dejadez es producto de la retroalimentación entre factores bioculturales en donde a veces dominan uno u otros (biológicos o culturales) pero siempre alimentados con lo que conviene a poderes o líderes.

Saber que la dejadez es un subproducto de las contradicciones en que nos sumergen los poderes dominantes, sirve para contrarrestarla, para darnos cuenta de que hay algo frente a nosotros que pertenece a nuestra vida y que la dejadez nos lo oculta. Abrir los ojos y dar un manotazo a la dejadez suele ser suficiente para abandonarla.

Los poderes despóticos siempre van a estar ahí para hacernos sentir miserables, pendejos, inútiles y fracasados. Abrir los ojos a nuestra vida (que no a la vida) y a las trampas que nos ponen, suele ser un buen remedio para mirar y seguir adelante.

Neurobiología del control

1. En la naturaleza no existe la recompensa o el placer, solamente existen procesos de carga y descarga de procesos. Los de descarga les hemos llamado placer y a los de carga excesiva estrés. Los procesos neurales ordinarios no producen placer ni estrés, solo son procesos como expresiones del todo.
2. El proceso neural del error de predicción inicia procesos de búsqueda de caminos que llevan a la dopamina, la que a su vez

inicia procesos de desactivación de procesos innecesarios, produciendo lo que llamamos placer (que en realidad es un proceso de descarga de trabajo del cerebro).

3. En la búsqueda de acortar el error de predicción se producen disparos de dopamina, por ello se pueden inducir disparos de dopamina bajo condicionamiento (experimento con monos)
4. La dopamina desactiva procesos neurales innecesarios
5. Se dice que la dopamina es la hormona del placer, pero en otros estudios desprenden que dicha hormona es más bien responsable de la motivación
6. Circuitos neurales que no son desactivados al ser innecesarios, producen una carga de trabajo innecesario para el cerebro, produciendo ansiedades, tensiones, pesadez y en suma estrés.
7. La publicidad, los medios, la escuela, los deberes y las obligaciones que producen el poder y la cultura sobrecargan de trabajo al cerebro, activando continuamente circuitos neurales que no llegan a desactivarse.
8. La asistencia social institucional (becas, ayudas a madres solteras, procampo, etc.) produce puntos estables de recompensa (mensuales, anuales o cíclicos) que por sí solos constituyen metas y caminos hacia la dopamina. Por tanto, los errores de predicción son fácilmente cuantificables al tener los puntos de recompensa más o menos fijos o de cumplimiento confiable (La beca llega cada mes y si se retrasa se confía en cobrarla en algún momento). Es decir, antes de que el error de predicción sea cero al cobrar la asistencia social, se producen varias secreciones de dopamina al enfrentarse alguna necesidad (deseo, problema o dificultad) que puede ser paliado con la asistencia. La dupla necesidad-asistencia conforma un camino de predicción de errores que paulatinamente se acerca a cero, produciendo cada vez descargas de dopamina.
9. La descarga de dopamina producto de la dupla necesidad-asistencia desactiva procesos neurales productores de malestares, inconformidades, protestas, malos humores, etc. Con ello de desactiva la protesta social
10. El sistema produce malestares sociales que activan la protesta además del sempiterno estrés. La asistencia social logra la desactivación de motivaciones que llevan a la protesta; aunque no logra acallar malestares profundos que producen estrés y otros males como la somatización de enfermedades.
11. La asistencia social logra la desactivación social a nivel biológico, lo cual explica la actual apatía de la gente ante fraudes electorales, corruptelas y abusos entre otros flagelos contemporáneos
12. Una autonomía debe construir caminos hacia la dopamina fundados en la solidaridad, además de garantizar el acceso a satisfactores vitales, diversión y entretenimiento.

El Espacio Mental

Me desperté temprano. Había tenido un sueño inquietante, quizá eso me despertó. No recuerdo el sueño sino solamente lo que lo concluía. Tenía la certeza de haber caminado mucho y de que al final había que empezar de nuevo. Esa era la certeza, comenzar desde el principio. Sí, el camino había concluido y había que recomenzar.

No sé si fue porque estaba medio dormido, pero aquella convicción de recomenzar no me abandonaba. Yo me sentía despierto y en ese despertar me fue naciendo la duda de qué podría significar un nuevo comienzo. De inmediato di con la idea de que ciertamente había llegado al fracaso, porque siempre quise ser partícipe de algo que beneficiara a la humanidad, aunque nunca supe que significaba eso. Muy pronto, en mi niñez, comencé a explorar eso de participar en algo importante (ahora sé que tenía en mente esa idea asociada al poder, la fama o la fortuna).

Siempre mantuve mi mente ocupada en lo que se requería, en estudiar para algo, en pensar las cosas de la casa y en ver cómo participar en algo grande. Lo que se requería me obligaba a pensar (como a todo mundo) y a estudiar porque era la moda. Las cosas de la casa no podía olvidarlas porque ahí estaban mi mamá o Chela para recordármelas. Lo que venía de más era eso de participar en algo que valiera la pena. Me interesaba lo que pasaba en el país y en el mundo, aunque no podía ver más a fondo de lo que veía en la tele o en las portadas de los periódicos que leía en algún puesto. Me preguntaba cosas como el porqué de la vida y de las cosas y me mantenía entretenido leyendo ciencia cuando se podía.

Ahora sé que en mi espacio mental no cabía nada más. Empezaba a perderme en algunos otros devaneos cuando tocó Luvina. Como siempre, traía extraviada la llave para entrar. Chela se paró a abrirle, me quedé un rato recostado y recordé que Luvina tenía un problema parecido al mío; Tiene su espacio mental tan copado que no le cabe nada más.

Se lo he dicho muchas veces y Chela de otros modos también se lo he repetido hasta el cansancio: dedícate a lo tuyo. Pero Luvina está muy echada hacia afuera, en cualquier cosa se atora: reuniones con amigas, cursitos pedorros, lecturas infantiles y cualquier cosa que le permita socializar, signifique eso lo que signifique.

No es que lo que hace Luvina esté mal, sino que no deja espacio mental para lo que puede ser importante en su vida. Todos podemos dedicar un cierto espacio mental para cada cosa que nos interesa, las pensamos y repensamos y eventualmente vamos dando soluciones a lo que pensamos, si bien, al ser prioridad ocuparnos de ellas, nunca acabamos de acabar. Por ello es importante saber que cada quien tiene solo una capacidad limitada de espacio mental y que es importante saber usarla.

El problema de Luvina es el de todos ¿Cuáles deben ser nuestras prioridades? Si atendemos al sistema es el consumo, la fama, la riqueza o el poder. Si atendemos al deber ser, a un líder o doctrina, entonces nos enfrentamos a las limitaciones propias de cuando se define una porción del mundo en perjuicio de lo que no se toma en cuenta. En una autonomía esto no debiera de ser problema, en tanto que se participa en una cosmogonía compartida y realizable según la comunidad que la define.

Cuando podemos centrarnos en lo que nos parece importante en la vida, de inmediato conviene poner atención en nuestro espacio mental, porque no podemos ocuparnos en todo. Dejar un espacio mental para cada cosa y ocuparse de ellas es lo procedente. Del resto, ocuparse eventualmente.

Luvina se ocupa de algo y ahí se pierde. Tiene pendiente desde hace años su tesis de licenciatura, que le conviene acabar por motivos profesionales (es profesora) y de independencia económica.

Cuando fui a la doctrina, con unos ocho años de edad, las catequistas no me alcanzaron a convencer del asunto del creador. Me surgían muchas dudas como esa de qué y cómo le había hecho Dios para crear al mundo. Muy en el fondo cuestionaba aquello de "No fornicarás" que, aunque no entendía muy bien, había oído hacer sexo a mis mayores e intuía que lo disfrutaban así que me hacía bolas con la prohibición-disfrute-ejercicio del sexo. Mucho tiempo después me enteré que Dios también había ordenado que creciéramos y nos multiplicáramos, lo cual aclaraba todo, pero eso lo descubrí mucho tiempo después.

Bajo la influencia de la doctrina, jugaba con mis hermanos a que yo era el sacerdote, daba misa y echaba bendiciones. Evidentemente me aprovechaba de que mis hermanos eran más chicos, de otro modo me mandarían muy lejos, como me lo demostraron después pitorreándose de aquel juego de niños. Abandoné esa tendencia desde aquella temprana edad, algo me convenció (no sé qué) de que aquello no era más que puro chorizo. No me dio por seguir la carrera eclesiástica si bien no me pelee con la iglesia. Fue una suerte que lo haya hecho, si no, me hubiera consumido mucho espacio cerebral sin permitir dedicarme a otras cosas.

La saturación del espacio mental es fácilmente comprensible en tanto que tenemos una capacidad limitada de procesamientos neurales, que a su vez están limitados por la disponibilidad limitada de nutrientes; que a su vez depende de la capacidad de procesamiento del cuerpo y de su disponibilidad física. Aunque dispongamos de muchos alimentos, tenemos una capacidad limitada para contenerlos y procesarlos.

Esa limitada capacidad mental es crucial para la dominación, la cual nos copa con su "entretenimiento", su "ocio", etc. Concretamente nos llena la cabeza de telenovelas, de tramas de películas, de deseos consumistas, de sueños, etc. de tal suerte que queda poco espacio mental para dedicarlo a otra cosa.

Es por ello que cuesta tanto trabajo que comprendamos lo que nos conviene, incluso, cuesta tenerlo en cuenta. A mí me pasaba muy seguido. Cuando llegaba al taller de carpintería (del cual era jefe, operario, administrador, etc.) tardaba una hora o más en entrar al trabajo. A veces no podía entrar y simplemente me retiraba a hacer otra cosa. En compensación había veces en que estaba tan mentalizado o motivado, que apenas llegar a trabajar y ya había entrado. Entonces las cosas las hacía rápidamente, compensando las horas perdidas tratando de meterme al trabajo.

La habilidad con el lenguaje de los líderes pico de oro, hace resonancia con lo que procesamos cerebralmente. Saben ubicar a la gente en su entorno y sus problemas y les hablan de ello, aunque nada cumplan. Cuando alguien trata de explicarnos algo, si no logra captar nuestro interés, simplemente lo abandonamos o hacemos como que lo atendemos. Compartir espacios, modos de sobrevivencia, de diversión, placer, etc. hace que no requiramos de espacio mental extra al relacionarnos con quienes compartimos.

Por ello es más interesante un chisme de la artista de moda (por más fútil que resulte), que la discusión o estudio de la democracia, justicia o libertad. Una autonomía debe primero crear espacios de convivencia y sobrevivencia colectiva, antes que querer adoctrinar a la gente. Rehacer la vida colectiva es prioritario para una autonomía y hacia ahí deben encaminarse todos los esfuerzos. La vida colectiva que se menciona, es la vida colectiva que la gente practica o decide y no la que prescribe alguna teoría, doctrina o líder.

Todo poder despótico de lo primero que se asegura es de saturar el espacio mental de la gente. En los imperios antiguos esto lo lograban mediante el miedo, con la amenaza directa o mediante la ley. Con el miedo se aseguraban de dicha saturación, ya que la actividad cotidiana y otras obligaciones como la religión no eran garantía de saturación. Durante la edad media, iglesia y estado llenaron de obligaciones al individuo saturándolo. En la época moderna la saturación llegó de la mano de otra religión: el conocimiento. Cuidarse de no trasgredir lo prohibido, lo cierto o lo válido o buscar las formas de transgredirlo sin mayores consecuencias, suele copar nuestro espacio mental sin darnos mayores espacios para otras reflexiones.

En oriente no les fue mejor, ahí la saturación se logra con el deber ser para con uno mismo. Vicio hacia el que ha degenerado la meditación,

El miedo no solo captura nuestra atención consciente, sino que también captura a la intuición en los llamados niveles subconscientes. Es por ello que la gente difícilmente participa en movimientos de liberación: no le queda espacio mental para ponderar su participación.

Aparte del miedo, los despotismos se valen de la religión y sus obligaciones, de acotar los impulsos básicos como el placer, la alimentación, el entretenimiento, etc. Pero es tal el estrés que producen los acotamientos, que la gente acaba rebelándose espontáneamente, aunque sin mayores convicciones de por medio. Esto último suele dar al traste con las nuevas sociedades y comunidades resultantes.

Para aliviar el estrés, los despotismos llegan a practicar acciones asistenciales, grandes festejos y espectáculos atrayentes. Aprovechan los impulsos de la misma gente y llegan a hacerse de la vista gorda ante el uso y abuso de enervantes, ante prácticas sexuales prohibidas y otras prácticas sancionadas, pero sin mayor incidencia contra la dominación.

La estrategia, en general, de los despotismos para saturar el especio mental es:

- Inducción de miedo mediante la religión, la ley y la cultura
- Acotación y redirección de los impulsos vitales
- Creación y cierta tolerancia de alternativas de atención a los impulsos vitales (formas controladas de entretenimiento, ocio, creatividad, etc.)
- Cobertura parcial de impulsos vitales (placer, libertad, sobrevivencia, etc.)
- Dotación de menús de sentidos de vida (generales, por vocación, oficios, etc.)
- Sostenimiento de la verdad, lo válido y de lo que debe ser, tanto en general como por segmentos de actividad.
- La creación del individuo

  Hay desde luego una cantidad mayor de saturadores del espacio cerebral, esto debido a la actividad incesante de escaneo de la realidad que hace el cerebro y que suele irse detrás de lo que le llama la atención. De hecho, ese es el escollo de la meditación y de la reflexión y de todo aquello que busque centrarse en algo.

Solemos ocupar toda una vida con nuestro espacio mental saturado, revolcándonos en los mismos temas, las mismas preguntas y las mismas miserias. Allá en la vejez algunos por pura intuición liberan de una vez a su espacio mental, soliendo dedicarse a nada. Alcanzan la lucidez sin ser filósofos o gurús.

En función de lo anterior, una autonomía, en formación o ya realizada, debe llenar los espacios cerebrales de la gente, porque si no lo hace, la propia actividad del cerebro llenará ese vacío. Pero lo último que debe hacerse en una autonomía, es saturar el espacio mental con doctrinas, teorías o deberes.

Siguiendo la ingeniería inversa del capitalismo, le conviene a una autonomía:

1. Asegurar la subsistencia biológica de la gente.
2. Impulsar la vida colectiva.
3. Atender las necesidades vitales de placer, libertad, entretenimiento, ocio y creatividad, dotando de espacios físicos y sociales para tales.
4. Buscar la integración antes que el acuerdo.

   Lo anterior, hoy suena exótico u obscuro y en el mejor de los casos utópico. Es normal porque aún está por verse una autonomía, cosa que es asunto de la gente y no de plan alguno ni mucho menos de alguna propuesta.

Hoy se tiene la experiencia de que la intuición (el llamado subconsciente) es la forma más económica que tiene el cerebro para funcionar, y de hecho lo hace al propiciar la mayoría de nuestras decisiones que la consciencia se limita a avalar. Una comunidad integrada jamás llega a saturar el espacio mental de quienes la integran.

El Yo Como Estructura de Dominación

1. De acuerdo con José Bargas (de la UNAM) se crean redes preferenciales que surgen por su uso continuo. Ciertas neuronas al usarse continuamente se conectan con muchas más neuronas, por lo que se alcanzan en ellas más fácilmente umbrales de disparo que las activan.
2. La consciencia como una memoria de trabajo en torno a lo vital, es el proceso cerebral que nomina a las redes preferenciales como el YO. Ese YO es el nombre de las redes neurales preferenciales conformadas en lo que Bargas llama "ensamble principal". Esas redes preferenciales activas llegan a conectar con la consciencia formando la percepción del YO. El ensamble principal, puede ser asimilado a lo que se conoce como red neural por defecto.
3. El YO es un nombre común que designa a una cosa y sus posibles variantes. Se nombra al YO tal cual se nombra una mesa y sus variantes, en el límite de las asociaciones en torno al nombre dado. De esa manera, aunque el YO cambie a diario, presenta ciertos rasgos que permiten seguir asociándolo al YO nominado.
4. Al reconocimiento del ensamble principal, se asocian corridas neurales en el área de broca (lengua), que a su vez se reflejan en las cuerdas bucales, pulmones, labios y boca para articular la palabra asociada; al tiempo que se activan rizos en la amígdala

(emociones), el hipocampo (recuerdos), la corteza prefrontal y en otras partes del cerebro.

5. La corteza prefrontal por su multiconexión y por ser puerto de llegada de múltiples estímulos, es el aparato crítico del cerebro que ayuda a prevenir la contingencia. A su vez, activa procesos cerebrales no conscientes en una continua retroalimentación.

6. Las sinapsis (ante estímulos diversos) fuera o en ramales periféricos de las redes neurales del YO (que no pueden ser inhibidas), al interactuar con las sinapsis del YO activan rizos en la consciencia asociados con los estímulos nuevos (que producen sinapsis fuera del YO) y con las redes del YO diferenciándose claramente unas de otras en la percepción.

7. Ese yo no es otro que la estructura perceptual individual la cual emerge de la herencia genética, de la experiencia personal y de la experiencia socio-cultural.

8. Una vez activado el ensamble principal (el YO) mediante la consciencia, suelen activarse otros nodos (como el habla y/o la escritura) en donde el YO resume (percibe) a las redes respectivas activadas (endógenas o exógenas al ensamble principal). La consciencia distingue claramente al ensamble principal, al tiempo que percibe a otras redes neurales activadas fuera del ensamble principal. Estas se distinguen claramente de la red neural principal. Esto crea la ilusión de que hay un YO percibiendo lo otro y al YO mismo. Ilusión que llega a confundir a los místicos orientales. Lo que se detecta es el ensamble principal y al resto del cerebro en actividad.

9. El yo (ensamble principal) mantiene una estrechísima actividad con el resto de los nodos neurales del cerebro, de tal suerte que el mismo YO se transforma a cada instante, integrando y desincorporando nodos y redes de acuerdo con la experiencia que se vive.

10. Hasta aquí es claro que el YO no es casi nada de lo que se ha dicho de él y que, de hecho, el YO es prácticamente inexistente, como inexistente es todo lo que el cerebro concibe. Y es virtualmente inexistente no porque no de muestras de existir, sino por su carácter cambiante. No obstante, tiene sentido identificar a un YO, porque él resume las posibilidades de existencia que se ha creado un individuo o grupo, pero esas posibilidades de existencia al cambiar, hacen cambiar al YO. Entonces, el YO es una herramienta de trabajo, o mejor dicho uno de los procesos que permiten la subsistencia dentro del todo al que pertenecemos. Existimos en nuestra circunstancia y no como se ha dicho místicamente que existimos en el espacio y en el tiempo.

11. Si el yo parece difícil de entender, es porque los despotismos lo toman y lo fijan, y solo lo van refuncionalizando para hacer coincidir al yo con sus intereses. De ahí nuestro "derecho humano" a un nombre, o sea, tenemos derecho a que un déspota nos nomine,

cuando debiera ser un atributo de nuestra circunstancia en tanto uno se puede autonominar.

12. Sin un nombre no hay una beca, ni apoyos gubernamentales, ni matrícula en escuela alguna. No se existe formalmente. Esa es la gran coartada de los despotismos: se montan en un proceso natural y lo congelan. El experimento chino de control de masas mediante la tecnología y los aparatos represivos es el más grande monumento que los despotismos tienen para el yo domesticado.

13. Huelga decir, en torno a lo anterior, que una autonomía debería dejar correr al YO a tono con su experiencia antes que pretender ficharlo.

14. Para un despotismo tiene muchas ventajas fichar al YO, y la mejor no es su ubicación, sino las posibilidades que se tienen de cargarlo con traumas, frustraciones, resentimientos, culpas, etc. las cuales serán achacadas a la incompetencia del individuo nominado y no como producto de procesos más o menos fáciles de disolver. Toda esa basura suele ser tan abundante, que los individuos suelen pasar toda una vida entretenidos en ellos y las comunidades consumen mucho tiempo discutiendo identidades y lo que de ellas se desprenden. Sin duda, es genial la congelación del YO: copa el espacio mental de la gente restando sus posibilidades de pensar.

Orientación de la Actividad Cerebral (Intuitiva y Consciente)

Existen varias formas de orientación de la actividad cerebral, las más comunes son la activación intuitiva, la activación consciente y desde luego, la consciencia plena. Estas son importantes porque se trata de la dirección que se da a la vida tanto individual como colectiva.

El cerebro orienta su actividad cuando una o más redes neurales principales hacen sinapsis en torno a uno o más nodos sinápticos.

En primer lugar, habremos de reconocer que el cerebro jamás cesa su actividad ya que, de manera consciente, intuitiva, lúcida, en medio del sueño o un estado vegetal, siempre se encuentra activo. El cerebro discurre dentro de una modificación continua producto de esa actividad. El cerebro puede activar gran parte de sus posibilidades sinápticas, como en el caso de la consciencia plena o lucidez o puede reducirlas a procesos automáticos como en el caso de la vida vegetativa. Usualmente el cerebro se mantiene activo mediante procesos sinápticos automatizados como la actividad somatosensorial (interoceptiva y propioceptiva) y la actividad del sistema autónomo, complementadas con procesos sinápticos intuitivos y atisbos de consciencia

La consciencia se activa cuando se activan sinapsis o nodos sinápticos que interactúan con situaciones-estímulos importantes para la sobrevivencia. Entonces la atención se centra en la situación-estímulo y se activan sinapsis afines que se actualizan en el acto de activarse. Si la activación-actualización sináptica se mantiene, entonces la atención se mantiene y con ella surge la consciencia. Ésta, hace rizos con nodos neurales manteniéndose activa.

Las variaciones de lo captado, que no resultan relevantes respecto de la sobrevivencia, corren en sinapsis adyacentes a la estructura perceptual produciendo conductas, movimientos, procesos y, en general, reacciones automatizadas, por lo que dichas variaciones no acceden a la consciencia. Esto es lo que comúnmente conocemos como red neuronal por defecto. Actualmente se reconoce que la mayoría de nuestros actos corresponden a la actividad cerebral inconsciente o más precisamente al resto cerebral fuera de la consciencia

Cuando una variación accede a la consciencia, la intensidad de ésta, depende de su inervación sináptica y de la creación de nuevas sinapsis. La consciencia se activa solamente ante variaciones favorables o desfavorables a la sobrevivencia. Si queda la impresión de que la consciencia se activa a voluntad (yendo por caminos imprevistos como en el caso de la invención o creatividad), al margen de situaciones de sobrevivencia, es porque ideológicamente la sobrevivencia queda encubierta por cuestiones de orden ideológico que pretenden estar muy alejadas de los instintos. Por ello, una forma de activación de la consciencia es capturar sinapsis activadas centrando nuestra atención en ellas (cuando surgen como ideas, emociones, pensamientos, etc.), con eso, se provocan rizos y toda una actividad de conexión-reconexión y creación de nuevas sinapsis, dando paso a la creación tan propia del arte y la investigación, entre otras actividades (trabajo, deporte, ocio, etc.).

Cuando se activa la consciencia se activa el resto cerebral (intuición) y en una actividad incesantemente interactiva se retroalimentan todas las partes del cerebro y en general del sistema nervioso. Es el origen no solo de lo que aflora en la conciencia, sino de modificaciones en la estructura perceptual y en el resto cerebral (que se manifiestan por medio de la intuición y la experiencia interior reflejadas en conductas y procesos mentales).

Por su parte, la intuición siempre está activa orientando la actividad bio-social del individuo y recibiendo las influencias correspondientes del medio y la sociedad. Es posible orientar la intuición hacia variaciones de esa actividad bio-social e incluso a situaciones fuera de la actividad normalizada (propia de la estructura neural de cada individuo), como es el caso de la voluntad aplicada a la modificación de conductas o concepciones del mundo, en casos de traumatismos mentales o físicos (y quizá en casos de accidentes genéticos).

La intuición se orienta mediante la creación y/o modificación de sinapsis. Esto a su vez se logra asaltando las emergencias conscientes (forzando la atención en ellas por pequeñas que sean), captando y siguiendo a las emociones (captando juegos de emociones que las acompañan y/o siguiendo su origen de manera consciente) o practicando la experiencia interior. Cuando se logra de esa manera, seguir ideas, atisbos de consciencia, emociones o arrobamientos, estos emergerán como nuevas ideas, emociones o pensamientos afines a lo que se siguió, centrando la actividad del resto cerebral en lo que se elige seguir, trocándolo en múltiples posibilidades, tantas como se profundice en el centramiento (redirección de sinapsis en torno a nodos o redes neurales). La consciencia es una manera (quizá no la mejor) de evitar la dispersión tan propia de un organismo biológico vigilante de su propia existencia.

En suma, la consciencia tiene la propiedad de recablear nuestro cerebro y, de acuerdo con la epigenética, puede cambiar nuestra estructura genética, activando o desactivando genes que nos preparan o incapacitan para ciertas cosas. Cierto que esos cambios no son fáciles ni rápidos, en tanto que el más pequeño de los cambios puede requerir del recableo de miles de millones de sinapsis, tarea que requiere muchísimos más nutrientes que los que el cuerpo y el cerebro pueden procesar. Cualquier cambio de conducta, de creencias, de actitud o pensamiento, requiere de su tiempo, el cual queda determinado por la estructura neural de cada individuo y por las relaciones que mantenga con el resto social y con el medio.

Los cambios dirigidos por la consciencia son muy difíciles de lograr a nivel individual, pero cuando se viven dentro de un cambio en la forma de sobrevivir, devienen automáticos como producto de la experiencia. Entonces los cambios pueden ser muy rápidos e indoloros por realizarse a nivel subconsciente.

Los poderes despóticos jalan nuestra atención forzando la aparición de la consciencia y la conformación y reconformación del subconsciente. Para ello le es indispensable un sistema educativo, particularmente cuando la religión ya no cubre satisfactoriamente (para los poderes despóticos) la tarea educativa. Los medios de comunicación redondean lo que el sistema educativo logra y si aun así no se logra el moldeo de la consciencia y del subconsciente, entonces ahí están la ley, las cárceles y los siquiátricos.

La captura y reconfiguración de la consciencia y del subconsciente es indispensable para un despotismo. Para prevenir lo anterior una autonomía lograda y una que aspira a hacerlo, tienen dos caminos. Uno es abrir espacios de lucha colectiva sin ánimo doctrinario. Esto último no conviene porque es ponerse contra un aparato ideologizante virtualmente invencible. Solo los fanatismos creen vencerlo. Los espacios de lucha tendientes a satisfacer impulsos vitales darán la cohesión suficiente para mantener una crítica en los hechos y no sobre los hechos. Por ejemplo, la crítica del consumismo ya no puede ser una crítica contra el consumismo, sino una crítica de la pertinencia de cierto consumo a la luz de lo que se quiere lograr. Esto puede ser válido para una autonomía en formación.

El otro camino, el de una autonomía ya establecida, es el de conformar al subconsciente de acuerdo con lo que se vive, tanto en lo cotidiano, en lo comunitario como en lo global. Es decir, conformar consciente y subconsciente, de acuerdo a la experiencia colectiva. Esto conlleva el problema de que la realidad se define e inventa por los colectivos, y esa realidad puede implicar caminos contradictorios con la propia comunidad. Aquí no hay nada que decir. Serán las propias autonomías las que decidan su cielo, su infierno, su vacío o su delirio. Siempre habrá otras comunidades cuando la propia resulte delirante.

La captura doctrinaria de la consciencia y del subconsciente (intuición) es algo que una autonomía debería evitar para no caer en fanatismos. La conformación mental de las comunidades debería ser producto de la convivencia, con todo y los posibles yerros que surjan.

Uno de los principales obstáculos para que sea la convivencia la que conforme la estructura perceptual, la conducta y la actitud de los individuos, es la cultura. La convivencia debería ser una de las fuentes principales de producción de subjetividad antes que una cultura establecida o en formación. Hay que recordar que la cultura ha servido como soporte de despotismos y su tendencia es congelarla mediante pretendidas tradiciones. Pese a que ya la antropología demostró que las llamadas tradiciones son en realidad dinámicas y de tiempo en tiempo cambian y se trasmutan, la cultura y las tradiciones siguen siendo conceptos muy apreciados y son un instrumento ideal para los despotismos.

Obviamente la cultura no la inventan los despotismos, sino la gente, pero igual que en el caso de los impulsos básicos, los despotismos se montan en ella, congelándola y en su momento, modulándola de acuerdo a su estilo de dominación. Por ello vale tomar la propuesta de Guattari y desatenderse del concepto de cultura y tradición y activar la producción de subjetividades como formas íntimas de relación específica. Es decir, una relación dinámica y ya no relaciones generales definidas por una cultura.

Así pues, no se trata de "hacer consciencia". Se trata de aprovechar a la consciencia para lo que sirve: cambiar al ser mismo en su constitución bio-social y psico-física, dentro de una relación comunitaria.

Funciones Socio-Cerebrales

El capitalismo contemporáneo se monta, y con ello posibilita su funcionamiento, en la atención. Es por ello que las revoluciones y la novedad le son tan caras al capitalismo.

En su momento, la edad media se apoyó en la función pensamiento. La misa, el diezmo, las fiestas de guardar, y todos los eventos religiosos que cubren la totalidad del año, tenían la función de mantener en la consciencia a la religión que era el principal apoyo de los señores feudales. La misma función, tenían los principios y valores medievales como la lealtad, la amistad, el honor, el respeto, etc. los cuales había que tenerlos presentes siempre para cumplirlos bien.

El cerebro se caracteriza por su continua revisión de los parámetros que afectan a la vida. Se mantiene en vigilancia para reaccionar con prontitud ante las cosas que afectan a la vida, ya sea positiva o negativamente. Esa actividad vigilante, era aplicada en el cumplimiento de la servidumbre y de la religión.

La etapa esclavista occidental a su vez se apoyó en las funciones básicas del cerebro, las cuales responden a sensaciones como la sed, el hambre, el impulso sexual, el miedo, etc.

Antes del esclavismo occidental es difícil saber que funciones cerebrales se ocupaban, aunque a partir de estudios como los de Pepe Rodríguez o Turbón, entre otros, puede inferirse que se apoyaban en la intuición, esto hasta la aparición de la lengua y de la escritura como mecanismos de apoyo para el poder tutelar y en su momento para el apoyo del pensamiento aún bajo la tutela del poder.

La predominancia de alguna función mental no excluye la participación de otras funciones de apoyo, por ejemplo, actualmente, aunque el capital requiere de la atención, el mismo capitalismo se sirve del miedo (base del control de los imperios antiguos) para efectos de control e incluso para la valorización del capital. Por miedo se logran grandes ventas de cosas que van desde alimentos hasta armas de uso personal. El miedo como se sabe, es uno de los mecanismos básicos del cerebro. El proceso productivo capitalista requiere del pensamiento (base del control en la edad media) para poder ser eficiente. Ese uso intensivo del pensamiento es lo que causa estrés y toda una nueva gama de enfermedades modernas, pero el capital no puede prescindir del pensamiento pese a que se cargue hacia el uso de la atención para poder realizar la ganancia. Que la atención debe tener un trato de privilegio, de eso saben mucho los publicistas. De hecho, en la empresa actual el área de comercialización es la más importante de todas las áreas, incluida la de producción, de ahí que la publicidad y el diseño ocupen papeles protagónicos en la producción de ganancias para una empresa. Es por ello que puede afirmarse que el motor principal que mantiene funcionando al capitalismo es la función atención.

De igual forma, el uso del pensamiento en la edad media nunca excluyó al manejo del miedo. Sus procesos de tortura dan buena cuenta de ello. Los grandes festejos religiosas y palaciegos eran maneras de atrapar la atención de los dominados y de esa manera construir sentidos y alimentar con ellos a la vida. Sentidos imaginados y expectativas imaginarias llenaban a la gente, al menos a la gente que quedaba atrapada en esas trampas de los sistemas.

En la etapa esclavista occidental, pese a que el poder se montaba sobre las funciones básicas del individuo, usaba al pensamiento mediante la religión y a la atención mediante los festejos y juegos. Es decir, cada forma de ejercicio del poder se apoya preferentemente en una función vital del individuo como son el pensamiento, la atención, las necesidades básicas e incluso la experiencia interior o la intuición. No obstante, lo anterior, cada forma de dominación no deja de aprovechar otras funciones vitales, las cuales lo legitiman o crean la ilusión de hacerlo.

De todo esto se desprende una tesis importante: Todo poder tutelar, para lograr el éxito, consolidarse y perpetuarse, se apoya en funciones vitales para el cuerpo; ya sea reprimiéndolas, controlándolas, satisfaciéndolas o manipulándolas, lo que le da asiento real y la posibilidad de enraizamiento entre la gente. Si los despotismos se han impuesto, es porque han sido eficientes en aportar soluciones a la existencia, no solo en el rubro de la existencia directa, sino también en el esparcimiento, el ocio, el placer y la libertad, aunque solamente lo haya hecho de manera parcial e injusta. Esto último siempre puede disfrazarse con un buen manejo de la imaginación y el actual capitalismo ha sido muy eficiente en la conformación y reconformación de realidades imaginadas.

Esta es una lección importante tanto para la creación de autonomías como para su sostenimiento. Todo lo que se emprenda en una autonomía debe tener un soporte bio-social. Debe responder a impulsos vitales como el sexo, la alimentación, etc. Pero también debe responder a improntas sociales ya incardinadas como circuitos bio-cerebrales. Pareciera que esto está demás, que es obvio y que ya se sabe. Ciertamente, pero es el caso que existe una tendencia sumamente nociva entre las fuerzas contrarias a los despotismos, consistente en querer hacer cambios ideológicos antes que cambios materiales. Pretenden "concientizar" a la gente antes que atender sus impulsos vitales básicos. Se privilegia el adoctrinamiento por sobre la experiencia colectiva. Ya el marxismo sabía que había que dar soporte material a la revolución. En la misma tónica, toda autonomía que se pretenda tal, deberá echar por delante el problema de construir las condiciones materiales de su existencia.

Herencia Genética

Heredamos un sistema nervioso y por consiguiente un cableado neural que se ha venido enriqueciendo a lo largo de miles de años de existencia humana. Es pues lógico suponer que conservamos la estructura neural que viene desdelos primeros hombres y esto quiere decir que tenemos estructuras similares en las distintas razas y pueblos humanos en cuanto al habla, a la manera de mirar al mundo, funciones cerebrales similares, conductas y reacciones similares ante situaciones parecidas.

Es decir, nacemos con multitud de similitudes que se van diferenciando de acuerdo al contexto físico (epigénesis) y devenir social (feedback bio-social), añadidos al sustrato que se hereda.

Dentro de los factores más importantes que orientan esa herencia genética en determinados sentidos, está el poder despótico, el cual es capaz de, a partir de la herencia genética, inducir cambios que lo favorecen. Por ejemplo: imponer el uso de un idioma, conductas, reacciones, creencias y visiones del mundo o cosmogonías, de acuerdo con las cuales actúan los pueblos sometidos.

La diferencia con pueblos no sometidos, es que los grupos humanos en su devenir conforman su herencia genética de acuerdo a su propio devenir, el cual siempre es cambiante. Bajo el poder, ese devenir intenta encasillarse continuamente pese a que se escurre por doquier: de ahí los cambios sociales, el ajuste a las leyes, las modas y la variabilidad humana.

Un pueblo libre no opta por los sistemas ni por la cultura, sino por su propio devenir. Esa es la mejor enseñanza de la modernidad. Montados en autos con un celular en la oreja, nos hemos convertido en simios tecnologizados que alegremente estamos dinamitando el suelo en que nos paramos.

Las Emociones

Toda sustancia cerebral segregada (principalmente los neurotransmisores) nos predispone a algo en tanto que activan o desactivan al cuerpo, tensan/distensan músculos, aceleran ritmos pulmonares o cardiacos o sanguíneos e incluso aceleran secreciones de sustancias en posibles bucles de aceleramiento/inhibición dentro del juego que permite nuestra estructura cerebral heredada (desde el primer hombre) y la formada por la experiencia individual y grupal.

Las distintas sustancias mueven conjuntos de músculos, redes neurales y funciones cerebro/corporales que se traducen en pensamientos, ideas, emociones, acciones, predisposiciones (estados de ánimo) o estados corporo/mentales. Las emociones participan en todo ese tramado en tanto que la amígdala cerebral (puerta de entrada a las emociones) está multiconectada con el resto cerebral.

Todo parece ser estructurado (relacionado) por nodos, cuya multiconexión permite a su vez activar varios o muchos nodos con diferentes intensidades de acuerdo con las ramas tocadas de los nodos activados. En esa medida se conforma un coctel de sustancias cada vez que se activa un nodo; coctel que activa/desactiva/atenúa/acelera a cada complejo neural que nos hace ver, oír, sentir, pensar y todo lo que cada ser humano es capaz de hacer en la modalidad en que lo hace.

Todos los animales parecemos dominados por el miedo, pero no es el miedo lo único que nos mueve. Cada animal según su deriva (que no su evolución) desarrolló una peculiar estructura neural de acuerdo a sus posibilidades de devenires. De esa forma todos podíamos acabar como elefantes y toda la creación podría acabar como humana. Situación que, aunque aparece como posible no lo es tanto, ya que muy posiblemente prosiga la especialización/reconfiguración de órganos y facultades como tendencia dominante como hasta ahora.

Cada estructura neural (según la especie) aparece inamovible por la cantidad de nutrientes que requiere para un cambio en vivo. Cada cerebro dispone de una capacidad limitada de nutrientes y de una capacidad limitada para procesarlos. Cada cuerpo solo puede admitir una cantidad limitada de nutrientes y a su vez tiene una capacidad limitada para procesarlos y distribuirlos. Todo eso dibuja una capacidad limitada del cerebro para cambiar radicalmente su estructura, por lo que un cambio de estructura deviene producto de cambios en el todo y no de evoluciones. Los cambios se entrelazan con otros cambios para posibilitar la integrabilidad de un organismo con el todo.

La vida no se da mediante una adaptación al medio, sino como un juego de devenires en el que la adaptación solamente es un caso particular del devenir de todo ser vivo. La sobrevivencia del más fuerte no es sino una perspectiva facistoide.

En la secreción de sustancias en el cerebro participa el resto del cuerpo, el cerebro mismo, el entorno del individuo o grupo, su historia y sus perspectivas. En el cerebro se secreta alguna sustancia al mismo tiempo que el entorno, el cuerpo, la historia y la perspectiva cambian. El cerebro mismo funciona como un nodo en entornos como el medio y la historia.

La emoción sirve para entender/orientar lo que hacemos, decimos o pensamos, pese a que de manera pedestre se pueda utilizar con fines de control o conocimiento tal cual lo hacen la publicidad y el diseño.

La emoción no es más que el juego de sustancias motivantes en una dirección dada. Otros juegos de sustancias sin ser emociones suscitan efectos diferentes o similares a los juegos (cocteles) que propician las emociones. En todo lo que hacemos, pensamientos puros, ideas puras, acciones puras, etc. las emociones juegan un papel determinante.

Las emociones son "reguladas" por la corteza prefrontal que somete a los estímulos provenientes de la amígdala a una relación con otras áreas y redirige el impulso emotivo en la dirección que implica el ensamble neural principal.

Toda emoción es el resultado del coctel de sustancias secretadas por las sinapsis realizadas, por ello solemos tener múltiples emociones indefinidas, difusas y no asociadas a concepto alguno; pese a que se les quiere encasillar en un número finito. A las emociones les acurre lo mismo que a los sentidos, que, aunque la lista ya se ha ampliado a más de cinco, estos se combinan y recombinan para producir un gran número de sentidos que orientan nuestro hacer. Emociones y sentidos han sido rasurados y estratificados solamente por la necesidad de uniformación que tienen los poderes despóticos. Los poderes despóticos no pueden imponerse en un entorno no acotado.

En una autonomía, emociones y sentidos deberán permanecer ajenos a toda estratificación y taxonomía. Si bien es cierto que la definición de un colectivo en cierto sentido ya implica un acotamiento de todas las capacidades del ser humano; en función de procurar al instinto básico de la creatividad, siempre deben dejarse puertas abiertas para la gente pueda reconocer y ejercitar sus propias emociones y sentidos.

De la Consciencia y la Intuición

1. La intuición es el conjunto de sinapsis que ocurren fuera de la consciencia. La intuición es una fuente y no una sede, al igual que la consciencia
2. La consciencia es en un primer momento un registro perceptual (sensaciones editadas o seleccionadas), en un segundo momento un registro perceptual-intuitivo en el que se combinan sinapsis preferenciales y no preferenciales que guían la atención y depuran la memoria. De ahí surgen no solo pensamientos propios de la consciencia, sino intuiciones imposibles de explicar con los códigos de la consciencia
3. La consciencia es producto de una memoria de trabajo que puede ser activado por un estímulo interno o externo o por un estímulo proveniente de sinapsis no preferenciales.
4. La consciencia puede transformarse en intuición y la intuición en consciencia. La primera transformación ocurre con solo emerger la consciencia, ocurren entonces recableos inconscientes (intuitivos). Lo segundo ocurre cuando la actividad intuitiva da con algo vital, forzando la emergencia de la consciencia.
5. En otro lado he definido a los nodos neurales cerebrales como redes neurales por las que pasan conexiones provenientes de

otros puntos cerebrales en su paso a otros nodos o circuitos neurales. Estos nodos pueden ser de origen biológico o de origen social, pero todos son finalmente bio-fisico-sociales (determinados e influidos por factores de ese tipo).

6. La sociedad más que la deriva biológica y la física, crea constantemente nodos bio-sociales que en conjunto de lo bio-físico ubican a los individuos en sus posibilidades de vida

7. La consciencia puede definirse como una combinación de atención y memoria de trabajo

8. Ni consciencia ni intuición tienen asiento en parte alguna del cerebro, solo son manifestaciones de procesos sinápticos

9. Consciencia e intuición mantienen un feedback constante

10. Los procesos sinápticos que percibimos son la consciencia, Los procesos sinápticos que no percibimos conforman la intuición. La consciencia alimenta a la intuición, y esta se expresa como consciencia y/o emoción.

11. La estructura perceptual es la fuente principal de la consciencia, y se compone de una serie de nodos neurales conformados por ensambles neurales preferenciales (cuyas neuronas alcanzan fácilmente umbrales de disparo, debido a la intensa interconexión que conforma el ensamble). Esta fuente principal también es alimentada por el resto cerebral en medio del perpetuo escaneo que practica el cerebro para ubicarse en su entorno bio-físico y social.

12. Los poderes despóticos aprovechan la intensa interacción entre la consciencia y la intuición para crear conductas automatizadas. La interacción humana mediante la experiencia, aprovecha más ampliamente lo que el sistema logra mediante la publicidad y la educación, solamente que la experiencia colectiva tiene su propia lógica mientras que el feedback consciencia-intuición individualizada y bajo el mando de un despotismo, solo es capaz de orientar a conjuntos de idiotas para construir una bomba atómica o para privatizar a la naturaleza.

Motivación humana

La motivación humana, al igual que toda motivación animal, se mueve a matacaballo entre los impulsos biológicos y las motivaciones sociales. Todo impulso biológico al nacer se ve modulado por el arreglo social dentro del cual emerge, y toda motivación social es acotada por los impulsos biológicos individuales o grupales. En el punto de encuentro del feedback biosocial emergen impulsos nuevos y nuevas motivaciones sociales, las cuales dan pie a nuevos arreglos sociales y a nuevos cableados neurales productores de nuevos impulsos biológicos. Esa es la fuente biológica de lo humano y la fuente social de lo biológico.

La creación que emerge del feedback biosocial tienen como límites lo biológico y lo social, pero nunca es idéntico ni a lo uno ni a lo otro, es algo nuevo, irrepetible e inasible por más que se les quiera asimilar a los elementos del feedback. Ese punto del feedback pertenece a la experiencia y solo puede ser captado y articulado en ella.

La experiencia emerge de la intuición auxiliada por la consciencia. Cualquier intento de acotación (biológica o social) es un punto a favor del surgimiento de poderes despóticos. Por ello, toda explicación biológica o social, debe tenerse como un producto de la creatividad y del entretenimiento que no tiene por qué ser necesariamente asociada a lo que se entiende por realidad. Cuando esto ocurre, ese es un punto de emergencia de los poderes despóticos. O, dicho de otra manera, son los poderes despóticos poniendo la imaginación al servicio de la dominación. Toda imaginación da con el conocimiento y todo conocimiento soporta al despotismo.

Esto huele a una doctrina del embrutecimiento ¿Qué otra cosa podría oler un bruto?

Amígdala y Miedo

Nos formamos una estructura perceptual

Con esa estructura perceptual creamos una visión del mundo

Respondemos al medio y a nuestros semejantes de acuerdo con esa visión del mundo y estructura perceptual que poseemos

La amígdala no solo es uno de los caminos más importantes para activar emociones, sino que es el mecanismo que nos alerta ante lo desconocido o peligroso mediante el miedo

Una activación anómala de la amígdala produce miedos irrefrenables que suelen suscitar conductas anómalas

Las conductas anómalas suelen tomar formas violentas, de cerrazón, de indiferencia o negativas que resultan así cuando no alcanzan a ser "racionalizadas" por el neocórtex

Una conducta anómala suele ser la adaptación de una situación rechazada o no comprendida

Cuando se activa la amígdala se activa el miedo con secreciones de adrenalina. Tal activación suele anularse total o parcialmente una vez que interviene la corteza prefrontal que verifica la situación que se enfrenta.

El problema que presentan los traumados, enconchados, los necios y todos lo que tienen problemas para socializar o compartir ideas, es que nunca se les desactiva del todo la amígdala. Para normalizar el trabajo de la amígdala, basta con contrastar la emoción sentida con la visión que se tiene del mundo. Al activar su noción del mundo el individuo (e incluso el grupo) compensa el miedo casi perene que se sufre. El miedo es el rincón de las religiones, de las creencias, de la fe y desde luego, de las ideologías.

Quien desea salir de su concha o buscar otras posibilidades de vida, deberá llevar al consciente su situación, el mal llamado inconsciente (la intuición) se encargará del trabajo (elemental truco de psicólogo).

Crear Poderes Alternativos Reales

Lo normal en la izquierda ha sido pretender montarse sobre los poderes establecidos para, a partir del montaje, hacer prevalecer su discurso, el cual acaba siendo un nuevo despotismo. Otras vertientes del pensamiento pugnan por cierto deber ser social e incluso individual. Se ocupan del qué, pero poco atienden el cómo.

La concentración del poder responde a impulsos vitales imposibles de soslayar, por lo que antes del qué hacer para un cambio debe atenderse el cómo. El cómo nos lleva directamente a resolver la cuestión del cambio en la experiencia, dejándole a la teoría un papel secundario por su carácter retrógrada y parcial que la convierte en chorizo. La teoría nos sustrae del presente y nos transporta a sus condiciones de aparición que normalmente acurren fuera del presente, de ahí su carácter retrógrado. El carácter choricero de la teoría es evidente aún en la teoría que pudiese considerarse técnica, en tanto nos sumerge en un modo de ver y resolver al mundo.

Salir de un sistema como el nuestro, dominado por la lógica capitalista, requiere de erigir poderes alternativos, capaces de enfrentar poderes dominantes. Dichos poderes alternativos hasta ahora han sido de orden político fundados en una moda, tendencia o un caudillo, los cuales, al desaparecer, desaparece la fuerza de los poderes así creados.

Los poderes que tienen como base únicamente la voluntad de la gente son extremadamente endebles en tanto que las voluntades naturalmente cambian o suelen ser precisamente veleidosas. Los poderes fuertes tienen como base la atención de los impulsos vitales de la gente, los cuales se manifiestas como necesidades de ingesta, libertad, placer, ocio, entretenimiento y creatividad. Cada una de esas necesidades puede fundar poderes sólidos, como en el caso del narco, gran procurador de placer o el cine e internet, grandes productores de entretenimiento.

La creación de autonomías supone la creación de un poder fuerte en el aquí y en el ahora. Para ello requiere de atender varias de las necesidades citadas. Los experimentos político-sociales que se han realizado, parten de atender la ingesta como prioridad, descuidando al resto de necesidades. De hecho, se puede partir de satisfacer medianamente una de esas necesidades, que en principio es la que logra atraer a la gente. A partir de ella, se pueden ir cubriendo otras necesidades para afianzar lo que se construye.

Los movimientos políticos que llegan a tener algún éxito, normalmente lo tienen porque crean expectativas de satisfacción de libertades, ingesta o al menos entretenimiento. Mediante esas satisfacciones mínimas se producen placeres y creatividades, sacrificando incluso la necesidad de ocio si llegan a ser especialmente intensos. El movimiento zapatista fue un factor de entretenimiento para amplios sectores de las clases medias, quienes, al aburrirse, simplemente regresaron a su cotidianidad dotadora del resto de satisfactores.

El movimiento de AMLO que lo llevó a la presidencia de México creo expectativas de ingesta y libertad y dio pie a creatividades y entretenimiento. Eso le basto para atraer el voto de la gente, pero si esas expectativas y logros no se consolidan en poderes populares, todo su movimiento se irá desgastando y caerá. Retomarán entonces su papel protagónico los poderes alternativos dotadores de posibilidades de ingestas (empleos), entretenimiento, etc. y conducirán de nueva cuenta hacia arreglos sociales en los que los poderes despóticos campean.

Una autonomía para serlo, debe fundarse en poderes comunales. Los poderes personalizados o de grupo, regularmente degeneran en poderes pastorales o francamente despóticos y en tal sentido son limitadores de posibilidades de existencia colectiva, que, si bien amplían las posibilidades de subsistencia individuales o grupales en el corto plazo, en el mediano y el largo plazos son retrógrados, tal cual ocurre al resto de las concentraciones no comunitarias.

La concentración de poder obedece a impulsos vitales, pero dado su potencial negativo, debe buscarse la prevalencia de las concentraciones comunitarias de poder. Debe buscarse que estas subsuman a las no comunitarias, no tanto para hacer prevaleces despotismos comunitarios, sino para darle paso a arreglos sociales fundados en la experiencia y no en el chorizo.

La creación de poderes comunitarios también debe basarse en la experiencia y no en un arreglo político. Un ejemplo de este tipo de poder lo ejemplifica el narco. Con su actividad resuelve varios impulsos vitales comenzando por la subsistencia. Logrado esto, se involucra en la solución de problemas colectivos de orden social, religioso o deportivo. Toda esa actividad se atrae la voluntad de la gente, quienes les trabajan y aún defienden. El narco es despótico, por eso cae en excesos y termina siendo aborrecido. Sin embargo, mientras el narco conserva las características sociales que lo encumbran, sigue siendo apreciado e incluso aceptado como gobierno informal. La clave del narco es resolver varios de los impulsos vitales e involucrarse en la problemática social. Eso es lo que hace todo poder despótico antes de degenerar en la barbarie. Eso es lo que debe hacer una autonomía cuidando no alimentar despotismos.

No es difícil saber cuándo se está alimentando un despotismo. Basta saber quién toma las decisiones. Si no salen de las relaciones mismas que traba la gente al trabajar atendiendo sus impulsos vitales (subsistencia, placer, libertad, etc.), si no salen del consenso de la gente, si emanan de un líder o de un órgano de gobierno, entonces se está en camino de alimentar un despotismo.

En su momento las autonomías nombrarán consejos de ancianos, grupos de trabajo específicos (que no de expertos) o algún otro órgano que la comunidad considere necesario. Pero eso ocurrirá en su momento: cuando una autonomía ya funciona en la armonía de sus relaciones y con su entorno.

Soportes del Poder

(Sobrevivencia, Sentido y Convivencia)

Aparte de las herramientas que tiene el poder (violencia, manipulación, engaño, seducción y resonancia), este se sostiene por su capacidad para organizar la sobrevivencia, para dotar de sentido a la existencia y facilitar la convivencia.

Los poderes pastorales organizan la sobrevivencia de dos maneras, una real y otra ficticia. La primera la realiza mediante la organización del trabajo (en un sentido amplio), la segunda mediante la manipulación de la imaginación con la que suple a lo real, tanto a nivel actual, como en el nivel de la expectativa.

En el nivel de la percepción los usos y costumbres sociales incardinan en el cableado neural para que la gente perciba cosas ad hoc a lo que los poderes necesitan, o para percibir lo que se capta, como si fuera real. Esto último es la base de la percepción: se percibe lo que el cerebro espera.

En el nivel de la expectativa, la imaginación se manipula mediante la imagen, la palabra y en general mediante todos los sentidos para crear expectativas como la de "tierras en las que brotan leche y miel", los paraísos pos mortem, etc.

Lo anterior es posible dada los escasos requerimientos que tiene el cuerpo para sobrevivir. Es por ello que los poderes pastorales aparecen como posibilidades reales de sobrevivencia, como optimizadores de las posibilidades de la misma.

El primer impulso de la vida es sobrevivir, salvo cuando, como dice Camus, se decide en contrario. Pero el sentido de la vida dista mucho de ser filosófico. Tal sentido establece las líneas reales e imaginarias de sobrevivencia, ya que lleva implícito el conocimiento de fuentes alimenticias, de placer, de abandono, entretenimiento, creatividad y libertad. Todo ello indispensable para la sobrevivencia.

Mediante las herramientas del poder (que se distinguen de las propiamente humanas por orientarse a la organización, entre otras cosas), el sentido natural de la existencia puede orientarse y reorientarse, particularmente mediante sentidos generales como la patria, el calentamiento global, la especia, etc. Mediante las herramientas ya citadas los poderes pastorales crean riadas de sentido que arrastran a pueblos enteros, sin las cuales, los individuos serían especies de autómatas procurándose la vida de cualquier manera. De hecho, así procedemos normalmente salpimentando el automatismo con la exaltación de alguno o algunos de los impulsos vitales.

Las formaciones sociales no son otra cosa que formaciones de sentido, con sentidos dominantes, subordinados e individuales. La administración de sentidos de la existencia da a los poderes pastorales la posibilidad de organización de la existencia a la vez que permite la convivencia.

En función de que cada individuo y cada comunidad tienen su particular percepción de la realidad y de sí mismos, el choque con otros individuos y comunidades es su corolario. La convivencia se hace imposible sin metas y sentidos comunes. Cada comunidad e individuo construyen su propio sentido y en función de él actúan y dirigen su existencia. Con el conflicto como corolario de la diversidad de sentidos de la existencia, es necesario un sentido mayor y trascendente a comunidades e individuos, en esa coyuntura es justamente en la que se asientan los poderes despóticos.

Una autonomía puede trascender el conflicto que genera la sobrevivencia instintiva mediante el uso de la consciencia y la experiencia para transformar la interacción biosocial, en función de las capacidades constructo-neurales de la consciencia. Para ello se puede servir de la natural meditación (que no de la contemplación) y del natural reflexionar (que no del filosofar), auxiliándose del cultivo de la intuición en función de las decisiones colectivas. Por otro lado, la cercanía de la gente en torno a sus impulsos básicos, es un componente básico para evitar la confrontación. Las autonomías deberán inventar formas de convivencias cercanas al interior y exterior de las comunidades.

Lo anterior implica la necesidad recurrente de interacciones colectivas como fiestas, celebraciones, rituales, asambleas, competencias, etc. La sobrevivencia llevada al azar necesariamente desemboca en conflicto, por ello se necesita una labor constante de recableo neural y de acercamiento social.

Nociones como la patria solo son sostenibles con la violencia, por lo que una autonomía debe buscar ligarse con su entorno social a partir de intereses comunes dictados por la sobrevivencia.

Los poderes pastorales parten de establecer sentidos de la vida generales, para ello necesitan a la filosofía, a la ciencia y al conocimiento. Una autonomía parte de los sentidos que las comunidades se inventan y para ello solo requiere ligar socialmente a los individuos mediante la experiencia, atendiendo a los impulsos vitales. Para una autonomía la lengua es auxiliar, para un despotismo es vital.

Función Cerebral y Poder

Atendiendo a datos empíricos de la experiencia cotidiana, el cerebro humano trabaja ordinariamente en tres niveles, los cuales pueden activarse en cualquier orden o combinación. Estos tres niveles de actividad cerebral pueden ilustrarse como sigue:

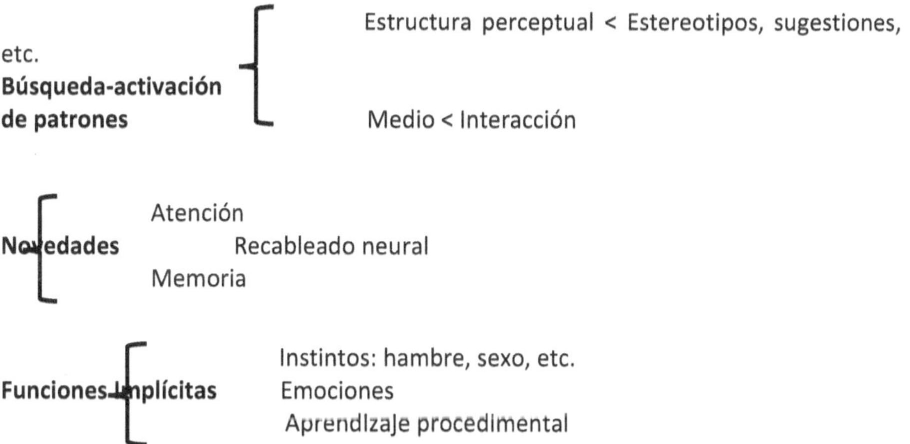

Todo poder tutelar para poder subsistir debe satisfacer estas tres funciones. En primer lugar, la actividad cerebral es una continua búsqueda, registro y adecuación de patrones (recurrencia de situaciones o sucesos) que faciliten la existencia, lo cual se refleja en un menor consumo de nutrientes y en el seguimiento de costumbres y conductas estandarizadas correspondientes al medio físico y social en que se vive (interactúa). El seguimiento de patrones facilita la existencia física toda vez que se trabaja a nivel primordialmente inconsciente. Vivir en un medio físico-social conocido alimenta de patrones y permite conductas y tareas estandarizadas para la conservación de la vida. La producción social de significados y subjetividad son los principales dotadores de patrones para entender al mundo y al medio en que se interactúa, de ahí la importancia de la producción y reproducción de éstos en la producción y reproducción del poder tutelar y del poder autonómico. De hecho, a lo largo de la historia las tres funciones cerebrales citadas se satisfacen de diversas maneras y de acuerdo al estilo de dominación vigente o al ejercicio de poder propio.

Un conjunto de patrones presente en un individuo, grupo o sociedad, conforma una cierta estructura perceptual, que es el herramental neural (junto con los procesos neurológicos de adecuación) con el que un individuo interactúa con su medio y su sociedad. Seguimos patrones de conducta, de comunicación, de conocimiento, de trabajo, de ocio, etc. Obedecemos a una de las actividades más elementales del cerebro.

El poder tutelar crea una serie de patrones reales e imaginarios mediante los cuales conduce a la sociedad o grupo que tutela. Pero no se limita a esa producción, sino que también procura su soporte. Crea los patrones de trabajo y los soporta (sostiene) con el sueldo, crea patrones de conducta y los soporta con la asistencia médica y sicológica, crea patrones familiares y los soporta con el empleo, los media y la educación.

En la erección de autonomías debe tenerse en cuanta esta actividad cerebral que es básica. Deben crearse medios que arropen a la gente, que le hagan sentir una familiaridad real mediante patrones sustentadores de vida. En principio una autonomía debe moverse en todo un conjunto de patrones sustentadores de vida y solo posterior o paulatinamente deberán crearse iniciativas que alteren dichos patrones. Una nueva autonomía deberá considerar esto y tomar en cuenta los patrones vigentes y encontrar la manera de irlos llevando a patrones deseados. Estos últimos no son los que dicta la moral, la filosofía o los liderazgos sino aquellos que la propia gente concibe como deseables dentro de la misma subjetividad de la que se parte y que se tiene vigente. Así, el patrón del empleo enajenante puede sustituirse paulatinamente con un empleo ligado a los fines comunitarios y a la disponibilidad de tiempo libre, la competencia interhumana puede sustituirse con el estímulo y posibilitación de la creatividad dentro de las significaciones comunitarias, etc.

Con los patrones que directamente sustentan la vida, necesariamente surgen patrones de conducta, de actitud, de percepción y en general patrones que conforman cosmogonías y significaciones; es decir, patrones generadores de realidad. Surgirán entonces estereotipos, prejuicios, sugestiones, imitaciones y modelos humanos que deberán mantenerse en continua transformación para ligarlos a las prioridades comunitarias.

Si los poderes tutelares son capaces de generar patrones en los que acomodan a la gente, las autonomías deben hacerlo con mayor razón.

Por otra parte, el cerebro se mantiene en continua actividad detectando anomalías y novedades en el medio en el que interactúa, actividad que le permite remodelar, suspender o sustituir patrones vigentes. Esta actividad es la que los neurocientíficos reconocen como el continuo recableado neural que experimenta el cerebro ante la detección de fenómenos nuevos o variantes de los ya conocidos.

El recableado se efectúa centrando la atención voluntaria o involuntaria en aquello que resulta en una novedad o en una variación de lo que se conoce. La atención interactúa con la memoria y por esa vía puede modificarse la estructura perceptual. Es por ello que los poderes dominantes mantienen aparatos más o menos eficientes para llamar la atención. Antiguamente se mantenía viva la atención mediante la amenaza de muerte, recurso de los ejércitos conquistadores. Tal amenaza hoy se sabe que activa a la amígdala, principal conducto del miedo y de las emociones. Desde siempre se ha utilizado el recurso del miedo para movilizar a la gente, ya sea para tenerla orando, trabajando o esclavizada, o en trabajos creativos o repetitivos y enajenantes. El entretenimiento desde el circo romano hasta los videojuegos, pasando por la religión, son de las actividades más eficientes para centrar la atención en lo que los poderes tutelares quieren y lo son también para centrar los objetivs de las comunidades. La propia actividad represiva, la injusticia, el abuso, la corrupción son mecanismos que centran la atención de la gente. Por ello se hace decir al Cristo que no había que centrar la atención en el Cesar, sino "darle al Cesar lo que es del Cesar y a Dios lo que es de Dios".

Uno de los mecanismos modernos que mantienen viva a la atención son los noticieros, los cuales han derivado en piezas espectaculares que manejan la tragedia humana, el amarillismo y el chismorreo como amenazas actualizadas contra la vida. Por ello no es necesario dar seguimiento a noticias que afectan a las sociedades o al planeta, ya que los noticieros son mecanismos para mantener alerta la atención de la gente y para dictar consignas en el más puro estilo informativo. Las redes sociales han imitado el estilo espectacular de los noticieros televisivos para dirigirlos hacia sus simpatías. Los mismo pueden hacer las autonomías.

En el mismo estilo discurre la publicidad, la cual desde hace años no vende nada, solo mantiene la presencia de los productos en la vida cotidiana, entreverando su imagen en la estructura perceptual individual. De esa suerte, al activar redes neurales de cualquier orden, siempre aparecerán ligadas a ellas los principales productos publicitados. La presencia de productos o servicios en la vida cotidiana hace carne en nuestro cerebro, eso lo saben las autoridades, quienes al igual que los artistas procuran mantenerse en los medios de comunicación lo más posible, al respecto recordemos que en los noticieros nunca falta la nota presidencial.

Las autonomías deberán generar sucesos y noticias suficientes para que la gente mantenga su atención en la comunidad. No debe desperdiciarse nada, todo sirve: chismorreos, escándalos, conflictos, etc. No solo la actividad creativa, limpia o justa llama la atención. El chismorreo y similares llaman la atención en tanto que significan amenazas para la vida. Necesariamente se voltea a mirar todo lo que suena malo, nocivo, peligroso, etc.

En un movimiento contranatura, el capitalismo nos obliga al uso intensivo de la consciencia cuando normalmente utilizamos a ésta como recurso de detección de novedades y cambios para la adecuación de la estructura perceptual (independientemente de lo que ocurre al respecto en un nivel "inconsciente"). Producto de ese uso y abuso tenemos al estrés y a toda esa cauda de enfermedades modernas producto del encierro y de la utilización excesiva de la atención. Las autonomías deberán tener presente este conflicto y generar toda una producción de patrones-cambios que permitan el equilibrio comunitario. Los patrones inducen sosiego, la creatividad alimenta lo nuevo y la novedad.

Por último, un poder tutelar que no satisface las necesidades mínimas, motivadas por los instintos, es un poder que no se sostiene. Y no es que el poder tutelar sea capaz de satisfacer necesidad alguna, solamente organiza a sus dominados para que ellos mismos las satisfagan bajo el control y estilo del poder dominante.

Los poderes dominantes condicionan la satisfacción de instintos por diversos medios. Lo más básico lo condiciona mediante el empleo. Si se quiere comer hay que trabajar, pero no trabajar lo necesario para sobrevivir, sino trabajar toda la vida lo más que se pueda para a veces apenas mal sobrevivir.

Instintos como el sexual los condiciona creando estereotipos sustentados por toda una industria del erotismo que va desde el cine a los juguetes eróticos y la ley. Se reprime también a toda manifestación sexual "no autorizada".

Todo poder tutelar que aspire a perdurar debe manejar de múltiples maneras a las emociones, empezando por el miedo. Miedo a cualquier cosa: a quedarse sin empleo, a ser asaltado, a perder lo que se tiene, a enemigos reales o imaginarios, a las enfermedades, etc. Pero los poderes dominantes no se limitan a controlar el miedo, también producen y reproducen todo un catálogo de emociones empezando por la carga emotiva que aparece en las telenovelas y las películas hollywoodenses: amor, odio, miedo, humor y compasión.

Vale recordar que tenemos nodos neurales instintivos, emotivos y consensuales (relativos al pensamiento-lenguaje) y que ellos trabajan conjuntamente dando equilibrio a la actividad cerebral, reflejada en la conducta humana. Al mover emociones se mueve el resto cerebral provocando cambios y adecuaciones a la estructura perceptual. El estrés decrece después de una buena carga emotiva, las presiones ceden ante el entretenimiento deportivo, el itinerante o de cualquier tipo.

Por ello los poderes tutelares procuran facilitar la creación de todo tipo y formas de entretenimiento, siempre y cuando no lo cuestionen demasiado, porque incluso se permiten las blasfemias contra el poder, con tal que se parezcan a los análisis de los intelectuales (de todo orden: de derecha, izquierda o centro con todos sus extremos).

Una autonomía hará bien si procura el cultivo emotivo entre la colectividad, ya que esta es la manera más barata de motivar en múltiples sentidos ya que la emoción es proactiva, impulsa al hacer. La emoción logra armonizar percepciones dispares de la estructura perceptual. El trabajo emotivo logra en pequeña escala lo que hacen en gran escala la meditación y la reflexión. La actividad deportiva, el video, la música y en general la creatividad, son fuentes inagotables de emotividad.

Finalmente, no podemos pasar por alto la facilitación que procuran los poderes establecidos para lograr tareas automatizadas que no requieren de elevados gastos de nutrientes. Así como el cerebro aprende a caminar de manera "automática", igual hace con tareas repetitivas. Los poderes establecidos procuran el aprendizaje, la especialización, la metodología y la técnica para motivar lo que se conoce como "aprendizaje procedimental".

Hasta en las condiciones más extremas el cerebro procede a buscar patrones para de ahí efectuar cierto aprendizaje procedimental. De esa manera el trabajador o el esclavo aprenden trucos que alivian trabajo y tensiones. Aunque esto en ocasiones de poco les sirve, porque los patrones o los amos pronto lo descubren e intensifican más los procesos de trabajo.

Hay toda una experiencia capitalista para aliviar tensiones y rutinas en el trabajo, misma que habría de recuperarse, aunque orientándola hacia la productividad colectivizante y no como método para elevar ganancias.

En suma. Los poderes tutelares utilizan la actividad vital del cerebro para el control de sus dominados. Separan la dupla patrón-novedad. Reducen la búsqueda de novedades o variaciones privilegiando los patrones. La búsqueda de novedades la confinan a los especialistas o a las instituciones privando de la experiencia correspondiente a la mayoría de la población. Se impide así el equilibrio de la estructura perceptual al obstaculizar una mejor interacción, del individuo y los grupos con el medio. La actividad repetitiva se confina en nichos, generalmente laborales, y la que produce y analiza novedades y variaciones se dosifica mediante el control del conocimiento y de la atención. Con esto, los poderes dominantes se hacen sistema y el sistema se hace carne en la gente.

Hechos carne mediante el sistema, los poderes dominantes se apoderan incluso del control de los instintos y procedimientos neurales básicos como las emociones. Llegan incluso a invadir al aprendizaje procedimental, proceso que no les cuesta nada ya que espontáneamente los trabajadores lo desarrollan incluso en la más cruel de las esclavitudes o encierros.

Pero no hay que engañarnos con la apariencia de que el poder lo domina todo. No debemos ceder a la tentación de que estamos atrapados. Reparemos que todo eso se desprende de la lógica del sistema, de la lógica conceptual de la lengua que se usa, por tanto, esos engaños y sensaciones no son sino parte del sistema. Pero tampoco debemos desprender de esto que es posible proponer desde el sistema a una autonomía que nada tenga que ver con la dominación o el sistema. Una autonomía de este mundo tiene para partir de las líneas de fuga del sistema que cotidianamente ocurren. Basta cultivar las que nos apetecen y ya estaríamos en rumbo de algo distinto al sistema.

Sin embargo, el sistema también tiene recetas para conjurar a las líneas de fuga. Por ello quizá sea mejor el intento de construir autonomías a partir de rehacer la vida colectiva de grupos o comunidades. Tarea que es necesariamente grupal. En el "Manifiesto Ciudadano" se aborda esta posibilidad (ver el apartado "Apéndices").

Las tareas para la construcción de autonomías deben partir de satisfacer esos impulsos tan básicos del cerebro y que han permitido la vida humana en la tierra. No se puede partir tan solo de voluntades ni de ideologías ni mucho menos de teorías. Hay que invertir la lógica teórica por una lógica de la experiencia. El éxito de los sistemas despóticos radica en que de múltiples maneras cubren las funciones vitales del cerebro humano, fallan en algunas, pero compensan con otras. En la realidad no remedian el problema del hambre, pero la cubren con emociones nacidas de sueños peliculescos o telenoveleros.

La tarea para las autonomías es la creación de patrones como remansos en los que es posible la existencia. Crear a la vez posibilidades para que el cerebro se mantenga activo mediante el aporte de novedades a la vez que se satisfacen instintos de los más básicos a los más complicados.

Acotar al poder tutelar

Lo pernicioso del poder tutelar no es el poder en sí. La concentración de poder ha demostrado ser sumamente útil y productiva en tanto que es la capacidad de sumar voluntades y dirigirlas en una dirección. Cuesta trabajo imaginar a nuestro mundo sin el papel que en él ha tenido el poder tutelar, si ese poder que muchas veces es despótico.

Así que el problema no es la existencia de poderes tutelares, sino la supresión de posibilidades de realización de diferentes posibilidades de vida. Cuando un poder tutelar se impone, tiene necesidad de centralizar actividades, voluntades y recursos, con ello limita el espectro de desglose de la vida, de la sociedad y del individuo.

Por tanto, el problema del poder tutelar se reduce a limitarlo, a no dejar que se expanda y que consuma voluntades, recursos y posibilidades de las comunidades. No se trata de reprimir a las tendencias de poder tutelar, no, se trata de evitar que construyan mundos exclusivos, posibilidades de vida asumidas desde uno o unos pocos puntos de vista. Por el contrario, hay que estimular que se creen muchos mundos y reducir el problema a los puntos de contacto de los mundos creados, a armonizar la coexistencia de esos mundos.

Aquí estamos ante el problema del gato y el ratón. Pero no será necesario que alguien nos responda por el hacer, ya que serán las propias comunidades las que decidan que hacer para acotar a los poderes tutelares.

No faltará quien piense que aquí se expresa una confianza excesiva en las autonomías para evadir cuestiones de por sí peliagudas. La experiencia revolucionaria de esta era del capitalismo nos ha enseñado que se tiene que partir de otras ópticas para lograr que no sean los nuevos despotismos los ganones después de cada revolución. ¿Podrá un pez imaginar la vida en tierra? Quizá la construye como anfibio, pero de ese modo ya no es pez. De forma similar no podemos pensar desde una perspectiva comunitaria, porque no estamos en ella y quienes si lo están, resienten la atracción gravitatoria y predatoria de los despotismos, así que también a esas comunidades les resulta casi imposible pensar como si ya fueran autónomas. Construir autonomías es construir otra época con sus propias formas de pensar, de sentir y de mirar al mundo.

Capitalismo y Autonomía

De la Utopía a la Autonomía

Un comentario recurrente en nuestros días y desde hace ya algunos años es el relativo a que estamos en una etapa de transición del capitalismo a otro sistema, el cual no se sabe qué ni cómo será. Nadie sabe ni se arriesga a adelantar nada al respecto. Del mismo modo, nadie sabe que habría de hacerse para que "lo que sigue" no sea otra modalidad de explotación similar a la presente.

Lo que sí existe, son largas listas de buenos deseos para lo que sigue. También se resucitan recurrentemente diversas variedades de socialismo, enumerando algunas de sus cualidades deseadas. Utopías vagas, teorías dispersas y múltiples repeticiones de lo que el mismo sistema capitalista produce como deseable, pero aplicado al socialismo. Ni pensadores de la talla de Wallerstain o Negri atinan al por donde se habría de seguir. Se dice que con la crisis del capitalismo también entran en crisis los movimientos contestatarios ya que estos son parte consustancial del capitalismo.

Pareciera que no hay por dónde y, en efecto no hay por dónde. Pero esto solo es cierto si el "por dónde" se busca en el discurso. No hay por dónde si se quiere hacer teoría de ese "por dónde". Si se insiste en buscar explicaciones y teorías al respecto, lo que se logrará es rehacer alguna modalidad de poder despótico, similar al capitalismo.

Dentro del sistema actual, ya hay miles de líneas de fuga que apuntan fuera del sistema. Bastaría abonarlas, cultivarlas y de ahí saldrán otras experiencias cada vez más fuera del sistema como lo están haciendo los panchos villas, la cooperativa venezolana CECOSESOLA y el EZLN solo por citar algunos de los experimentos más conocidos.

Si el capitalismo, al igual que cualquier sistema despótico sobrevive, es porque entre todos lo sostenemos, querámoslo o no. Los poderosos del sistema, sus principales beneficiarios, solamente ajustan entornos clave para dirigir lo que hacemos en su beneficio. Los puntos de ajuste todos los conocemos: Medios de comunicación, educación, ley y empleo. Pero si insistimos en querer cambiar esos entornos para lograr un cambio, lo que conseguiremos es lo que la izquierda ha conseguido: afinar el sistema de explotación con logros mínimos y reversibles.

Miles de líneas de fuga del sistema, así como nacen, mueren. Mueren simplemente porque no tienen soporte material. Esa es una de las claves por donde habría que empezar la rehechura de la vida colectiva, dirigida hacia la creación de autonomías.

Los Canales Vitales del Capitalismo y las Autonomías

Mucho se especula sobre la forma en que el capitalismo se sostiene. Sea mediante la explotación de la fuerza de trabajo o mediante la extracción general de la riqueza, lo cierto es que entre toda la sociedad se produce la riqueza de la misma y son unos cuantos los que se quedan con la mayor parte de esa riqueza. En eso parece haber un acuerdo generalizado, al margen de motivos y justificaciones.

Ahora bien, esos pocos que se apropian de la mayor parte de la riqueza socialmente producida no podrían hacerlo si no tuviesen canales "naturales" para hacerlo. Tales canales pueden sostenerse a la fuerza (como en el caso de TELMEX, PEMEX, etc.), pero no podría llevarse a la gente hacia esos canales por la fuerza. El truco de la tienda de raya sigue funcionando en pleno siglo XXI. El peón acudía a la tienda de raya "voluntariamente" porque no tenía otra alternativa y, las posibles alternativas que había no eran muy diferentes o atractivas. Podía tirarse al monte, meterse de bandolero o morirse de hambre, de hecho, algunas de esas alternativas siguen siendo las mismas en sus versiones modernas (narco y delincuencia, vagancia y subempleo).

La gente acude "voluntariamente" a entregar su dinero para el teléfono, la energía eléctrica, la gasolina, para los alimentos, el vestido, el calzado, etc. Cada uno de esos puntos constituye un punto de entrada a los canales por donde corre el dinero hacia las manos de los pocos que se quedan con la mayor parte del producto social. Esos canales constituyen la red vital del capitalismo. Es su sistema sanguíneo, por ello le resulta vital el mantenimiento de los bancos que son el corazón de ese sistema. Son los bancos los que bombean el dinero que el capital necesita. Los bancos reúnen el dinero que la sociedad produce y lo redireccionan a donde puede capitalizarse mejor. De esa forma, el dinero de instituciones sociales, de pensiones, de ahorradores, de nóminas, etc. se redirecciona para financiar a las grandes empresas y en general a quienes pueden hacer que el dinero crezca, no importando los medios ni las consecuencias. De esa manera se pueden explotar a niños, contaminar al planeta, financiar guerras, etc.

Desde hace mucho tiempo nos queda claro que la clave del capitalismo y de todo sistema de dominación es mantener por cualquier medio (la fuerza, la seducción, la manipulación o la imaginación) el control de los medios de vida. Sin embargo, hay actividades que no son vitales para la existencia, tales como la telefonía o la energía eléctrica; aunque ciertamente desde cierto punto de vista llegan a serlo. Esto ocurre cuando alguno de estos medios sustituye a lo destruido durante la supresión de la vida colectiva u otra acción similar. Por ejemplo, al nuclearizar a la familia se destruye la camaradería colectiva, lo cual es sustituido por el teléfono y las redes sociales. Igualmente, al destruirse la interdependencia familiar y colectiva se crea el empleo, el cual trae la consecuencia anexa de la individualización y como corolario el consumismo.

Es decir, lo que una sociedad considera vital, puede en todo tiempo redirigirse. Algunas cosas pueden redirigirse más fácilmente que otras. La alimentación puede adulterarse y limitarse, pero no sustituirse. La vivienda puede deteriorarse o reducirse al mínimo, pero no puede sustituirse. De esa manera es claro que lo vital para una sociedad, en todo tiempo, es lo que sostiene directamente a la vida. En torno a eso se generan otras cosas que también resultan "vitales" pero solo entrecomilladas.

En torno al control de los medios de vida se despliega una lucha eterna para evadir la dominación. De esa manera en nuestro tiempo surgen los mercados informales, las tienditas, las verdulerías, papelerías, las fritangas, los "toreros", los piratas de todo tipo, de ropa, de software, de cine, de música, de libros, etc. En esa lucha, mientras que las cadenas de supermercados, de restaurantes, de bancos, de ropa, etc. se mantienen interconectados, sus opositores o bien se subsumen a ellos o bien permanecen dispersos y por tanto débiles. Una lucha que nunca acabará de ser liquidada, pero que el despotismo puede garantizar que no perderá mientras su oponente sea débil. Esa es una clave aprovechable para las autonomías.

Mientras el dinero socialmente producido corre por las venas del sistema a concentrarse en pocas manos, la mayoría dispersa (que no desorganizada) carece de ese sistema vital que la alimente. De aquí resulta una tarea vital para las autonomías: crear un sistema sanguíneo por donde corra el dinero hacia las mayorías. Es este sentido es vital para las comunidades autonomistas federarse y confederarse.

En un sistema de autonomías federadas puede ya pensarse en los pasos básicos de acercar a productores, comerciantes y servidores. De esa manera autonomías campesinas pueden nutrir a sistemas de tienditas, de tianguistas y de ambulantes. Lo mismo puede pensarse de los pequeños productores y artesanos que pueden surtir a ciertos productores de servicios y a minoristas autónomos. Hay muchas propuestas y experiencias al respecto que pueden servir a las autonomías.

Hay también toda una izquierda organizada, cuya organización precisamente impide muchas acciones benéficas para las mayorías; pero podría pensarse en articular un mercado de izquierda que se ligase a las federaciones y confederaciones autonomistas como una manera de liga de éstas con el resto social. Puede también pensarse en supermercados artesanales o de otros productos que sirviesen como distribuidores-capturadores de dinero para las autonomías. Desde luego existe la posibilidad de creación de plazas comerciales (de todo tipo y tamaño) en donde se capacite a la gente para los negocios a la vez que se capitaliza. Todo este sistema podría ser la contraparte del sistema vital del capitalismo. Constituirían nodos por los que entraría dinero para las autonomías sin ir a parar necesariamente a las grandes compañías o parando en estas mientras las autonomías pueden crear productos competitivos. Por ejemplo, los fertilizantes e insecticidas de las grandes corporaciones pueden sustituirse paulatinamente por productos autonomistas competitivos.

Crear un sistema sanguíneo para las autonomías es vital para su subsistencia. El dinero correría del productor al comerciante y al servidor y regresaría al productor. Habría inevitables fugas hacia el mercado general dominado por las grandes compañías, pero piénsese en que también se sustraerían ciertas cantidades de dinero del mercado general. Faltarían estudios que nos dijesen algo acerca de las proporciones de flujo de dinero de las autonomías hacia el mercado y viceversa.

Difícilmente se puede arrancar al capital la telefonía, el control de la energía eléctrica y otras actividades clave, pero de toda la vida la gente ha encontrado formas de competir ahí en donde el capital no puede. Ejemplos abundan: además del comercio informal y de pequeños negocios ya mencionados, existe el mercado de la carpintería de puertas y closets que la gran empresa no puede cubrir, el comercio y producción de tamales y alimentos callejeros, la producción y comercio de artesanías, la educación para las mayorías empobrecidas (existen miríadas de "escuelitas" de todo tipo: de música, de danza, de teatro, de educación secundaria, etc.). Todas estas actividades económicas pueden constituirse en puntos de ingreso de un sistema de ingreso de recursos para las autonomías.

En todo este sistema nunca debería perderse la perspectiva de que las empresas y negocios autonomistas pueden organizarse más nunca las federaciones y confederaciones. Las federaciones y confederaciones de negocios y pequeñas empresas pueden ligarse por complementariedad o conveniencia más nunca mediante la organización, la cual supone jerarquizaciones fácilmente traicionables. De esa manera, la tiendita es lo que el campesino necesita para vender su maíz y el transportista los une en la distribución. Una plaza comercial requiere de productos que vender a la vez que los productores requieren quien les compre. La liga debe ocurrir por necesidad o conveniencia, más nunca por obligación. Solo la necesidad y conveniencia obligan.

El Superhombre y la Autonomía[2]

El capital en su deriva y bajo el imperativo de la ganancia generó al salario como factor central de control al ser el soporte principal de la

---

[2] Ideas desprendidas del anexo al libro "Foucault" de Gilles Deleuze. Ed. Paidós. Barcelona,

vida. Para sostener al salario dispersó comunidades y colectivos exitando la base reptiliana de nuestro comportamiento mediante el individualismo narcisista. Para la realización de la ganancia, vía las mercancías, generó el diseño y la investigación motores de la innovación y las formas estimulantes.

Pero eso ocurrió durante el capitalismo clásico, ahora el capitalismo se enfila hacia otras posibilidades, que, al decir de Foucault, nos llevan de la relación con fuerzas del afuera finitas, ilimitadas o sobreplegadas. Es decir, se está pasando del poder clásico del capitalismo a un control de nuevo tipo.

Desprendido de los postulados de Foucault y Nietzsche, los poderes pastorales nos estarían llevando a:

1. Pasar del encierro en nuestro propio cuerpo (narcicismo) al encierro en nuestra propia mente (autismo), tal como lo indican los videojuegos, el internet y en general la superexpansión del entretenimiento (TV, cine, etc.).
2. El Laberinto de la superespecialización inmovilizante por vía del análisis de las posibilidades de lo mínimo (Diseño, Física Cuántica, Neurociencias, etc.). El sabio bruto como modelo de profesionista.
3. La deslocalización laboral. No al trabajo seguro que implica un salario seguro, sino forzando la obligación de conectarse a múltiples posibilidades laborales como única posibilidad de sobrevivencia.
4. Reorientación de la deslocalización colectiva. La dependencia del salario para la sobrevivencia (en el contexto de la deslocalización laboral), y ya no de los colectivos, orilla a buscar apoyos en contactos personales que solamente generan una vaga relación mediante la figura del "favor".
5. La creación de un ser humano a modo del capitalismo moderno definido, según Castoriadis, como: Un individuo ansioso, saltando de placer en placer, apático y consumista irredento.

    Todo lo que hacen los poderes pastorales puede contrarrestarse con:

1. Rehechura de la vida colectiva
2. Anclaje de la sobrevivencia al empleo en comunidad y la actuación colectiva
3. Rehechura de la camaradería por vía del activismo comunitario
4. Despliegue de la creatividad sin vacas sagradas
5. Todo esto es realizable en la autonomía de los colectivos, de donde saldría un nuevo ser humano que ya no respondiera a lo que consideramos indeseable como la explotación del hombre por el hombre, la maldad y la injusticia entre otras cosas.

1987.

Del pensar el infinito se pasó a pensar lo finito y de esto se está pasando a pensar lo finito ilimitado o sobreplegado como modelo de análisis y actuación humana. El capital se mueve, se adecúa y adecua las nuevas formas que enfrenta. El capitalismo está cambiando de piel y la creación de autonomías puede ser una alternativa a nuevos despotismos desprendidos de los movimientos que el capitalismo experimenta.

La piedra de toque es rehacer la vida colectiva mediante un empleo que de momento quizá no sea liberador, sino un instrumento de arraigo en las comunidades. A partir de ese empleo, y mediante la intervención social, puede inducirse la camaradería (al ya no tener que desplazarse hasta empleos lejanos y enajenantes). Entonces el propio activismo colectivo y colectivizante puede estimular y sostener (sobre todo sostener) la creatividad individual y colectiva que contrarreste el autismo que induce el capitalismo. De la rehechura de la vida colectiva deviene el resto, todo parte de darle un soporte económico a la vida, de ahí puede aspirarse ya a pensar en una nueva forma, distinta a la que Castoriadis define como el hombre del capitalismo.

Si Nietzsche solo resaltó lo que el superhombre no debía de ser y Foucault lo avanza hasta una genealogía de fines del siglo pasado, corresponde a nosotros abrir la posibilidad real de ese superhombre a veces solamente insinuado.

Autonomía y Sentido de la Vida

Desde antes de Bauman ha habido una gran preocupación por encontrarle un sentido a la vida propia. Viktor Frankl incluso propone toda una filosofía al respecto, sin embargo, la búsqueda de sentido para la vida solamente tiene sentido dentro del capitalismo. En efecto, el capitalismo para existir requiere del individuo aislado sin mayores lazos grupales que aquellos que le permitan la reproducción y subsistencia y que el capitalismo no puede cubrir (por ejemplo, la familia).

Desde muy temprano el capitalismo experimentó encerrando a los trabajadores en fábricas aislándolos de sus comunidades. Donzelot narra como el capitalismo se conformó remitiendo a la mujer al hogar, a los hijos a la escuela y al hombre a la fábrica bajo la férula del poder del estado. Actualmente la vida gira en torno al consumo y es ahí en donde se debe encontrar sentido a la vida. Por desgracia la oferta de consumibles, con ser amplia, no es suficiente, acaba por inducir hastío y aburrimiento debido a procesos puramente biológicos.

Típico de los promocionales televisivos y desprendido de los hombres llamados genios (de los cuales se desprende que habrían de imitarse), es la búsqueda del sentido de la vida dedicándose a alguna tarea en la vida: ser verde ecologista, pintor, político, web master, escritor, perseguidor de sueños, buen padre, etc. Tarea que ciertas clases acomodadas y ciertas personalidades "firmes" están en posición de realizar, quedando el resto de la humanidad sin posibilidad alguna de perseguir sueños o genialidades.

Al requerir consumidores individuales el capitalismo necesita calentamientos globales, pandemias, terroristas u OVNIS para construir sentidos de la vida globales y administrables, además de los que cada individuo debe construirse en lo personal. Para tales efectos recicla a Dios, a santos locales, genios del arte, la ciencia, la filosofía o el espectáculo y todo aquello capaz de retener la atención de la gente, aunque sea por unos pocos minutos. Con ese batallar logra construir redes neurales que guían la percepción y construyen la que sostiene al sistema en una suerte de metástasis rizomática que invade todo el tejido bio-psico-social.

El requerimiento de un sentido de la vida no aparece sino hasta el capitalismo, que es cuando aparece el individuo solitario como masa. En el capitalismo la necesidad de darle sentido a la vida se hace patente al quedar el individuo al cargo de sí mismo. En sociedades anteriores los soberanos y la religión se encargaron de darle sentido a la vida. Ahora ya no hay un esclavista, un tirano o un Dios para guiar a la gente. Si no se cuenta con la bendición de alguna locura o alguna vulgar fijación, se discurre a la deriva quedando el consumo como único clavo ardiente.

La búsqueda de sentido para la vida que es consustancial al capitalismo no lo es para una autonomía, ya que el sentido de la misma está en el hacer colectivo y no en el planteamiento intelectual. El sentido de la vida autonomista emana de la acción colectiva, de la experiencia compartida. A nivel biológico se funda en el proceso del error de predicción al contar con expectativas avaladas por un colectivo y no por impulsos coyunturales. A nivel social surge de la acción solidaria del grupo, misma que refuerza la tendencia biológica de la búsqueda de sobrevivencia.

Sin embargo, si tuviésemos que hablar del sentido de la vida en una autonomía solo se referiría a las tendencias personales de cada estructura perceptual individual y no a un sentido de la vida general. El hacer colectivo es la base de sentidos individuales, mismos que en estricto rigor ya no son sentidos de la vida, sino tendencias de vida debidas a estructuras perceptuales específicas. Tales tenencias no son sentidos de vida en tanto que cambian continuamente proporcionando orientaciones que pueden llegar a ser contradictorias. Las tendencias de los llamados genios, en una autonomía, tampoco constituyen sentidos de la vida debido a que obedecen a fijaciones (las más de las veces) debidas a procesos mentales atípicos o francamente desquiciados. Es decir, carece de sentido hablar del sentido de la vida en comunidades integradas (no esas comunidades que funda el capitalismo en base a créditos y políticas gubernamentales).

El sentido de la vida en una comunidad integrada estaría en su hacer, pero ese es su hacer y no su sentido de la vida. El sentido de la vida se diluye en el hacer por lo que resulta ocioso, sin sentido y hasta ridículo llamar al hacer colectivo "sentido de la vida".

El hacer colectivo provee de individuos equilibrados porque cada acción emerge dentro de una cadena coherente de haceres que coinciden con imperativos biológicos y sociales, por ello, ahí el sentido de la vida no puede existir. Éste es un concepto nacido del hacer capitalista. El hacer de las comunidades emana de su auto representación, de lo que ellas creen de ellas mismas y no de un concepto administrado por los aparatos de poder.

El hacer comunitario en torno al empleo, la diversión-esparcimiento, el sexo y la producción de novedades es el marco que hace innecesario al sentido de la vida. El hacer colectivo no puede representar la anulación del individuo. Ningún sistema despótico, ni el capitalismo capaz de hacer metástasis con todos los aspectos de la vida, ha podido eliminar la individualidad por la simple razón de que esta obedece a un proceso vital básico. Sin eliminar a la individualidad, pero montada en ella, creó al individuo consumista que, como se ve a las claras, es una deformación de la natural individualidad egoista. Una autonomía que se precie de serlo deberá tener alternativas para la disidencia y ser tan amplia como para contener muchos mundos.

Ubicarse en la Vida

Los místicos orientales refieren la meditación como una forma de centramiento, lo cual puede verse también como ubicación en la realidad. Es decir, saber quién se es, qué ocurre en el entorno y más allá de él, tu lugar como individuo en tu familia, comunidad y sociedad y ubicarse de acuerdo con lo anterior frente a los problemas y la vida.

Lograr ese centramiento ya sea desde la meditación o la reflexión (camino occidental al centramiento) suele ser sumamente difícil. En la vida cotidiana se hace algo similar a la meditación y la reflexión, se busca el centramiento o simplemente se logra formando un centro en torno al cual se construye una visión del mundo, un hacer y en general una forma de vida. Que ese centramiento, logrado desde la cotidianidad de una vida común, no se parezca ni de lejos al logrado mediante la meditación y la reflexión, no le quita la capacidad de dar cierta coherencia al pensar y hacer del individuo.

El cerebro se inventa al mundo y lo hace organizando su entendimiento de acuerdo a como lo postula Castoriadis, mediante significaciones imaginarias sociales y significaciones imaginarias sociales centrales.

Particularmente, estas últimas constituyen el eje de entendimiento del individuo y la sociedad, lo que no quiere decir que su origen esté simple y llanamente en la sociedad, sino que, como expresión social, llega a ser también expresión de poderes establecidos.

El individuo y el grupo pueden construirse una o varias significaciones imaginarias sociales centrales que le sirven para normar su vida o simplemente para entenderla y vivirla. Esto no se logra mediante alguna intención de orden volitivo, sino que se forma de manera natural en el cerebro por el simple hecho de estar vivo. En esa formación interviene la herencia genética y la experiencia grupal (familia, grupo o sociedad), por lo que el centramiento así logrado puede orientarse en el sentido de su conformación y de los avatares que enfrenta.

El centramiento producto de una vida común llega a ser vacilante, incierto o continuamente adaptado por los resultados indeseables que llegan a producir, por ello desde la meditación y la reflexión se busca un centramiento más estable, pero como ya se dijo, solo es alcanzado por pocos hombres tanto en Oriente como en Occidente. En esta parte del mundo la reflexión llega a confundirse con la filosofía o la ciencia, pero éstas solo son algunas de las manifestaciones ordinarias del centramiento para la vida común.

Existen múltiples maneras de centrar la vida, siendo el despotismo y la religiosidad, de las más utilizadas, dentro de esa multitud de formas de centramiento que van del arte al deporte pasando por las diferentes disciplinas del conocimiento. Una autonomía es una forma de centramiento tendiente a lograr centramientos que escapen a las formas de vida bajo los sistemas despóticos. Las líneas de fuga de los sistemas despóticos no necesariamente pasan por la protesta o la revolución. Centrarse equivale a establecer puntos de referencia para nuestra actuación en la realidad que nos toca vivir y en el peor de los casos nos permite conservar la existencia, en el mejor, lograr el tipo de vida que nos resulta bueno, tal como una vida sosegada, tranquila, feliz o realizada, entre muchas otras posibilidades de vida.

¿Cómo logran los sistemas despóticos dominar a un pueblo, siendo que reconocemos a la realidad tan variable como el mismo cerebro de los dominados? Respuestas hay a pasto desde la manipulación al pastoreo pasando por el terror. Todas esas respuestas son buenas, pero ocurre que en épocas como la nuestra los poderes pastorales parecen imbatibles y los dominados no dan muestra de querer abandonar su condición.

Para explicar esa pareja dominio-pasividad actual, podemos partir de que eso que llamamos realidad no es otra cosa que un campo fenoménico que ha sido entendido como caos. Dentro de ese campo fenoménico actúan diversas tendencias u órdenes que constituyen vectores que al igual que los vectores físicos muestran magnitud, dirección y sentido. La magnitud es la intensidad de manifestación de los fenómenos. La dirección es a donde tienden los fenómenos y el sentido la significación que toma el vector dentro de su campo fenoménico particular o general; lo cual no es otra cosa que la capacidad del vector para influir en otros vectores.

El ser humano percibe o capta esos vectores como paquetes de estímulos encabezados por los vectores generales y de entorno. Vectores y paquetes de estímulos son distintos. Los vectores afectan la percepción, pero también al entorno, mientras que los paquetes de estímulos solamente afectan a la percepción y a los procesos intuitivos del humano.

La complejidad de los paquetes de estímulos que capta o percibe el humano hace que sean captados por la intuición y solo algunos de los principales vectores impresos en los estímulos son captados por el consciente. De esa forma se entiende fácilmente que los poderes establecidos crean vectores variopintos creando un campo de estímulos que orientan a individuos y grupos justamente en el sentido y la dirección que imprimen los poderes despóticos a sus creaciones vectoriales. Es por ello que parece que se comparten creencias, posturas, visiones del mundo, ideas, pensamientos, etc.

Los poderes pastorales tutelan campos fenoménicos por vía de tutelar campos de estímulos mediante vectores. Ejemplo de lo anterior son las ciudades y recintos artificiales enquistados en la naturaleza.

Existe una infinidad de posibilidades de centramiento. El más socorrido es el despótico, que con su puro dominar da sentido a toda una vida y la centra en la liberación. Otro de los centramientos más socorridos es el religioso que acuerpa a la gente en torno a Dios, llenando de significado a la gente. El problema del centramiento religioso es que entra en conflicto con los centramentos despóticos, los cuales, si no los someten, los toleran en tanto les sirven.

Hay formas de centrar la vida de lo más dispar, pasando por los ya citados hasta el artístico, disciplinario, en incluso el compulsivo derivado de manías o malfunciones físicas. Una autonomía como posibilidad de centramiento no puede perder esa perspectiva, porque si la colectividad no logra armonizar el decir-hacer de la gente, nunca faltarán esos prototipos de déspotas que son los dirigentes y los ideólogos. El hacer mismo de la comunidad es suficiente para centrar a la gente, ese hacer, es el que debe inventar la comunidad.

Los Peligros de Trabajar la Consciencia

Una de las acciones dominantes de todos los planes de lucha contra el capitalismo es la concientización. Muchos videos disponibles en redes sociales se enfocan a informar sobre el papel de los medios en la dominación ("Psy war", "El siglo del individualismo"), otros sobre el verdadero carácter de los gobiernos ("Ladrones del sueño americano"), algunos sobre la alimentación ("El mundo según Monsanto"), el sistema global ("Zeitgeist", "La servidumbre moderna") y muchos otros temas. El común denominador de todos esos videos es la intención de impactar la consciencia dando a conocer como ocurren las cosas VERDADERAMENTE. Allá por los 70's del siglo pasado en medio de la lucha revolucionaria contra el capitalismo, decíamos que eso era "hacer consciencia", es decir, hacer que la gente tomara consciencia de como verdaderamente ocurrían las cosas. Esto suponía que la gente tomaría alguna postura contraria a lo que la perjudicaba: contraria a la explotación, la manipulación, la dominación, la injusticia y toda esa serie de flagelos provenientes de lo peor de la humanidad. No siempre se producía eso, por el contrario, lo que se conseguía con la acción "conscientizante" era crear cuadros para el sistema que resultaban más radicales y más eficaces que los amos a los que servían.

Mucho se ha hecho y se sigue haciendo para "hacer consciencia", pero no parece haber buenos resultados. Los problemas del sistema al parecer nacen de sus propias contradicciones y no de la acción "revolucionaria" o "concienciadora". A más de diez años de la crisis del 2008 los ricos siguen más ricos y los pobres más pobres. O mejor dicho los dominadores en su sitio y los dominados haciendo lo que aquellos quieren, así ello signifique más guerra, más hambre, más explotación, más muerte. Por desgracia en pleno siglo XXI la acción conscientizante sigue tutelando a la pretendida acción revolucionaria y contestataria, pareciera que el propio sistema se ha dado a la tarea de criticarse y de hacerse pasar como su contrario.

Al parecer se ignora el papel de la consciencia y el papel que ésta juega en el capitalismo. El discurso de la consciencia es parte del discurso de dominación y ponerla a la vanguardia de alguna liberación de los poderes pastorales es fortalecer al discurso y al sistema que se pretende combatir. Superar el discurso de la consciencia en la lucha contra la dominación es pasar al terreno de la experiencia, en donde ésta sustituya a los discursos, en donde éstos se depuren al tenor de la experiencia de la gente. Construir autonomías puede ser una mejor acción que la de "crear consciencia".

La consciencia tiene un claro papel en el procesamiento de las percepciones del individuo: ocurre la consciencia, se activa el resto cerebral (mal llamado inconsciente) y comienza un recableo neural que da con nuevas ideas, ideas modificadas y todo un bagaje de representaciones del mundo nuevas, modificadas o recuperadas. La consciencia tiene otros usos, pero el de activar al resto cerebral parece ser el más importante en cuanto que presta un servicio inigualable en el reconocimiento e interacción individual del medio social y físico, entre otros, en que se vive.

La consciencia da nombre a lo que toca. Es decir, congela a la cosa para hacerla comprensible, lo cual es lo normal para nuestra forma de procesamiento perceptual. Lo que ya no es normal, es que vía la lengua, la cosa se quede congelada con un haz de significaciones girando en torno a la cosa congelada, haz que no logra descongelar a la cosa, sino solamente la precisa o expresa alguna de sus facetas.

Nombrar es congelar, es apartar a la cosa del resto del mundo. Cuando eso ocurre dentro de una comunidad, es normal, en tanto que discurre a tono con el mundo que se inventan. Por desgracia los encargados de nominar suelen ser los poderes despóticos que después proceden a imponer la nomenclatura (lo nominado) como lo natural, lo cierto, lo válido o lo verdadero. El proceso de nominación de los poderes pastorales se monta en las significaciones que realiza la gente en su experienciar, para luego redirigirlos hacia sus intereses. Para ello se hace lo que menciona Castoriadis, de hacer girar un haz de significaciones en torno a las significaciones que inventa la gente para matizarla y redirigfirla hacia la ideología despótica en turno.

La consciencia a decir de Walter Freeman, siendo una combinación de atención y memoria, rápidamente se ha puesto al servicio del proceso productivo capitalista, al igual que anteriormente se puso al servicio de la religión y de los señores déspotas de la antigüedad. De esto resulta que la consciencia puede ponerse al servicio de las autonomías aprovechando las fuentes de las cuales emana.

En el proceso de rehechura de la vida colectiva, necesariamente nacen nuevas conexiones neurales que, de acuerdo con la intensidad de la experiencia, pasan a formar parte de la memoria individual y colectiva. Para ello es necesaria una profusa propagandización tal cual la practica el EZLN. Esto necesariamente crea nuevas redes neurales que al estar continuamente activadas se refuerzan y pasan a ser parte de la estructura perceptual "normal". Si esto se refuerza con una tensión emotiva, se tiene garantizada una nueva memoria que, si bien no desplaza a la anterior, es la dominante por estar constantemente en uso. Las nuevas generaciones, aunque contarán con la memoria heredada, utilizarán preferentemente la nueva memoria. De esa manera se trabaja una memoria tanto para el presente como para las nuevas generaciones.

Con una memoria así constituida puede llamarse la atención de mil maneras: mediante el recurso del arte, la vida comunitaria, la propaganda, la creación de actividades colectivas (grupos musicales, de teatro, brigadas diversas) y toda la actividad inventiva que una comunidad puede desarrollar (de la vida colectiva hasta la investigación básica y la invención). Esa combinación afortunada de memoria y atención a su vez activaría al resto cerebral en el sentido del gregarismo en la construcción de autonomías. Nacerían redes neurales mediante las cuales la gente miraría con naturalidad a las autonomías tal y como hoy mira con naturalidad a su propia existencia sin necesariamente detectar que se inscribe y depende del sistema capitalista.

Hasta este 2020 el EZLN desgastó su estrategia publicitaria porque no supo aterrizar fuera del territorio zapatista, ni tuvo plan para dar materialidad a autonomías no zapatistas. Alguna vez llamó a acciones para materializar condiciones de sustento de autonomías, pero pronto desistió de ese plan. Marcos no entendió que una cosa es sembrar autonomías en territorio indígena y otra en territorio capitalista.

El capital regula nuestra existencia material mediante el salario y regula nuestra existencia espiritual mediante la educación y los medios masivos de comunicación. Por inducción de los últimos, nos regula también mediante el plan o proyecto personal, que responde a un planteamiento desde el individualismo egoísta.

Esto es posible porque en un estado natural el hombre actúa como veleta, respondiendo a directrices cerebrales de critica-revisión-reestructuración del sistema nervioso. A esto se añade que nuestra estructura perceptual es única y por tanto la comunicación con el otro es necesariamente deficiente.

Para evitar que el capital nos mediatice es necesario reconocer que solo lo que se construya en colectivo es lo que une y esto, no necesariamente pasa por la consciencia.

Contradicciones del Capitalismo

1. El capitalismo Incardina en el cerebro de la gente creando impulsos de consumo que por su cantidad son imposibles de satisfacer para la mayoría de la gente, lo cual genera una tensión y frustración permanente tanto de origen orgánico como social
2. Educa conformando la mentalidad de la gente de acuerdo con su propia visión del mundo, lo que necesariamente es una visión limitada que, con su desglose, va cerrando posibles puertas de escape (esto lo realiza cualquier sistema despótico o "teóricamente coherente") lo cual acaba ahogando
3. Crea soluciones como la explotación mediante el empleo, lo cual da sentido biológico a la vida de la gente, pero socialmente crea una sociedad de clases, provocando deseos incumplibles para el grueso de la gente
4. Produce gran cantidad de entretenimiento lo cual es biológicamente acertado, pero al reproducir en este su propia visión, solamente logra la automatización de los procesos de entretenimiento por parte de los procesos cerebrales, que a su vez acaban en el aburrimiento por repetitivos. Una vez que se ve

una película de terror ya se vieron todas, lo mismo con los juegos y lo demás.

5. Al excluir o limitar a los grupos y comunidades de la estructura capitalista, el individualismo consumista no acaba de ser satisfecho con la producción capitalista y la variedad de posibilidades capitalista pronto se hace estrecha. El infierno que crean las comunidades y los grupos es el que aporta la variedad infinita de posibilidades de vida que mantienen entretenido al individuo y dan sentido a la vida de la gente

6. En medio del consumo y el entretenimiento capitalistas el individuo no consigue dar sentido a su vida, y sigue atrapado en la lógica del capitalismo. Esto es un asunto orgánico desatado por el proceso de error de predicción que la creatividad estandarizada no alcanza a satisfacer

7. El consumismo actual, siendo la contradicción principal del capitalismo, puede llegar a resolverse con la desaparición de nuestra especie. Esto es lo que está empujando hacia la búsqueda de alternativas

8. Una autonomía deberá encontrar el necesario equilibrio entre la imaginación y lo que reconozca como realidad para que la imaginación deje de ser la base de poderes despóticos

Hijos de Tigre

No parece posible que se nos ocurra otra cosa que no sea algo que refuerce, complemente o reproduzca el estado de cosas que vivimos. Apenas es lógico: "Hijo de tigre pintito" y nosotros somos hijos de este sistema, que puede gustarnos incomodarnos, hacer como que nos gusta o disgusta, resultarnos hasta cierto punto indiferente, ayudarlo, combatirlo o pasarnos la vida odiándolo. En todos los casos difícilmente nos resulta indiferente y esa es la clave de su éxito o de su grado de éxito. Y lo es no solo de este sistema, sino que lo fue desde los imperios antiguos, pasando por los mandarines, los egipcios, los romanos, la edad media y todo tiempo en el que se haya alzado un déspota para dejar su huella en su sociedad o comunidad.

Somos hijos de nuestro tiempo y particularmente del sistema que nos tocó vivir. Y todavía más, somos hijos de la modalidad de sistema, cultura o costumbres que nos tocaron. Con ellas comemos, respiramos, hacemos el amor, escribimos, pensamos y todo lo que somos capaces de hacer. Pareciera desgracia que, siendo hijos de tigre, pintitos debamos ser, pero no lo es. Reconociéndonos pintitos, podemos hacernos un traje a rayas, liso, coloreado, desteñido o cualquiera que se nos ocurra. Si sabemos que somos, entonces sabemos que no queremos ser.

Todo sistema tiene sus propios candados, entre los más importantes son aquellos que nos impiden darnos cuenta de cómo y qué somos: todo aparece como natural, lógico (categoría genial pero carente de significado lógico como todas las demás), necesario o ineludible. Estos candados son casi naturales y de ninguna manera son producto de la genialidad de los despotismos. Su asiento está en nuestros propios instintos bio-sociales que, encarnados en nosotros, dictan las acciones vitales que sirven de soporte a la existencia. Eso debiera de bastar para que los despotismos resultaran imposibles, pero de hecho solamente son el motor de eso que llamamos historia y parece que con eso basta.

No obstante, dados nuestros impulsos vitales, a diario y aún a cada instante, creamos líneas de fuga (Deleuze) que escapan a los sistemas y a los despotismos en medio de otras líneas que los producen y reproducen (un sistema es un despotismo, pero un despotismo no necesariamente lo es, por ejemplo, ciertos liderazgos, familias, etc.). Eso debiera bastar para olvidarnos de los despotismos y ponernos a cultivar nuestras propias líneas de fuga. El cultivo de lo que los favorece es exactamente lo que hacen los despotismos para sojuzgarnos. Imitar eso, sin el formato déspota, es una buena enseñanza.

Radicales y Alucinados Como Soportes del Despotismo

"Perseguir tus sueños" divisa actual de los medios en México y el mundo. Si los sueños son alucinados mejor. De hecho, de manera soterrada se alienta a que sean sueños radicales, sueños lo más alucinados que se pueda. Sabido es que el alucinado, el radical buscan hasta debajo de las piedras y cumpliendo la máxima cristiana: encuentran. Se van de revolucionarios, de profetas, de artistas, de vagabundos, de extremistas sexuales (pederastas, zoofílicos o sadomasoquistas), de inventores, de teóricos extremos o de filósofos.

A todos ellos el despotismo los aprovecha de maravilla. Con los revolucionarios se renueva, con los teóricos (filósofos, científicos, críticos e intelectuales) refresca sus sueños, con los artistas extremos u originales rehace su representación del mundo cuando le hace falta y a cada alucinado o extremista lo utiliza en su momento de una y mil formas.

Toda esa fauna no suele ser peligrosa para el despotismo, ya que regularmente se anula sola, perdida en los laberintos en que se mete o en los agujeros que no se tapan tales como la web profunda, la vagabundez, la delincuencia, la demencia funcional (los famosos alucinados cotidianos), el alcoholismo y la drogadicción, la teoría radical o el pensamiento extremo y tantas otras manías nuevas, viejas y por inventar.

Cuando la citada fauna está en posición de ser utilizada, se los gradúa de genios, se les construye su fama y pasan a ser ejemplo de la humanidad. De esa manera surgen los grandes filósofos, artistas, deportistas, etc. que, pese a su pesada fama, son incapaces de contrapesar al despotismo.

El individuo se pierde rápidamente en su cableado neural, el cual, debido a su naturaleza puede crear cualquier tipo de alucine y postularlo y ejercerlo como realidad. El despotismo ha sabido integrar parcial o totalmente a los alucinados y radicales que emergen en su seno o fuera de él. Los ocupa para seguir atrapando la imaginación de la gente, para crear o recrear referentes en torno a los cuales el cerebro individual construye su mundo.

El despotismo actual y los que han pasado, además de los que ya se dibujan para el futuro o acechan por ahí esperando su oportunidad, crean y recrean la realidad a partir de algunos puntos referenciales ligados de alguna manera a impulsos humanos vitales. De esa manera es fácil someter, seducir o por inercia hacer girar en torno a ellos a los radicales o alucinados. Por muy radical o alucinado que se sea, se come, bebe o excreta, a menos que, como dijo Camus, se decida por la muerte. Mientras se siga vivo, se es presa de la vida y, si a esa vida no se le da rumbo, la vida encuentra manera de dárselo y esos son los llamados instintos que, bien manejados por los despotismos, suelen darles excelentes dividendos.

Es muy fácil atrapar a los extremistas y a los soñadores o en su caso anularlos. Ellos se segregan solos y cuando no, se les elimina. Perdidos en sus delirios, los radicales y los alucinados acaban integrándose al sistema, ya como genios, como colaboradores voluntarios o involuntarios o como simples resentidos. Son ellos los verdaderos artífices del sistema, los que lo renuevan, los que dan sentido a la vida acorde a despotismo vigente (incluso yendo en contra), los que evitan el aburrimiento (tan natural para el cerebro humano que rápidamente pierde interés en todo). El peor enemigo de todo despotismo es un mundo con más de lo mismo. Ningún despotismo resiste la falta de atención en él porque lo que no se atiende, se esfuma. Es un efecto inherente al funcionamiento del cerebro. Lo que ya se ha visto y registrado ya no llama la atención.

Pero estamos llegando a un punto en que ya empieza a aburrir el no aburrimiento. Ya hemos visto a casi todos los chavos del ocho posibles, ya hay pocas variaciones de las películas de cachetadas, de amor, de horror o de suspenso. Casi hemos visto todas las variaciones de juegos, de revistas y de casi todo lo que es posible producirse bajo este despotismo. Se está abriendo a una nueva era, quizá viene ya un nuevo despotismo. Las neurociencias, la epigenética y la tecnología digital nos preparan para ello.

¿Habremos de evitar la creatividad, los sueños y el hacer torcido de nuestros impulsos? De ninguna manera, lo que hay que hacer es resistir. Resistir a que sean incorporados al despotismo en tanto somos capaces de ligarlos a proyectos colectivos en los que no quepa despotismo alguno.

Radicales y alucinados no son sino la expresión extrema de la condición humana en donde lo natural es la integración al todo. El radical y el alucinado intentan escindirse de ese todo que se confunde con Dios. Jamás lo logran, pero sus impulsos los hacen soñar en que hacen algo diferente al todo cuando pareciera que son instrumentos de ese todo que experimenta. La experiencia del todo no es la voluntad de un Dios, de un algo o de un mecanismo o proceso, es ante todo una experiencia multimodal en la que todo cabe y solo se conserva lo que es capaz de integrarse a ese todo. Se conserva lo que logra ser un todo en cada punto específico del todo.

El todo se manifiesta como puntos específicos, con diferencias específicas respecto de otros puntos y son precisamente esas diferencias específicas las que cambian al moverse el todo. Los cambios en la diferencia específica son los que hacen posible la permanencia o la exclusión de cada punto particular de expresión del todo (cada ser, cada cosa, cada fenómeno). Pero decir movimiento, decir cambio o incluso decir todo, es un abuso. Esas son ideas que nada tienen que ver con lo que se dice, solamente hablan de las posibilidades de construcción de mundos en los que el despotismo no quepa. Se quiere hablar de las posibilidades de resistencia en tanto llegan (si lo hacen) formas de vida fuera de despotismos.

Machismo

El machismo surge de bases naturales como una de las desviaciones del poder pastoral, posibilitado y potenciado por la imaginación.

La imaginación en el ser humano se manifiesta desde hace unos 75 mil años. Las marcas en ocre y pinturas rupestres, delatan el surgimiento de una imaginación en donde la realidad podía plasmarse en otros sitios fuera del teatro de su ocurrencia. De esa manera se relacionaban dos cosas que no tenían conexión directa, por lo que la conexión ocurría en la mente humana.

Gracias a la imaginación, los instintos de sobrevivencia (egoísmo, reproducción, autoresguardo, entre otros), dieron forma a poderes pastorales y posteriormente a los despóticos que son los que inauguran nuestra época con la aparición de los imperios antiguos.

¿En qué momento los instintos se transforman en formas de poder pastoral o despótico? Es muy difícil establecerlo. Entre la vida en pareja y el sometimiento de la mujer hay un abismo difícil de explicar. Al parecer aquí la imaginación de la perpetuación individual, del afianzamiento del egoísmo masculino y de la debilidad de la mujer son los enlaces "naturales" para pasar de una vida instintiva a otra. En esa otra vida la imaginación media entre el hecho y el instinto.

Lo mismo pasa con el instinto de sobrevivencia, entre el instinto de sobrevivencia y la alimentación, solo la promesa de algo por venir puede dar lugar a la sedentarización, que de otra manera solo sería temporal. La imaginación media entre el instinto de sobrevivencia y el hecho de sobrevivir.

El poder del grupo se transforma en el poder del macho. El poder del grupo finalmente queda confinado al macho. Las comunidades mesoamericanas conviviendo y colaborando con poderes despóticos dan cuenta de que entre el despotismo y el gregarismo hay mucha afinidad y que solo lo divide una línea fina. El macho resuelve, arropado con poderes despóticos, muchos de los problemas de sobrevivencia (Quetzalcoatl), por ello no resulta ajeno a las comunidades, que pueden seguir con su autonomía que le permite decidir sobre ellas mismas, manteniéndose alejadas de la ideología despótica que da origen al macho.

El encumbramiento del macho y con él, el de los poderes despóticos parece ser producto de la publicidad social básica (la que surge de ciertos prestigios), en la que la eficiencia para resolver ciertos problemas sociales coyunturales va a ser el punto de partida para el encumbramiento del macho y del despotismo como identidad. Desde ese momento de encumbramiento, macho y déspota se vuelven sinónimos. Aquí otra vez, la imaginación cubre el vacío entre la solución coyuntural y la realidad.

No es que las soluciones gregaristas fueran menos eficientes que las despóticas, sino que la imaginación y la publicidad hicieron aparecer a las soluciones machistas como las más eficientes. El molde machista-despótico definirá la conformación social y la cosmogonía imperantes. De esa manera surgen sobreponderaciónes de lo bello encima de lo expresivo, de la verdad y el conocimiento sobre la experiencia, la ciencia sobre el saber, sobreponderación del hombre por encima de la mujer, de la escuela sobre la experiencia colectiva, de la lengua sobre el habla o de la imagen sobre los sentidos.

Así pues, el macho-déspota parece ser un producto social incardinado como redes neurales, que a su vez interactúan con la sociedad como si fuesen herencia de los hombres primigenios. El sometimiento de la mujer al macho no solo se debe a impulsos biológicos, sino fundamentalmente a la impronta del despotismo dominador.

Biológicamente nacemos como entidades monosexuadas (el machismo femenino dice que nacemos como mujeres) y con la proliferación de la testosterona viene la diversificación sexual. No es así de simple porque pueden surgir todo tipo de orientaciones sexuales con fundamento biológico, pero sirva esa simplificación para el argumento de que el machismo es incardinación neural del despotismo.

Si bien parece que ya lo dije todo, con mi última afirmación, ocurre que hay una diferenciación de sexos en cierto momento de la gestación. Eso va a dar lugar a sexos diferentes, pero no extraños. Los sexos diferenciados aparecen en la realidad como complementarios. Incluso, desde el machismo femenino se puede decir que el hombre es un complemento de la mujer. Aún en ese caso estamos ante sexos complementarios. Lo son para la sobrevivencia de la especie. La complementariedad no tiene la finalidad de que la especie sobreviva, sino que la tal complementariedad está en la naturaleza de los sexos, misma que se distorsiona con la aparición de los poderes despóticos.

La diferenciación sexual es una de las posibilidades de despliegue de una parte específica del todo (que se ha confundido con el concepto fascista de evolución). La diferenciación sexual es, lo que es posible en este arreglo planetario (de un todo acotado en este planeta), tal cual lo es el hermafrodismo. Despliegues imposibles dentro del arreglo planetario solo desaparecen, aunque también llegan a desaparecer/aparecer debido a situaciones coyunturales. Pareciera que, en todo arreglo de un todo, todo es posible, incluso lo imposible. Quizá el mejor ejemplo de esto último somos la raza humana de hoy o, mejor dicho, la deriva de la raza humana desde hace unos docemil años.

El arreglo hombre/mujer logró prevalecer pese a compartir el planeta con especies más fuertes para las cuales era alimento. No hay hombre, no hay mujer, hay un arreglo hombre/mujer (más generalmente: pareja) como despliegue específico del todo, que a su vez mantiene la especificidad masculina o femenina. Ese arreglo hombre/mujer se ha enriquecido con otras especificidades como son los hijos, los animales domesticados los cultivos y objetos como la vivienda y los utensilios ligados a la sobrevivencia. El arreglo hombre/mujer es parte de un arreglo mayor de especificidades que dan forma al todo planetario que hoy tan alegremente dinamitamos, con el macho por delante.

El arreglo hombre/mujer no refiere sexos masculino/femenino, sino pareja complementaria en las tareas de sobrevivencia. Tal arreglo puede ser homosexual, transexual o cualquier variedad de preferencia sexual que ocurra.

El Machismo Capitalista

En México tenemos el estereotipo del "macho", generalmente atribuido al hombre, pero que en estos momentos de protagonismo de la mujer, esta se inviste de tal estereotipo. Conozco a dos parejas de matrimonios jóvenes que bien pueden ilustrar como el machismo femenino penetra a nuestra sociedad, arrebatándole la exclusividad al hombre. En ambos casos las parejas llegaron a la ruptura porque el hombre no aceptaba algunas conductas que desligaban a la mujer del hogar.

Dentro del estereotipo del macho figuran características de lo que antes de los años treinta del siglo pasado, correspondían con "ser muy hombre". Es decir, bajo esa acepción ser macho significa tener el valor suficiente para enfrentar peligros, desafíos y para defender a la familia. Esa manera de ver al macho aún está vigente dentro de las clases pobres del país. El machismo, desde un punto de vista popular, está ligado a causas nobles.

Obviamente existe la acepción contraria del estereotipo del "macho", en la que este es un irresponsable, golpeador de mujeres, violador, pendenciero e indeseable. Una aparece positiva y la otra negativa. O sea, dichas acepciones son excluyentes.

La acepción popular de macho, signada positivamente, parece desprenderse del cine mexicano de los años 30-40 del siglo pasado, particularmente de los personajes "machos", escenificados por Pedro Infante y Jorge Negrete. En ellos el macho suma la rebeldía y la independencia a los atributos positivos del estereotipo. Ser macho no solo es positivo, sino también es ser rebelde e independiente.

De la rebeldía del macho y su tendencia a valerse por él mismo, parece desprenderse el estereotipo negativo, debido a los excesos en que llega a caer el macho "positivo". Debido a su carácter independiente y como jefe de familia, sus decisiones no siempre son las mejores. Ya en el cine mexicano mencionado aparecen machos oportunistas que en realidad son cobardes, pendencieros, ventajosos y violentos. Pero esos machos son rápidamente desenmascarados llegando a ser los personajes a los que el macho verdadero ajusticia o somete al orden, limpiando así al estereotipo del "verdadero macho".

En la actualidad la acepción positiva del macho tiene pocos defensores, debido principalmente a campañas multimediáticas orquestadas desde hace más de 50 años. Cuando yo era niño, allá por los 60s del siglo pasado, había un spot radiofónico que decía "es Ud. Muy macho, pues que lo ensillen…". A estas campañas contra el macho, signadas contra el machismo, se suma la obsolescencia del macho una vez que las familias discurren desintegradas y las comunidades tradicionales están prácticamente disueltas (persistiendo las comunidades indígenas y alguna que otra rareza en las ciudades). Ya no hay a quien representar, ya no hay familia que defender ni comunidad que respaldar.

La acepción del macho positivo está casi desaparecida de los medios de comunicación, aunque resiste dentro de la cultura popular. Parece que de lo que se trató fue de signar negativamente al macho por el potencial peligro que representa su carácter autónomo. Pero, fundamentalmente parece que el ataque al macho es una cortina de humo para ocultar la naturaleza del despotismo actual que divide a la sociedad en jefes y subordinados, los que mandan y los que obedecen, patrones y trabajadores. Es decir, se trata de ocultar al macho encarnado en el que manda. Se trata de que nadie quiera arrebatarle el mando al jefe.

El estereotipo del macho tiene una fuerte presencia social, por ello se le signa negativamente y, en vez de desaparecerlo, debido a la fuerte presencia popular se trata de construir un macho éticamente "aceptable". Se trata de crear un macho domesticado. Al atacar al machismo también surgen cúmulos de consejos y directrices para hacer del macho malo un macho bueno. Se trata de aprovechar la energía del macho encauzándola hacia la producción y la independencia machista hacia el consumo. Esto es especialmente notorio en el consumismo femenino que toma al supermercado como su lugar de paseo. Ir de shopping es lo de hoy.

Pero el individuo independiente transformado en individuo consumista alcanza a los hombres que reinventan conductas casi inéditas como los metrosexuales. Estos son machos, o buscan ser machos alfa impecables. Hombres y mujeres no son al macho al que emulan, sino que emulan al que manda, al que por su lugar en la cadena de mando es por naturaleza un macho alfa.

Al intentar proscribir al macho signándolo negativamente se topa con la persistencia del machismo popular, el que entiende al macho como positivo. En ese juego queda oculto el verdadero macho negativo, queda oculto el jefe, el que manda.

El macho popular solamente juega un rol dentro de los restos comunitarios y dentro de lo que queda de rebeldía popular, por lo que no habríamos de preocuparnos por su defensa. El otro, el macho capitalista es al que hay que combatir.

Sobre el Papel de los Intelectuales

Los intelectuales son los pensadores que giran en derredor de un sistema, ya sea para ayudar en su sostenimiento o perpetuación mediante la apología, la crítica o el denuesto. Apología, denuesto y crítica son caras intelectuales de un sistema.

Un intelectual lo es porque está al servicio de los poderosos de una u otra forma. Fuera del poder solo es un pensador más, un ser que ejerce esa capacidad de modo natural, o sea, al servicio de la conservación de la vida.

El intelectual contemporáneo es producto del sistema capitalista y, aunque desciende del intelectual al servicio de los poderosos de la antigüedad, se diferencia de estos en que fomenta de continuo una función cerebral que de suyo es contingente. El fomento del pensamiento produce a su vez el funcionamiento continuo de la consciencia, lo que da origen al estrés y a toda esa pléyade de enfermedades modernas.

La función del intelectual es mantener activo al pensamiento y con él a la consciencia, ya sea mediante la apología o la crítica. El uso intensivo de la consciencia es la base del modo de producción capitalista. Mediante ese procedimiento se mantiene la presencia del sistema, ya sea en su figura de gobierno, estado, cultura, espectáculo, etc. La crítica le es indispensable a la dominación, así como la autosuficiencia a la autonomía.

El ejercicio del pensamiento fuera de la contingencia inhibe al resto de las capacidades cerebrales tales como la intuición y la experiencia interior, creando un efecto de sabiduría dogmática fundada en la productividad utilitaria que por excelencia distingue al pensamiento.

El intelectual no es una entidad negativa, es uno de los puntales del sistema en esa trama de relaciones que distingue a un sistema robusto y a unos poderes estables. El intelectual nace y se cría en los valores del sistema y de ninguna manera es un canalla o traidor como se desprendería de la noción de "intelectual orgánico". De hecho, este tipo de intelectual desapareció con el ascenso de los media, los cuales lo sustituyeron e hicieron ver al sistema como omnipotente. El intelectual solo puede inteligir lo que aprendió y todo ello concierne al sistema.

Escritores como Borges o Neruda no son intelectuales, pero al estar inmersos en él, lo ayudan. Ellos como los tupinambás se dedican a crear al mundo, su mundo. Si Borges y Neruda viviesen con los Azande, por default ayudarían al sostenimiento y perpetuación del sistema o cultura de los Aande, tal cual todos ayudamos a la perpetuación y sostenimiento del sistema capitalista en tanto que vivimos en él, respiramos su aire, mamamos su cultura y finalmente en él nos hominizamos. Tal cosa no le ocurre al indio, el cual, a pesar del sistema, vive su otredad. En tanto no seamos capaces de crear otredades (autonomías) seremos igual que el hijo del tigre: pintitos, no pecamos por acción u omisión, sino por inmersión. El intelectual no está en el sistema, él es parte del mismo.

Nietzsche pensaba que la misión del hombre era superar a su cultura, pero ¿Cómo se le supera? Imagino que habrá mil maneras, una de ellas, acceder a una otredad, quizá una de esas multiplicidades que aparecen con el ser.

A no ser por los intelectuales y la izquierda, el sistema capitalista no hubiera durado más que unas decenas de años tras la época heroica de su consolidación durante los siglos XIX y XX. De hecho, la izquierda nace al lado de la derecha, como dos partes de un todo naciente.

Cuando desaparece la URSS que fungió como espejo de los hierros occidentales, apenas a unas décadas del hundimiento soviético comienza a hundirse el barco insignia occidental (EU). No es extraño que en medio de la orgía saqueadora del poder unipolar estadounidense y ya sin el contrapeso moderador de una izquierda desprestigiada y cooptada por el capital, el sistema hace agua, aunque las oligarquías no.

La izquierda ingenua ("honesta"), es incapaz de instrumentar nada fuera de las viejas prácticas y consejas del marxismo heroico, que hasta hoy ha mostrado su ineficacia tras más de 150 años de lucha. Con su persistencia, la izquierda ha terminado, al igual que la guerrilla, como válvula de escape del sistema, haciendo o participando en las revoluciones que éste necesita (femeninas, gay, de niños, animales, etc.). El capitalismo se está hundiendo en base a sus contradicciones y no por las luchas populares.

La izquierda con su crítica advierte al capital de sus fallas, las cuales el capital corrige o reprime. A esto ingenuamente llama la izquierda "logros de las luchas efectuadas". La izquierda ofrece teoría y consejos que nadie le pide pero que bien se aprovechan.

Un periodista es desde luego un intelectual, en tanto que, sobre todo, le interesan los problemas de la corte. Este sistema no podría entenderse sin el papel de los periodistas ocupados en los haceres del poder. Los pobres solo importan en tanto que reflejan las omisiones del poder. Los pobres solo sufren o hacen cosas que importunan al poder, su vida, los mundos que inventan no se siguen y cuando se llegan a seguir, se hacen girar en torno al sistema y así aparecen en los rincones de los diarios. Los periodistas de izquierda siguen ese mismo esquema. Se argumenta que el periodista busca la verdad, la creatividad; en efecto, el poder es el que necesita la verdad, la creatividad; las gentes y los pueblos se las apañan bastante bien con su "verdad" y su hacer. Cuando el periodista y el intelectual se comprometen con la verdad, venden su alma al diablo.

¿Deben entonces usar la mentira los intelectuales? No, esta es lo mismo que la verdad, es su pareja. La mentira sin la verdad no vale nada. La construcción se autonomías está más allá, mucho más allá de la verdad y la mentira (o sea, solo de la verdad).

Superar al sistema significa bajarse del barco, dejar de hacer lo que hacen los intelectuales. La crítica solamente debe ser utilizada en la contingencia y desde la problemática específica de una comunidad o un pueblo. La crítica debe dejar el seno materno de la teoría para integrarse como variable interactuante en medio de la experiencia de un pueblo o comunidad. De hecho, debe de abandonarse la teoría para dejar a los literatos y a los juglares la explicación de las cosas. La teoría son historias y la ciencia recetas, y así deben de tratarse.

Superar al sistema es en primer lugar dejar de girar en torno a él, es en segundo lugar construir autonomías autopoiéticamente constituidas (en términos de Maturana), que no organizadas; en tanto que la organización es la forma por excelencia en que se produce y reproduce el capital.

Por desgracia el intelectual, como tal, no tiene papel en la erección de autonomía, salvo quizá en el proceso de federarlas y confederarlas en la etapa de transición del capitalismo hacia lo que salga (que no necesariamente sigue).

El sistema capitalista es un constructo autopoiético, ampliamente probado en cada detalle y en cada uno de sus aspectos, de tal manera que escapar a su influencia es muy difícil. Escapar al sistema solo es posible a partir de sus propios constructos. Me refiero a las empresas capitalistas reorientadas hacia el beneficio comunitario, la escuela como coartada de libertad matriarcal, el club como retro-alimento de estimulaciones vitales, los media como vehículos de intercambio de información de acciones comunitarias y el trabajo como tributo al medio que nos soporta. Pero eso solamente funcionaría, en el sentido planteado, al interior de las autonomías creadas. Fuera de ellas, lo que se haga es aprovechado por la dominación.

La consciencia es una función asociada al pensamiento y que el capital utiliza exhaustivamente en el proceso productivo y de control. Hacer llamados a la consciencia significa actualizar uno de los mecanismos más eficientes que usa el capital para el control. De manera natural el hombre utiliza al pensamiento (con todo su aparato de consciencia, ciencia, razón o método) a la par que la intuición y la experiencia interior, pero con su forma de dominar, el capital inhibe a las últimas en beneficio del pensamiento, logrando un alto grado de bestialización de la gente, especializándola y reduciéndola a sus impulsos primarios continuamente estimulados por los media. Dejar de pensar significa ubicar al pensamiento en la contingencia, a la intuición en la solución de los problemas y a la experiencia interior en el despliegue de la existencia (hoy por hoy, la meditación es catarsis de la burguesía, pudiendo ser liberación de los oprimidos)

Construir autonomías no es asunto de los intelectuales, ni siquiera es un asunto individual. Es asunto de un gran movimiento colectivo capaz de crear las riadas de sentido que el cerebro necesita para activarse, y el humano para seguir vivo. Suele decirse que "un pragmatismo ciego sin teoría no puede sino estrellarse contra la pared", pero el grueso de la gente vive sin teoría. Esto es así porque primero se ocupa uno de comer, satisfecha la comida, lo que sigue es la comodidad y el esparcimiento y finalmente la especulación. Aunque suele hacerse lo anterior sin orden fijo, el hambre no deja pensar, el cansancio menos. Los oprimidos viven encarcelados en el hambre y el suplicio mediatizador, mismos que el empleo promete remediar mediante el truco de la zanahoria.

No Jugar el Juego del Sistema

La forma usual de todo sistema es atrapar incorporando a la gente a su juego. Y es que el sistema ofrece sustento, diversión, placeres y sobre todo: actividades que centran la existencia. Es decir, actividades en torno a las que puede hacer girar toda una vida. No es desde luego el caso de la burocracia menor, la cual solamente se le sujeta con el sueldo y los programas de vida constituidos por el consumo dirigido, la diversión, las vacaciones y la vida misma también dirigida mediante los media, la escuela y la ley.

Pero la burocracia menor es el ejército de las oligarquías y su servidumbre, es la masa de soldados que se confunde con la gente que no es de ese ejército. Por esa vía se implanta al sistema en la raíz de la sociedad. Ese ejército es el intermediario entre la gente y la oligarquía. Es a la vez la muestra de lo que se puede lograr perteneciendo al sistema. Se tiene al menos: un sueldo seguro, seguridad social y un mínimo de placeres garantizados. No es mucho, pero para el cerebro de dinosaurio es suficiente, si bien el estrés que padecen los burócratas (y la gente que gira en derredor del sistema), evidencia que no es suficiente lo que obtienen, que requieren ser tratados de manera distinta a la de una bestia; esa situación que los mantiene en estado de rebelión latente (manifiesto en la ineficiencia burocrática, la corrupción, el sabotaje y las pequeñas y grandes raterías de todo tipo).

Me comentaba un jefe de valvuleros (reguladores de la dotación de agua) que era "muy bonito jugar con el agua", comentario hecho a raíz de que mediante un juego de cierres y apertura de válvulas podía llevar el agua a la zona que quisiese. Ese jefe trabajaba duramente durante toda la semana incluyendo sábados y domingos sin quejarse. Su trabajo lo tenía fascinado. No era para menos, ya que su trabajo le daba dinero suficiente para comprar cosas, para beber, y para que muchas mujeres se le acercarán pidiendo el favor del agua o con la esperanza de atraparlo. Poder, sexo y dinero (aunque no mucho) le bastaban para estar satisfecho.

Situaciones similares pude ver a lo largo de mi paso por empleos de gobierno. Muchas tareas de gobierno son seductoras porque implican retos, con ellos vienen los placeres sexuales, de reconocimiento (aunque las más de las veces solo sea doméstico) y de disposición de bienes que hacen la vida placentera.

Pero la más grande aportación de la dominación, es inducir la idea de que hay que luchar contra el despotismo para liberarse. Idea ingenuamente reproducida, argumentada e impulsada por miríadas de teóricos, pensadores y salvadores de banqueta. Esto es genial, por decir lo menos. Los descontentos acaban enzarzados en protestas, luchas estériles, pequeños sabotajes y algunas actitudes insumisas, en vez de ponerse a idear y construir su propia libertad.

A lo más a que se llega es a la propuesta de Robert Kiyosaki, consistente en aprender ha hacer negocios para lograr la liberación financiera. Otros más se enredan luchando por democracia, justicia y libertad o de plano yéndose a la guerrilla. De ese modo, posibilidades como la creación de autonomías, son perennemente postergadas.

Rehacer la Vida Colectiva

Hoy todos sabemos que somos los que sostenemos al sistema imperante con todos sus aciertos, sus crímenes y sus injusticias. Es un conocimiento desconcertante porque no alimentar y sostener al sistema, por hoy, equivaldría a la inmovilidad y a la esterilidad con todo lo que ello implica. Pero al espíritu creador es imposible detenerlo. Creamos en la vida diaria, en el arte, en el teatro, el cine, en la ciencia y aún en el más pequeño de nuestros actos cotidianos creamos. Inventamos palabras nuevas y nuevos sentidos para las que ya usamos, creamos nuevas formas de movimiento o al menos pequeñas variantes de los que ya existen. Todo es creación en nuestra vida y de hecho, las neurociencias postulan que el cerebro está hecho para el movimiento y por tanto para el cambio.

La creación voluntaria o involuntaria y aún por mero accidente es la esencia de muestra vida. Así como vivir "dirige" al cuerpo, crear es la condición para esa vida. Eso se sabe o se retoma desde que el hombre es hombre. Los déspotas de todos los tiempos lo sabían, lo sabían o lo ejercían los tiranos y los pastores de hombres. Crear y es la base para el sostenimiento humano, de todo sistema, de todo estado y de todo despotismo. Nunca podemos dejar de crear por nuestra condición biológica, que a su vez se proyecta en nuestra condición social y finalmente en el sostenimiento y perpetuación de un estado de cosas.

Y es precisamente cuando un pueblo agota sus posibilidades acotadas de creación cuando las sociedades caen, los imperios se derrumban y los déspotas se acaban. La destrucción que parece contraria a la creación no es sino otra posibilidad de creación, de ahí los populares ritos de destrucción de las festividades contemporáneas. Los fines de año, las fechas conmemorativas, los días feriados y los fines de semana son otros tantos rituales de destrucción contemporánea que constituyen la tierra fértil de la creación capitalista. Los viejos rituales vitalistas como los sacrificios humanos o las ofrendas a la tierra fueron adaptados en la contemporaneidad en el ciclo consumo-producción. Antes acudíamos a misa los domingos y rendíamos culto al creador en festividades religiosas y en todo momento (persignándonos ante iglesias y santos o dando gracias a Dios), ahora nuestros rituales no son otra cosa que distintas modalidades de consumo, de destrucción de mercancías, cosas que ya no sirven para sostener la vida por tener exceso de nutrientes, de tiempos muertos o exceso de aburrimiento.

El éxito de un sistema o de un déspota es motivar la creación de la gente, así sean revoluciones, protestas, manifiestos e incluso, inmolaciones.

De lo anterior se desprende rápidamente que, si nuestra condición humana es la creatividad, habríamos de dejar de alimentar lo que no nos gusta. En efecto, habríamos de dejar de circunscribir nuestra creatividad a sistemas que no nos gustan deberíamos de abandonar la referencia de estados y déspotas desagradables, molestos u ominosos. Si hemos de seguir creando dejemos de experimentar en el sistema, abandonémoslo para que se caiga solo. Experimentemos en la vida, abramos posibilidades de subsistencia, de vida experimental al margen del sistema.

Por desgracia toda nuestra actividad creativa será captada y cooptada por el sistema, si no existe una comunidad que la arrope le dé significado y la sostenga. Por lo que, primeramente, todo creativo debería comenzar por construirse un útero rehaciendo la vida colectiva. Pero no deberá ser cualquier vida sino una autosustentable, capaz de generar alimento para el cuerpo y para el espíritu. Una vida no autárquica sino solamente independiente y autónoma. Si somos seres sociales producto biológico de la oxitocina, entonces la rehechura de la vida colectiva implica la reconstrucción comunitaria, implica el redescubrimiento de que lo divertido es el hombre.

El Modelo de Dominación Familiar

Cómo los poderes dominantes aprovechan el instinto gregario

Desde su aparición hará unos doce mil años, con los primeros asentamientos rurales, la tendencia a la concentración del poder en una o unas pocas personas (lo que Foucault llama el "poder pastoral") seguramente ha seguido caminos diversos, uno de ellos quizá el más conocido y el más utilizado a lo largo del tiempo es el terror. El uso del terror constituye todo un modelo de control y de construcción y conservación del poder pastoral utilizado desde tiempos inmemoriales. Fue quizá el modelo primigenio de dominación al lado del modelo de seducción; el cual aprovecha los impulsos biológicos vitales insertando interruptores a impulsos, pensamientos y conductas para reconducirlos hacia los fines de la dominación sin abandonar del todo a los impulsos biológicos de origen.

El modelo familiar es parte del modelo de la seducción, pero con un refinamiento propio de las últimas sociedades nahuas, particularmente de la sociedad azteca. El modelo consiste en aprovechar el impulso vital gregario y dirigirlo hacia la contención de las acciones grupales o comunitarias independientes, para después darle cauce hacia las acciones, conductas y pensamientos favorables al poder pastoral (acciones de guerra, trabajo asalariado, conductas, ciertas normas éticas y legales o actividades directas de control como las policiacas).

El modelo familiar se distingue del modelo de seducción en tanto que combina seducción con obligación mediante implantes en la cultura. Originalmente la seducción era la promesa (cumplida, semicumplida o pospuesta) de tierras con ríos de leche y miel, la cual impactaba directamente redes neurales que activaban impulsos vitales asociados a los bienes prometidos. El modelo familiar, más refinado, impacta la idea de la idea, en donde el fin ya no es lo prometido, sino la promesa misma. De esa manera en el modelo familiar los actos se justifican a sí mismos, la finalidad de las reuniones son la reunión misma, la de la protesta es la protesta misma, todo se cierra en torno a ello mismo, nunca se trasciende.

Dicho modelo bien podría nombrarse como mexica, pero ese nombre daría una idea de una vigencia pasada. Por el contrario, ese modelo de dominación está plenamente vigente y sigue perfeccionándose. Obviamente el modelo familiar es un fenómeno nacional y guardando sus diferencias y especificidades, lo es también mundial, solo que en otras latitudes el impulso gregario es casi indetectable ya que se ha logrado redirigir hacia la acción y pensamiento como simples agregados humanos como son los equipos de trabajo o deportivos y las empresas e instituciones que hacen girar a los individuos en torno a ellas (sea mediante el empleo o la marca).

Las familias extensas chilangas muestran una tendencia a reunirse muy seguido con los motivos más diversos, pero especialmente en fechas relativas a los cumpleaños de sus miembros. Lo sorprendente de este hecho es que de dichas reuniones no resulta nada fuera del rato de convivencia que realizan. Las rutinas son sorprendentemente aburridas y estériles. Consisten en platicar lo mismo que se platicó treinta o más años atrás, los mismos chistes, los mismos consejos y desde luego, las mismas personas. De tiempo en tiempo las reuniones se ven alteradas por alguien que introduce pequeñas rutinas de diversión (como ponerse una peluca y comentar el aspecto que se adquiere, traer a escena a un muñeco de ventrílocuo, algún borracho que se va de la lengua, etc.) o escenas desagradables, pero nunca se abandona la esterilidad de las reuniones.

Pase lo que pase en las reuniones familiares chilangas, nunca surge iniciativa alguna tendiente a trascender su esterilidad. Existe un fuerte impulso que los lleva a reunirse, manifiesto en lo frecuente de las reuniones (que incluso llegan a ser del orden de más de una reunión por mes), pero esa tendencia gregaria rara vez se manifiesta como una suma de esfuerzos por ayudar a alguno de los miembros de la familia (desempleado, enfermo, sin casa, etc.). Todos los apoyos o ayudas ocurren de manera individual y procurando mucha discreción al otorgarlos.

Podría argumentarse que tales ayudas son el resultado de los acercamientos durante las reuniones, pero no hay tal. Las ayudas individuales ocurren entre miembros que ya antes de las reuniones guardan cierta afinidad. Una cierta ayuda que ofrece alguien, es negada por otros miembros que saben del problema y que no les importa no ayudar. El ejemplo típico al respecto son los desempleados que pudiendo ser apoyados con la fuerza del grupo, suelen ser aleatoriamente ayudados por algún elemento de la familia que incidentalmente sabe de algún empleo.

Sabemos por Walter Freeman y otros neurocientíficos que el ser humano tiende biológicamente a actuar en grupo y desde hace mucho sabemos del impulso biológico que busca garantizar la vida individual. Estas tendencias vitales complementarias son las responsables de que el hombre haya llegado a ser lo que hoy es y seguramente podrían ser también las causantes de su extinción. La tendencia egoísta garantiza la vida biológica y la tendencia gregaria potencia a la primera. Se sabe que el hombre es un ser social lo cual es evidente ante la debilidad humana manifiesta ante el resto de la creación.

Hay pues dos tendencias vitales que van a ser aprovechadas por el poder pastoral para efectos de control. El refinamiento en el manejo de tales impulsos se va a traducir en la eficciencia del control. La ausencia de tal refinamiento en descontrol y cambio social, ya que la manifestación de los impulsos gregarios y egoístas, van a estar apareciendo en la vida humana de mil maneras y de manera ininterrumpida.

Lo que logra el modelo familiar es contener y aprisionar dentro de reuniones estériles (asambleas, reuniones, fiestas, actos políticos, acciones legislativas, y un largo etc.) a los impulsos gregarios, mismos que después van a encontrar su cauce en lo que proponga el poder pastoral o ser reconducidos a manifestaciones egoístas. Por ejemplo, en el caso del desempleo, lo que frena la ayuda grupal son ideas de irresponsabilidad, indisposición al trabajo (ser huevón), desprestigio por incumplimiento y se es reconducido a la noción de "responsabilidad propia", noción claramente egoísta que pretende ignorar que la falta de empleo no es asunto individual.

Pero ¿Cómo se construyen esas sutilezas de control? En primer lugar, mediante la implantación de redes neurales (mecanismo tan eficientemente logrado por la publicidad y la educación), en segundo lugar mediante la cultura, primero como proceso de hominización y durante toda la vida como referente de vida. Estos mecanismos, aunque suelen ser sutiles no desdeñan la brutalidad, se apoyan en factores como la ley, la represión, la manipulación abierta (como en el caso de la publicidad), el chantaje (manipulación por miedo), la educación y la moral.

La vacuidad de las reuniones chilangas es posible porque, en primer lugar, se ha roto la interdependencia dentro de la familia. Ahora cada individuo solamente debe responder a quien lo contrata y ya a ninguna instancia familiar para lograr la subsistencia. Pero aun así, el empleo disgregante capitalista no logra eliminar al impulso gregario, por más inocuo que resulte. Es como si un impulso inconsciente los obligara a reunirse, aunque no se sabe para qué y, al no saberlo, se justifica con figuras promovidas por la educación oficial y los media.

Antes de la aparición de los españoles los aztecas ya estaban muy avanzados en la imposición de un poder pastoral. Esto lo notamos en la existencia de actividades comunitarias que denotan cierta cohesión social gregarista. Existía el calpulli como manifestación gregaria, pero este estaba ligado a la guerra depredadora de las élites, las cuales recompensaban a las comunidades con tierras usurpadas a los pueblos vencidos.

Los dioses de cada barrio o comunidad, si bien eran reconocidos por la elite azteca, comenzaban a ser presididos por unos cuantos dioses principales, siendo los más destacados Tlaloc y Huitzilopochtli (deidades que coronaban el templo mayor mexica). Es decir, comenzaban a imponer una religión en comunidades panteístas en las cuales no existía algo como la religión por estar integrados los dioses tanto a la vida como a los cuerpos humanos (de acuerdo con López Austin).

Los beneficios materiales de las comunidades fue lo que facilitó la imposición de una cultura que privilegiaba a los nobles. Impidiendo que la gente común accediese a cosas como techos altos, uso de adornos o túnicas largas que solo eran privilegio de nobles y guerreros. Se logra crear objetos e ideas de deseo. Los privilegios se asocian fácilmente a la facilitación para la conservación de la vida, por lo que rápidamente pueden ser motivo de deseo y de seducción para la mayoría de la gente.

Pese a la acción de una cultura reorientada hacia el instinto egoísta y la brutal acción de la costumbre y la ley, el gregarismo náhuatl persistió y aún hoy conserva cierta presencia. Solo fue la aparición de los españoles lo que le dio ventaja al poder pastoral náhuatl sobre las comunidades fundándose ahí al México despótico moderno.

El gregarismo al ser un impulso vital difícilmente desaparece, es por ello que el poder pastoral debe estar continuamente deshaciendo o redirigiendo la acción de grupo para esterilizarla. Pero también debe encontrarle causes para fines de ese control, de no hacerlo generalmente es rebasado. Hasta ahora ha tenido éxito, siendo cada vez sus métodos más refinados. Las posibilidades de redirección del impulso gregario son infinitas, por lo que el poder pastoral tendrá para rato, al menos que surja cierta inteligencia colectiva que invierta las cosas y logre poner al instinto egoísta en favor del gregario. Esa posibilidad puede ser el autonomismo.

El activismo social se mueve dentro del paradigma problema-solución que es la redirección que hacen los poderes fácticos del potencial gregario de la actuación en grupo. Los poderes pastorales transforman el impulso a actuar en grupo en un problema y las posibilidades del poder colectivo las convierten en soluciones a su modo y conveniencia. De esa manera lo que podría ser un gran potencial de acción, como lo es el poder del colectivo, es reducido a un problema y sus alcances a meros paliativos. La acción colectiva concertada que debería derivar en acciones emprendidas por los reunidos para orientar y reorientar sus propias posibilidades de vida, se desvía a la delimitación de problemas-soluciones asumidos y controlados por terceros que suelen ser los poderes pastorales. No se dan una vida, no se construyen un mundo, sino que se subsumen al mundo de los poderes dominantes.

Sincronía o Sincronicidad Colectiva

Existe una forma de acción conjunta no concertada que representa la identificación de actores en torno a ciertos eventos, durante los cuales ocurre algo que nos recuerda a la organización sin llegar a serlo ni remotamente. Al parecer ocurre una sincronía en torno a actos que la gente comparte. Esta sincronía se manifiesta mediante colaboraciones, ayudas y servicios que se brindan sin que haya surgido ningún organizador. Surge entonces la acción coordinada que da origen a fiestas, movimientos, celebraciones, revoluciones, etc.

Es típica la intervención no organizada en fiestas de parte de invitados y amigos o conocidos. De pronto ya alguien está sirviendo o atendiendo mesas, alguien se ofrece a ir por faltantes, acomodar mesas y sillas o a servir comida o bebidas. Nadie organiza nada, fuera de lo elemental que requiere el compromiso previo de los directamente interesados. Hay fiestas en que no surge esa sincronicidad y suelen ser un rotundo fracaso (desde luego, no se habla de fiestas de salón con meseros y servidumbre).

Casos de acción social sin organización alguna han dado cuenta autores como Jean Duvignaud (Ceremonia en el Magreb y la umbanda), León Trotsky (quien defendía que en muchos movimientos no había liderazgo alguno) o Nigel Barley (entre los Dowayos). Es decir, la entronización de la organización en las comunidades es una epidemia sembrada por los poderes despóticos.

Pueblos como los Nuer, y los Tupí Nambá que nos narra Clastres, viven sin dios, ni ley ni rey. Tal condición la encontramos en todo el mundo, ya como vestigio, pero también como indicativo de que hubo un tiempo en que los poderes despóticos fueron minoría entre la humanidad. Si aceptamos que es posible que en los primeros asentamientos humanos de hace unos docemil años, en el medio oriente, hubo aldeas, entonces ahí podemos ver el inicio de los poderes pastorales y despóticos.

No sabremos que hubo antes de los poderes despóticos, pero los indicios que tenemos al respecto hablan de posibilidades de que la humanidad satisfizo sus impulsos vitales utilizando la experiencia antes que la organización.

La misma "lógica" de los hechos que se comparten cuenta con procesos biológicos como las neuronas espejo que permiten ponerse en el lugar del otro. La oxitocina induce un recableo que diluye diferencias entre personas, permitiendo un acercamiento, por eso se le llama la hormona del amor. Neuronas espejo y oxitocina permiten "comprender" o mejor dicho conectar diversas mentalidades orientadas a atender los requerimientos que enfrentan. Algo similar a lo ocurrido en el sismo de 1985 de la Ciudad de México en el cual la gente espontáneamente acudió a los sitios de desastre a ayudar y a dar de comer a los voluntarios.

En los espacios y situaciones compartidas la gente conecta entre sí y valida de sus impulsos vitales logra trascender a la lengua para establecer, ya no una comunicación, sino un contacto directo que marca la pauta de lo que sigue a cada momento. Esto no es extraño, de hecho, lo hacemos cotidianamente. Nadie es consciente de respirar, caminar, llevarse la cuchara a la boca, etc. salvo cuando surge algo que impide o dificulta hacerlo. En esos casos la integración del ser biológico al medio, permite un despliegue secuencial adecuado (que no automático). Esto mismo ocurre en una comunidad en múltiples acciones de conjunto, en los que la palabra y la consciencia son solo auxiliares del acto en curso.

En los casos citados impera la riqueza de percepciones y respuestas a las mismas, ya que no son mediatizadas por la palabra que, de suyo, es limitada y limitante al acotar sentidos y contenidos. Algo similar hace la consciencia, ya que esta solo redirige los procesos mentales en bucles temáticos, perdiendo los contextos globales y cambiantes en que se inscriben hechos y cosas que se acometen. Caso típico de depauperación de la experiencia son la filosofía y la meditación contemplativa.

Una comunidad integrada, al igual que cualquier individuo viviente, responde a sus impulsos vitales, para los cuales está preparada orgánicamente. Por un lado, ocurren impulsos vitales egoístas responsables de la sobrevivencia personal, y por otro lado impulsos gregarios sin los cuales los impulsos egoístas de poco servirían. El equilibrio entre el necesario impulso egoísta y el impulso gregario es algo que ocurre sin necesidad de guías ni prescripciones en una comunidad integrada. Dichos impulsos son cambiantes, lo que para una comunidad integrada no representa dificultad en tanto que al percibirse los cambios (consciente o inconscientemente) se adoptan los procesos correspondientes. Como se puede adivinar, las desavenencias son también inevitables, pero ahí aparecen los procesos de la consciencia y la palabra (que no la lengua) para acercar posturas y limar asperezas. El problema viene cuando la palabra de transforma en lengua y la consciencia abandona la reflexión o la plenitud para instalarse en el reino de las verdades.

El reto humano de las comunidades autonómicas es el de superar las trampas de la imaginación que necesariamente alimentan a todo proceso cerebral y que es el origen de la aparición de poderes tutelares que acaban como poderes despóticos.

La imaginación no es genérica, sino que se manifiesta como:

- Las ideas geniales

- Las habilidades extras o extraordinarias

- Las disfunciones orgánicas

- La variación epigenética y del medio, entre otras.

No es el caso de estar alerta a los peligros que acechan s las comunidades, ya que estos aparecerán como cualquier otra situación que enfrenten y que deberán integrarse a la vida de la comunidad no como cosas atípicas sino como una más de las cosas con las que se habrá de funcionar, como cuando los locos deambulaban libremente por los pueblos.

La imaginación ya sea manufacturada, concebida, imaginada o hablada tiene el potencial de llevar a las comunidades hasta adonde quieran, sea a otros planetas o galaxias o a conformar una unidad espiritual unida con el todo.

Campo Cerrado

Todo lo que surja en el interior de un campo cerrado de definición (CCD), aun cuando apunte en contra de este, tenderá a reforzarlo. Esto es así en tanto que todo lo que surge dentro de un campo de definición se conforma con elementos del mismo campo y, por tanto, están orientados por este. Las propias líneas de fuga de las emergencias nacen orientadas hacia la atracción del campo de definición por lo que acaban fortaleciéndolo.

Una línea de fuga (por ejemplo, una emergencia contestataria) dentro de un campo de definición dispone de relativamente poco tiempo antes de ser absorbida por su campo nativo. Ese lapso es el que tiene para sustraerse del campo de definición en que nace y escapar relativamente a su influencia.

El capitalismo y cualquier despotismo suelen crear campos cerrados de definición con los poderes que actúan en un territorio específico mediante la ley, la política, los medios y las instituciones. Un campo cerrado de definición despótico es el conjunto de subjetividades que operan en un territorio específico dotando de sentido al hacer y al vivir de colectivos e individuos, independientemente o conjuntamente con todos los medios de control que operan los poderes establecidos.

Una autonomía o se erige como un campo abierto o no es autonomía. Un campo cerrado de definición impediría a las autonomías federarse y confederarse para construir un poder real capaz de enfrentar a los despotismos que surgen espontáneamente montados en instintos vitales.

Una autonomía al inventarse una realidad, opera como el cerebro, solo que este lo hace en función de la economía de nutrientes, para acto seguido modificar, matizar, actualizar o reemplazar lo que inventó mediante la interacción que mantiene con su entorno bio-físico-social. Una autonomía puede hacer exactamente lo que hace el cerebro manteniendo su campo de definición abierto.

Definición de Vida

La vida es un atractor extraño producto de las interacciones entre las partes específicas de un todo y definido por las propiedades (cuánticas) de los elementos que lo integran (partículas, átomos y moléculas). De aquí se desprenden algunas propiedades del atractor vida:

1. A mayor variedad de los elementos que la integran mayor complejidad de la misma
2. A mayor armonía estructural y funcional entre los elementos que la integran, corresponden mayor armonía estructural y funcional con el todo
3. El atractor vida torna exótico (ajeno) dentro del todo que lo produce cuando incorpora (a su definición) elementos que la apartan del todo que lo sustenta. Entonces el todo que lo sustenta opera en contrario de dicho atractor
4. El todo sustentador de atractores siempre aparece en estado de equilibrio estable o inestable. Dependiendo de cada estado será el tipo de atractores que produzca
5. El atractor vida y en general todo atractor siempre despliega posibilidades de interacción entre los elementos que lo componen de acuerdo al estado interactivo de las partes específicas del todo que lo genera. Es decir, todo lo que puede ser, ocurre
6. Todo lo que puede ser, al ocurrir, es un nuevo estado que se combina con lo que ya es y por tanto es imposible la codificación de lo que es

Gente Ingrata

Solemos decir que la gente es ingrata cuando peleamos por una causa o si simplemente trabajamos por ella y no tenemos alguna recompensa o reconocimiento. Hacemos la misma acusación si la gente por la que trabajamos o que de varias maneras está involucrada con lo que hacemos no nos hace caso o no nos entiende o responde como nosotros queremos, decimos y sentimos.

En realidad la gente no es ingrata:

No lo es porque el cerebro es naturalmente egoísta, y al serlo, cuida de sí, lo que es irreprochable

No lo es porque no nos entendemos. Cada cabeza es un mundo.

No lo es porque ya vive una cierta vida que le da cierta garantía de subsistencia

No lo es porque no se tiene por qué confiar en lo que poco se conoce

No lo es por el trabajo de mediación que ejerce el sistema, que es lo primero que hay que vencer

No lo es porque las cadenas que esclavizan no son todo lo que se pierde

No lo es porque aún esclavizada la gente obtiene recompensas que no solemos ofrecerle

No lo es porque solemos ser más entusiastas que efectivos en nuestras luchas

Entonces ¿Qué hacer? Construir autonomías. Dejar de hacerle al revolucionario e irse a emborrachar. Aceptar la incompetencia propia y pedir disculpas a la gente que se tilda de ingrata. Inventarse alguna forma de resistencia (es muy aceptada y está de moda). Ponerse a leer mucho y escribir artículos explosivos y ver quién los publica. Ponerse serio y hacer libros profundos que revolucionen el pensamiento. Rezar y pedirle a Dios (o al santo de que más se frecuente) que eche la mano. O bien, cualquier ocurrencia, al cabo la gente es como es, aunque lo recomendable es intentar cosas que valgan la pena. Decía Borges que los caballeros se ocupan solo de lo imposible.

El Devenir del Cambio Social

Podría decirse que el cambio social obedece a una o varias leyes, pero esto solamente respondería a esa necesidad que tiene nuestra formación social de reducir todo a unas pocas variables que faciliten cierta dominación en uno o pocos sentidos. Lo que podría formularse como una ley fundamental de cambio social es en realidad el choro que puede articularse desde la perspectiva del fracaso revolucionario de nuestra época capitalista y que al parecer viene desde que se tiene memoria: de Espartaco al Che e incluso desde los egipcios a nuestro tiempo.

Desde una perspectiva de este libro, podría formularse la siguiente idea: "el cambio social deviene del tratamiento dado a los impulsos vitales del hombre y al mantenimiento de los mismos". Esto es contrario a la creencia o fe de la izquierda. El cambio social no deviene de las revoluciones pacificas o violentas ni de las luchas sociales, ni de los grandes inventos o iniciativas geniales como las de Tesla, Ford, Gandhi o Putin. Los anteriores eventos solamente matizan la formación social en la que surgen, pero esta permanece inalterada en las bases que la fundan.

Existe cambio social cuando cambia radicalmente el tratamiento que se da a los impulsos vitales del hombre y al mantenimiento de estos. El impulso de sobrevivencia puede satisfacerse (suficientemente para acallarse o cesar metabólicamente) con pan, sexo monógamo, poco vino, algo de carne y circo o filete, sexo libertino, cocaína y un buen sueldo, etc. En esos casos hay cierta satisfacción, pero lo que permanece es la subordinación de una parte de la población a otra que es minoritaria (con un colchón de clase media, un ejército o una ideología).

Nuestra época o formación social capitalista se distingue por sostener a la existencia mediante el empleo, los medios de comunicación y la escuela. Estos son el trípode en que descansa el sistema. Uno nos da para malcomer y medio sobrevivir, los otros dos son los que encarcelan y redirigen a la imaginación.

Ocio y Entretenimiento en una Autonomía

Siempre partiendo de analizar las posibilidades de erección de autonomías, en el presente texto se analiza cómo se manejan los impulsos vitales del ocio y el entretenimiento en el capitalismo, particularmente como se hace mediante la TV.

Normalmente a la TV se le solía juzgar dese la izquierda como una caja idiota. Esa visión adolecía del reconocimiento de que ese estado de pretendida idiotez en la que sumerge la TV correspondía a ciertos impulsos humanos vitales como son el ocio y el entretenimiento. Este último es mejor manejado en los videojuegos, aunque tal medio va dirigido a mentes juveniles preferentemente. Esto es así por la natural inquietud y movilidad que muestran los cuerpos jóvenes.

Imagen TV, Televisa y TV Azteca nos ofrecen los mejores ejemplos de cómo manejar el ocio y el entretenimiento orientado hacia un fin que, en este sistema no es otro que el de facilitar la valorización el capital: una mentalidad armónica, pero fuera de su propia realidad es sumamente productiva o lo es más que una mentalidad estresada. Los canales culturales como el once o el cuarenta tienen otra estructura, aunque finalmente tienden a acercarse a la programación de las televisoras citadas.

La programación diaria de estas televisoras destaca los siguientes bloques:

- Amanecer: Noticias
- Mañana: Mosaico de entretenimiento
- Medio día: Noticias
- Tarde: Telenovelas
- Tarde noche: Telenovelas y películas
- Medianoche y madrugada: Ventas TV y películas

Se aprecia espontáneamente que estos bloques televisivos se componen de puro entretenimiento y ocio. Se entiende al entretenimiento como un ocio activo y al ocio un estado mental en el que no se hace nada, en el que la mente divaga como flotando en el medio en el que se inserta como si este fuese el aire o el agua que la soporta.

Pero ni ocio ni entretenimiento son biológicamente neutrales, sino que son fundamentalmente emotivos. Parece que el ocio y el entretenimiento televisivos inhiben la participación de la corteza prefrontal en los procesos cerebrales, dejando a la amígdala cerebral el mando principal de dichos procesos, de ahí la carga emotiva y la poca actividad reflexiva propia de la corteza prefrontal.

Al amanecer, con el bloque noticioso tenemos la actual noticia-espectáculo, orientada a producir emociones más bien fugaces: Aquí un crimen, allá una balacera, una violación, robo o bronca. Solo se salpimienta un coctel emotivo. En tanto que la emoción es proactiva, los bloques noticiosos son ideales para despertar. Para el sistema actual solo es necesario despertar, sin ningún fin específico, solo despertar, de ahí que las emociones no lleven orientación alguna, el propio sistema dará esa orientación mediante la obligación del ir al empleo o al cumplimiento de los deberes y compromisos, los cuales siempre ocurren en el marco del sistema y cuando no lo hacen, de mil maneras quedan aislados y esterilizados. Ejemplo claro, este, de como la experiencia contextuada arrastra a su contexto. Algo para aprender en la creación de autonomías.

Cumplida la activación estéril mañanera, se entra en el bloque familiar que no es otro que un mosaico de consejos, chismes de artistas, horóscopos y esoterismo, diversión ajena, chistes y cualquier cosa que permita mirar sin mirar, flotar en la nada aunque salpimentada con uno que otro destello emotivo (el cual de cualquier manera no se puede evitar debido a la destacada actividad de la amígdala cerebral, aún dentro de los procesos cerebrales ordinarios).

En México este bloque es ideal para ponerse atender las labores del hogar, porque no es necesario ponerle atención a nada, el hilo del bloque se puede dejar y retomar según lo requiera el estado de atención de lo que se hace. Incluso están diseñados para tumbarse en el más pleno ocio, porque ofrecen más de lo que el espectador ya conoce, pero reeditado de mil maneras tal cual hace el diseño (todo novedoso, ninguna novedad). Estos bloques mañaneros brindan un equilibrio perfecto entre ocio y entretenimiento: suficiente ocio sin llegar a adormilar y suficiente entretenimiento sin llegar a acaparar la atención.

La actividad doméstica discurre en ese marco de inanidad salpimentada de emociones "sueltas", ya no conforman el coctel que ofrece el bloque noticioso, sino aquí solamente le dan cierto sabor a la nada en que sumergen.

Los bloques noticiosos y los familiares son vitales para el cerebro que requiere cierta actividad y de largos períodos de no hacer nada, sin dejar de realizar el escaneo del entorno, vital para su existencia y la del cuerpo que lo sostiene. Por ello, a medio día (o intermitentemente) vuelve el bloque noticioso para inducir esa actividad productiva enmarcada en el sistema.

Después de activar estérilmente, viene el bloque de telenovelas que repite el esquema mañanero de inducir a la nada emotiva. Se dirá que, si esa nada es emotiva, entonces ya no es nada, sino algo. Pero es auténticamente nada porque la emotividad es inseparable del ser humano y está presente en todo instante de su vida, por lo que no puede evitarse. Es por ello que esa emotividad inevitable y molesta se retoma y se redirige a la nada. La inanidad de los bloques familiar y telenovelero conforman un medio de cultivo en el que todo lo que cae en el lleva a la nada, la cual es fundamental en el ocio, sin el cual el cerebro no podría vivir. Estos bloques imitan a los estados de ausencia humanos (borracheras, crisis, abandono), en donde lo que predomina es la ausencia y, las emociones que ocurren producto del escaneo cerebral, no logran alterar ese estado de ausencia que el cerebro utiliza para armonizarse, desactivando redes neurales innecesariamente activas.

Ya de noche las películas parecen ser una suerte de relleno en espera de identificar al espectador noctámbulo para recetarle lo que necesita. El bloque de televentas parece ser de exploración y en proceso de consolidación. Veremos andando el tiempo como se consolidan ambos bloques.

De lo anterior queda claro que la TV es lo que se quiera, menos una caja idiota. Por el contrario, es un aparato que provee al ser humano de lo que necesita a efectos del ocio y el entretenimiento, aunque estos orientados hacia el sistema que les dio origen. Cierto que solo son paliativos, pero tienen su nivel de eficiencia.

Esto no quiere decir que una autonomía deberá crear su propia televisión. Aunque la TV puede ser aprovechable en una autonomía, esta debe concentrarse en la procuración de su propio ocio y de su propio entretenimiento, porque lo importante no es el medio, sino lo que atiende. Ya en la antigüedad hubo distintos manejos del ocio y del entretenimiento que iban desde el simple dormir o hacer sexo hasta hacer la guerra; pasando por la charla, el vagabundeo, la narración de historias o los diferentes juegos de los que se guarda memoria.

En el entretenimiento lo fundamental es reconocer que este responde a procesos cerebrales similares a procesos mecánicos, repetitivos, que se logran producir mediante la regla, la cual es la esencia del juego. Además, el entretenimiento logra captar la atención e induce estados de meditación de corta duración que son altamente desestresantes.

Los videojuegos resultan tan entretenidos porque solamente se mueven algunos dedos y los ojos, por lo que no es necesario concentrar la atención en otra cosa. Ese estado por si solo conduce al sueño, por ello el juego debe incluir pequeñas y grandes rupturas de la monotonía que, de nueva cuenta son inevitables debido al continuo escaneo cerebral del entorno, el cual genera todo tipo de corridas neurales capaces de suscitar estados emotivos, de movilidad, etc. El triunfo, la obtención de puntos, concreción de acciones, etc. son el medio para la ruptura de la monotonía propia del juego. Tales rupturas ocurren en el marco de las reglas del juego, por lo que no distraen la atención del jugador. Son tan estables las redes neurales que se activan con el juego que las rupturas no logran alterarlas. Las sinapsis preferenciales que se construyen para los juegos son de una fortaleza similar al ensamble neural que, por sus sinapsis preferenciales, nos provee de nuestras convicciones, costumbres, cultura y toda cuanta manía o mentalidad tengamos. Es por ello que el juego atrapa y llega a ser adictivo. Los lapsos de meditación en que llegan a sumergir (cuando se adentra en el entretenimiento), son altamente productores de dopamina.

Por fortuna hay juegos que compiten eficientemente con los videojuegos, tales como los deportes llaneros, lo juegos de mesa, etc. Los videojuegos se han popularizado ante la situación de encierro en que nos ha sumergido el capitalismo. Una autonomía muy posiblemente no requiera de videojuegos y si lo llega a hacer, posiblemente sean los que se juegan colectivamente.

Ocio y entretenimiento, por lo demás, son necesidades vitales del ser. Pueden ser utilizados como en el capitalismo, o pueden ser energizantes para tareas comunitarias.

El Sustrato Colectivo

Desprendido de la noción de impronta cultural de Clotaire Rapaille, podemos decir que cada pueblo crea un sustrato neuro-físico-social que rige la mayoría de su vida. De esa manera, occidente tiene como uno de sus sustratos principales, un sustrato teórico, oriente uno religioso y nosotros (México), al igual que otros pueblos, uno experiencial. Esto quiere decir que occidente necesita a la teoría, esta le resulta vital para conducirse, para interactuar como individuo o como grupo o sociedad. Sin la teoría occidente no es nada o sería otro pueblo. Por ello occidente está continuamente produciendo teorías, interpretaciones, discursos y cada individuo, cada grupo bebe teoría como si fuera alimento vital. Sin la teoría los hombres y los grupos actúan como perdidos. La teoría la abrazan ya como dogma ya mediante la crítica, ya como doctrina, pero siempre es la guía para la vida y aun para las cosas más elementales. Cuando la teoría se desgasta, Occidente cojea.

La teoría es la gran cosa para occidente, de ahí obtiene todas sus comodidades, ventajas, su expansión y dominio mundial. Pero contradictoriamente también obtiene de ella todas sus desventajas que no acaban de culminar en convertir al planeta en un enorme basurero que amenaza con acabar con la especie.

Oriente se funda en el dogma, ya sea confucioniano, ya sea budista o de otro tipo. Los dogmas de la autoridad moral, del yo o de la superconsciencia nos ilustran el camino que sigue oriente. Creer funda religiones. La fe en algún dios, en la meditación o la autoridad moral tiende a ser el sustrato de todo su hacer.

Por nuestra parte, pese al terrible peso de occidente sobre nosotros, conservamos el sustrato de la experiencia que construyeron los mesoamericanos. Lo conservamos como información genética, lo cual explicaría su persistencia pese al acoso occidental. Somos un pueblo que no lee porque su vida no gira en torno a la teoría para guiar la vida. Las historias las preferimos en la charla y no en el libro.

Tendemos a actuar como muéganos (Dulce hecho con trocitos cuadrados de harina de trigo fritos y pegados unos con otros con miel). Incluso nuestra versión de corrupción (la cual es consustancial a cualquier sistema de dominación) nace de la calidez de nuestras relaciones. Tendemos a actuar como decía Sejourne de la población de San Mateo del Mar, como uno solo con nuestra comunidad, con nuestra pareja, los amigos, los vecinos.

Las comunidades mexicas iban a la guerra de la mano del déspota en turno y de la mano de comunidades integradas, y de su mano participaban en el saqueo de otros pueblos. La depredación de otros pueblos no parecía afectarles porque seguían conservando su unidad autonómica integrada en barrios, bajo el manto protector de algún dios, compartiendo tierras, fiestas y medios de vida. Si bien cada vez estamos más metidos en el individualismo consumista, conservamos grandes rasgos de nuestro sustrato gregario como el compadrazgo, la borrachera social o la familia muégano.

Los mexicas supieron aprovechar el sustrato experiencial de las comunidades para arrastrarlas a la guerra como experiencia, tal como aprovechó el PRI el compadrazgo para extender su dominio político ininterrumpido por más de setenta años. Igual hizo el despotismo oriental para sostener emperadores: se montó en la fe del pueblo, en los necesarios dogmas que se construye el cerebro buscando funcionalidades óptimas.

Todo sustrato social dominante, sea la ausencia del yo (que Klineberg detecta en indios Pueblo), el dogma, la teoría o la experiencia, entre las multiplicidades de estos y de acuerdo con las neurociencias, es parte se procesos vitales, los cuales son parcializados y privilegiados dentro de múltiples posibilidades de sustratos.

El sustrato teórico se desprende del impulso egoísta que es vital para la sobrevivencia tanto individual como de la especie. La producción teórica es consustancial al sistema de alertas con que cuenta un organismo como parte de las funciones tendientes a optimizar la existencia. La teoría no es otra cosa que la sincronización de determinadas redes sinápticas que al activarse secretan sustancias que predisponen al individuo a actuar de determinada manera, por resultar optima o inconveniente para la vida. De manera más general, el cuerpo-entorno-sociedad como unidad que es, genera estímulos que movilizan al individuo y a la sociedad en búsqueda de lo óptimo. La teoría es una forma de evaluación de la situación individuo-sociedad-entorno que busca la conservación de la vida. No la mejor opción ni ningún matiz de ésta, sino simplemente la vida desprendida de la constitución biológica, social y de entorno. Lo que para alguien es aceptable, para otro individuo o sociedad no procede.

De manera similar a lo anterior, se parcializa el impulso egoísta y se convierte en el sustrato de la vida dando pie al individualismo consumista en el capitalismo actual. El individualismo consumista exacerba al egoísmo vital haciendo funcionar en segundos o terceros planos al gregarismo y a otras funciones que soportan sustratos dogmáticos, experienciales o de otra especie.

Todos los posibles sustratos que sirven de soporte general para la vida se presentan en la vida individual y de los pueblos, como los códigos culturales que identifican los mercadólogos o como las pautas culturales de los antropólogos y más generalmente como la cultura. Pero los poderes pastorales privilegian un determinado sustrato para apoyar en él su dominación. De esa manera el capitalismo exacerba el consumo, para lo cual debe continuamente ofrecer novedades, dado que individuos y sociedad tienden a abandonar lo viejo y repetitivo por los mecanismos de automatización que para efectos de economía de nutrientes tiene el cerebro. Para lo anterior, la teoría es ideal, porque por naturaleza, teorizar es parcializar.

Los imperios antiguos como los griegos y romanos se sirvieron de la teoría para efectos de dominación, no exacerbaron el consumo sino la técnica. Egipcios y orientales al parecer exacerbaron el dogma en detrimento de los demás sustratos. Más de tres mil años sobrevivió el dogma egipcio en torno a la religión y aún sigue el dogma como obediencia y fe en los gobernantes en China.

La edad media occidental es otro ejemplo de exacerbación de la religión como sustrato de vida, en donde quedaron opacados el sustrato teórico y el experiencial aunque éstos no desaparecieron como nos lo muestra Passolini en su trilogía. La necesidad de innovación del capitalismo va a cambiar de sustrato a occidente, pero no lo va hacer abandonar su lógica de dominación.

La clave para la dominación es pues, parcializar la actividad cerebral, social y de entorno; no permitir que estas se ejerzan de acuerdo a la situación e interacciones individuales, sociales y de entorno. De esa manera se explotan las minas sin atender la contaminación que provocan ni los males a la salud que propician. Se exacerba el consumismo con una publicidad desenfrenada sin importar la subjetivación humana o la Salud del pueblo. Igual, se mantiene dormida a la gente mediante la meditación o la oración, al margen de las carencias que se tienen.

En una sociedad sana, un individuo sano y en un entorno sano ocurren todas las posibilidades de sustrato vital, ya sea simultánea o secuencialmente. Se teoriza, especula o inquiere sobre cosas o ideas, se procura involucrar a la experiencia en las relaciones, decisiones o acciones a la vez que se tienen convicciones cercanas a la fe, como ideas o identidades que conforman una religión muy particular cuyos rasgos suelen compartirse a nivel social o grupal.

Solamente los sistemas despóticos suelen limitar la experiencia humana en uno o pocos sentidos, dando con ello un sentido limitado a la vida humana.

Los Riesgos de la Inteligencia Emocional (IE) y la Programación Neurolingüística (PNL)

Nos cuesta trabajo entender que cuando pensamos o actuamos lo hacemos a partir de una activación parcial del cerebro ya que estamos acostumbrados a pensar que actuamos o pensamos como una unidad. Es decir, pensamos y actuamos a partir de la activación de una parte predominante del cerebro. Utilizamos instintivamente la noción de ser divino, nos cuesta trabajo entender que somos como cualquier otro animal con su obvia especificidad. Nos dejamos llevar por una emoción o un sentimiento, un impulso o alguna motivación, sea de orden sexual, social, alimenticia o de cualquier tipo, como si fuera de lo más normal. Por ello cuando se nos señalan nuestro pensamiento o actuación parcializados, lo rechazamos.

Si entendiésemos que solamente está predominando una parte de nuestro cerebro, fácilmente podríamos abrirnos a varias posibilidades de pensamiento y acción. Podríamos detectar que parte del cerebro está predominando en un momento dado y activar otras partes que nos ayudasen a enriquecer nuestro punto de vista o nuestros actos.

Normalmente, entendemos que pensamos y actuamos con coherencia. Cuando nos damos cuenta de ciertos inconvenientes que tienen nuestros pensamientos y acciones, nos negamos a aceptarlo. Independientemente de nuestra posición estratégica ante ciertas situaciones y de los condicionamientos sociales, nos negamos a aceptar yerros e inconveniencias como si una voz lejana e interior nos dijera que en el fondo estamos bien. Obedecemos a un "inconsciente" que responde a nuestra estructura perceptual. Esta no está hecha para responder a todo, sino solamente a lo cual hemos tenido como experiencia, sea pensada o vivida.

O sea, si lo que se nos presenta no corresponde con nuestra estructura perceptual nos cuesta mucho trabajo procesarlo; por tanto, normalmente se procede a negarlo. El ejercicio de la tolerancia puede resultar una herramienta útil para manejar esas inconveniencias, ya que se pone un interruptor al rechazo y se deja en reserva lo que no resulta aceptable en espera de una mejor oportunidad para su tratamiento. Esto último equivale a procesar el rechazo de manera "inconsciente", ya sea para reforzarlo, diluirlo o atenuarlo.

A todo lo anterior se suma que, cuando entendemos la activación parcial predominante del cerebro y logramos aceptar ese hecho, no sabemos qué hacer con eso que aceptamos y entendimos, lo cual se debe al hecho de que aunque la activación cerebral es parcial y predominante, ocurre en el marco de una estructura perceptual que se corresponde con nuestra visión del mundo, con nuestros potenciales sincrónicos mentales y físicos y en general con todo lo que somos capaces de ser, hacer y pensar en una sincronía dada (que en otro momento sincrónico serán diferentes). O sea, nuestra propia estructura perceptual nos incapacita para asir lo no esperado.

Para poder entender y aceptar lo que pensamos y hacemos y que no nos resulta ni aceptable ni conveniente tenemos que realizar todo un recableado sináptico que consume mucha energía y que involucra muchísimas áreas del cerebro. Por ello no es posible cambiar ni nuestros pensamientos ni hábitos de manera ágil. Tiene que mediar una voluntad férrea, un vuelco en la vida o de plano un desajuste mental para poder saber qué hacer cuando hemos entendido y aceptado ciertos pensamientos y acciones que detectamos como inconvenientes.

Por todo lo anterior la IE y la PNL pueden resultar traumáticas para el individuo y provocar un descentramiento que sumerja en cierto estado catatónico en el que no se acierta a atinar y se termina echándose en brazos de lo vigente que, para nuestro tiempo, es el consumismo y el narcisismo. La reflexión y la meditación son los caminos tradicionales para poder cambiar en lo personal. La IE y la PNL aunque implican reflexión, se enfocan en una solución rápida, lo cual excluye necesariamente a muchas áreas cerebrales involucradas en lo que se quiere cambiar. Eso es lo que puede provocar un desequilibrio peor que el que se quiere corregir.

La IE ha tendido a la represión de las emociones en aras de lo llamado normal. La PNL ha seguido el mismo camino. Ambas derivaron como mecanismos de control del sistema capitalista. El mismo, debido al necesario (para él) alto nivel de estrés que produce, es necesario que se reprima la emotividad explosiva y que el individuo programe su conducta en torno a la ley y la moral vigente.

Reprimir la emotividad normalmente trae más problemas de los que soluciona y finalmente va a estallar como enfermedad o desequilibrio apenas contenido con drogas.

La PNL recablea nuestras redes neurales, sincronizándolas en un determinado sentido programado. Al hacer esto, claramente se percibe que actuamos como alucinados persiguiendo nuestra propia programación. En realidad, lo que perseguimos son programaciones inducidas favorables a la dominación. Al acotarnos mediante la PNL dejamos fuera múltiples posibilidades de desglose de nuestra existencia

Con resultar tan potencialmente nocivas la IE y la PNL, aún podemos aprovecharlas en una autonomía, pero solamente ahí en donde existen exabruptos emotivos que dañan al individuo y/o a la colectividad.

Igualmente, para la PNL. En una autonomía se puede utilizar para redirigir la actuación individual, pero solamente por el individuo interesado. Si se aplicara para modificar tendencias disgregantes de la colectividad, se caería rápidamente en la manipulación.

IE y PNL, son de las herramientas del capitalismo perfectamente aprovechables en una autonomía.

Teoría del Chorizo

**Todo chorizo tiene un origen mágico
en tanto que trata de normalizar a la realidad
Todo chorizo se distingue por querer entender
al todo mediante una o algunas de sus partes**

1. Si puede ser dicho o si puede escribirse, entonces es chorizo eso que se dice y eso que se escribe. Por tanto, todo lo que se dice y todo lo que se escribe es chorizo.

2. Si todo lo que se dice y todo lo que escribe es chorizo, entonces esto que escribo también es chorizo. Si esto que escribo es chorizo, y todo lo que se dice o escribe es chorizo, entonces cabe la posibilidad de que haya algo de lo que se dice o escribe que no sea chorizo, en tanto que carecería de sentido lo afirmado. En efecto, no es chorizo aquello que se dice pero que pertenece al dominio del habla, como son los gestos, las guturaciones, lo que no se puede entender sin entonaciones o movimientos corporales, o lo que funge como mero auxiliar de la experiencia o la acción. Es decir, no es chorizo, aquello que nace del corazón, del centro de la intuición y de lo cual apenas existen palabras para decirlo. Tampoco es chorizo lo que se escribe del mismo modo. Es decir, lo que no pretende ser verdad alguna, lo que se escribe por que sí, porque se quería revestir algún gemido que no podía retenerse, las interjecciones, y algunos poemas.

No obstante, como todo es chorizo, de acuerdo al punto uno, entonces lo escrito en el párrafo anterior también lo es, de donde se desprende que debe tenerse mucho cuidado de lo que se dice o escribe, aunque no parezca chorizo, ya que este lo permea todo, se camufla, se esconde en las palabras, en los dichos y suele ser difícil detectarlo. Esto es así porque el chorizo utiliza medias verdades, refiere hechos como si ellos hablaran o fueran capaces de escribir, suele ser determinista y pretencioso y en general pretende ser más, mucho más de lo que dice o escribe: pretende ser trascendente.

3. Los hechos, la experiencia son los que "hablan", el chorizo solamente los acompaña para darles algún sabor, algún matiz, pero nunca debe sustituirlos salvo cuando lo que se desea es precisamente "echarse un chorizo".

4. El chorizo no sustituye a la existencia, pero le da algún sabor; de esa manera se hace física con chorizo, química con chorizo o como en el caso de la filosofía: chorizo con chorizo.

5. El chorizo no es otra cosa que "medias verdades" pretendidamente fundadas en hechos, entremezcladas con verdaderas mentiras, mezcla de la cual, suelen salir otras "verdades" incluso contradictorias. El chorizo son mentiras evidentes o camufladas, son verdades a medias como toda la teoría científica, la cual pretende validar sus teorías con

referencias culturalmente coherentes y, por tanto, válidas solo en la mítica que las enuncia. El chorizo es determinista, no admite que las cosas son de muchas formas, pretende definir a la vida y no que la misma corra por donde puede, debe o quiere. Y, en fin, el chorizo es todo aquello que se dice o que se escribe y que su solo dicho no deja lugar para lo otro, lo distinto.

6. Toda la filosofía occidental es puro chorizo en tanto que el grueso de los filósofos occidentales ni iniciaron ni concluyeron sus trabajos aclarando que lo que habían dicho era puro chorizo que, si bien podría servir para salpimentar algo, no dejaba de ser eso: puro chorizo. También lo que se dice sobre la meditación es puro chorizo, en tanto que la meditación solo se conoce en la meditación misma.

7. ¿De dónde le viene pues al chorizo su prestigio y su amplia y validada utilización? Del poder tutelar o del poder despótico. El poder instaura el chorizo como forma de conducta obligada, crea escuelas y universidades para el cultivo, producción y ejercicio del chorizo. La vida y todo se circunscribe al chorizo. El chorizo es la receta para la producción, para la política, para la religión, para la ciencia, etc. en donde un "te amo" pretende sustituir al amor. Las leyes del movimiento pretenden sustituir al mismo, terminando el concepto por sustituir a la vida misma, siempre bajo la égida del poder tutelar o despótico.

8. El chorizo es tan pretencioso que hasta pretende escribir música. Por suerte esta resultó indomable y cada quien la ejecuta y capta como puede, siente o como le da la gana.

El chorizo es chorizo y la teoría es chorizo, sin embargo, esta no lo parece porque desarrolla tres características:

1. Suele ser creíble (míticamente creíble)

2. Puede ser utilizable

3. Alimenta a otros chorizos

El numeral uno es el sello del chorizo en tanto que un chorizo, para serlo, debe montarse en lo que la gente acepte como cierto o como válido en un campo social general de significaciones. Como se sabe, ese campo de significaciones es la mítica que funda una cultura, una estructura social o una cosmogonía, Un campo de significaciones es fundamentalmente mítico. No obstante, su carácter mítico, ese campo general de significaciones aporta los tabiques con la que cada pueblo construye su "realidad" a la cual llama simplemente REALIDAD. La principal característica de esa realidad es que aparece como cierta, verdadera, válida, lo cual hace desaparecer (encubre) todo rastro de fantasía, misticismo, o irrealidad. Pero tal campo general de significaciones no surge sino en el seno del poder tutelar, ya que, en el ámbito personal, íntimo, tales significaciones desaparecen, se minimizan o subordinan al entendimiento particular de los individuos insertos en cierta intimidad o familiaridad.

En el campo íntimo no hace falta el chorizo, a lo más llega a utilizarse para afinar la comunicación surgida del habla. Un ejemplo típico de ello es el acto sexual, en el que apenas se necesita hablar para realizarlo. Pero cualquier acto de la vida cotidiana nos lo ilustra, un llamado a comer no requiere de otra cosa para que la comida se lleve a efecto y así en cualquier ámbito de la vida.

En la intimidad el chorizo del campo general de significaciones se contradice de cotidiano o se adapta a las particulares circunstancias de cada individuo o grupo. Así, llega a operar como campo de referencia, en tal caso suele dejar la impresión de cobertura general. Es por esa vía que también se alimenta la ilusión de la validez general del chorizo (teorías, leyes, etc.), aunque en realidad lo que ocurre es una presencia forzada del chorizo en el campo social. Esto ocurre particularmente como parte del poder tutelar, más no como requerimiento de los campos de significación particular.

Por otra parte, todo mundo sabe o intuye que la teoría es chorizo, pero como puede ser utilizable, poco importa su credibilidad o su certeza. Además, el chorizo tiene la virtud de ser generatriz, paradigmático, ya que da pie a otros chorizos, alimenta la fantasía y la imaginación. Como se aprecia, el chorizo está bien fundado, puede que sea un conjunto de desatinos, medias verdades o pretensiones vagas, cuando no de verdaderas mentiras. Sin embargo, su utilitarismo, dentro de un campo social de significaciones, lo respalda al igual que su carácter paradigmático.

No obstante, la credibilidad no es un soporte muy sólido para el chorizo, ya que un hecho puede sostenerse sin chorizo alguno. Por ejemplo, la limpia con huevo, con hierbas, con chiles o con flores es un hecho de eficiencia probada, sin embargo, no tiene sustento científico alguno, no hay chorizo científico que lo soporte, lo que no le ha restado eficacia, ni fama, ni popularidad.

Muchos hechos suelen descubrirse como secuela imaginativa de un chorizo, lo cual suele interpretarse como prueba de la veracidad del chorizo. En realidad, ocurre que al definirse un campo de experiencia solemos dar, tarde que temprano, con múltiples relaciones de ese campo experiencial. O sea, una experiencia nos lleva a otra con o sin intermediación del chorizo. En muchos de esos casos la experiencia engendra a la experiencia misma como en el caso del aprendizaje de los oficios, en los que el chorizo es prácticamente nulo. No obstante, en esos casos el chorizo llega a aparecer no como un evento inspirador dentro de un contexto, sino como verdad inobjetable al margen de su contexto.

Desde una perspectiva neurocientífica el chorizo jugaría el papel de intermediación entre lo percibido y lo captado y, desde esa perspectiva, como un alimento de la imaginación que eventualmente se proyecta en recetas (tal cual son las teorías científicas y sus leyes). Si esto es así, el cultivo del chorizo puede ser un ejercicio sano siempre y cuando se ejerza al margen del poder tutelar. Pero quizá ahí ya se estaría más allá del chorizo, ya no sería chorizo. En tanto eso ocurra y se pueda minimizar la producción de verdades (chorizos) desde el poder tutelar el chorizo estará ahí pretendiendo sustituir a la experiencia con el condón de las leyes y las teorías.

En ese papel de intermediación entre lo percibido y lo captado, el chorizo aparece como un proceso neural, integrado a la experiencia neural básica. O sea, la producción de chorizo es natural, al menos para el ser humano, por las entradas y reentradas que necesariamente ocurren durante la interacción del individuo con el medio o como parte del medio. Por otro lado, el chorizo cumple la función de coherentizar lo que se percibe con lo que se capta para, por ese medio, ubicar al individuo en su realidad; que de otra forma resultaría fatalmente inconveniente al afectarse la capacidad predictiva individual y con ello sus posibilidades de reacción y de existencia.

Así pues, el chorizo no solo es indispensable, sino ineludible, lo que no debe confundirnos, en tanto que el chorizo es chorizo. Hay muchas formas de soldar, coherentizar lo que se percibe con lo que se capta, por ello el chorizo es chorizo y de ninguna manera es verdad general alguna ni tiene más validez que la que el individuo o grupo le otorgan, de acuerdo a lo que dan por válido, útil o verdadero.

Chorizo y Autonomía

Definido el chorizo como medias verdades, medias mentiras o de plano mentiras, o si se quiere verdades parciales e inferencias y opiniones; puede haber distintos tipos de chorizos. Para este nuestro caso el chorizo de referencia es el autonomista.

Quedan fuera muchos tipos de chorizo como el religioso y el capitalista. Este último visto desde la perspectiva de sistema dominante es necesariamente pastoral, pero mirado como posibilidad de vida es un chorizo aparte. Cosa similar ocurre con el resto de los chorizos que asumidos de una cierta manera, pueden tomarse como independientes o como subespecies de otros chorizos. De ese modo tenemos chorizos religiosos, científicos, deportivos, artísticos, musicales, etc.

Todo chorizo lleva un interés, como el chorizo marxista que se pretendía del lado de los oprimidos, al margen de si lo lograba o no. Maturana distingue claramente dos tipos de chorizo, el con comillas y el sin comillas. El con comillas que es algo así como "Un decir" y el chorizo sin comillas que se utiliza "para obligar". Con esas acotaciones no es raro que el chorizo de Maturana sobre la argumentación haya sido simplemente ignorado. Esos son discursos para otros tiempos o contextos.

Todo chorizo ocurre dentro de un campo perceptual o campo de significaciones, definido por la realidad que crean y recrean los integrantes del campo perceptual específico. Así como se dice que todo individuo se debe a su cultura, a la cual produce y reproduce. El campo perceptual limita lo que el individuo es capaz de percibir.

Un campo perceptual no es homogéneo, aunque así llega a pretenderse con la producción de chorizos gravitando en derredor de los ejes principales de un campo perceptual (significaciones imaginarias sociales centrales, según Castoriadis). De hecho, conviven múltiples campos perceptuales con el campo perceptual dominante. También conviven con éste, múltiples campos perceptuales de existencia efímera. Todo el aparato de poder del campo perceptual dominante se encarga de establecer puntos referenciales en torno a los cuales giran, con mayor o menor poder de atracción los campos subsumidos. De ahí que el primer síntoma de esa atracción en comunidades originalmente fuera de la órbita de un campo dominante, sea la histeria y la pérdida de coherencia entre lo que se hace, dice y vive. Los pueblos caen en la histeria y los individuos deambulan con miradas vacías y actitudes desmotivadas.

La imposición de los campos perceptuales dominantes se logra mediante la mayor eficiencia en aspectos vitales para el individuo (sobrevivencia, imaginación, placer, creatividad, etc.), mediante la destrucción del hábitat natural de los campos perceptuales externos o no dominantes o directamente mediante el sojuzgamiento utilizando todos los medios del poder (violencia, manipulación, engaño, seducción y resonancia).

Un campo perceptual dominante llega a tener competidores notables, como en el caso del marxismo en el siglo XX, el del cristianismo en la edad media o en el caso del faraón disidente Akenatón, en Egipto. Sin embargo, lo que hemos observado es que el campo perceptual dominante termina por absorber y retraducir lo que se le opone. Esto mismo suele hacer con los campos perceptuales subsumidos.

La gravitación en derredor de un campo dominante de los campos subsumidos o ajenos (externos o conformados con líneas de fuga de los campos dominantes), normalmente no se detecta conscientemente. Incluso un campo dominante suele torcer en su favor a todo lo que se le opone. Este poder le viene de implantarse en el subconsciente (intuición) de los hombres, por lo que se ejecuta de manera automática. Para decirlo con palabras de Miguel Erasmo Zaldívar: "La gente participa de su propia dominación con las ideas que trae en la cabeza" del campo perceptual dominante.

Un campo dominante se implanta en el subconsciente de los hombres creando riadas de sobrevivencia, experiencias en donde resuelve, aunque sea parcialmente, impulsos vitales. Son las experiencias de sobrevivencia, de relación vital las que imprimen un campo perceptual en la intuición. Los significados, las teorías o las explicaciones vienen después.

Es por ello que una autonomía (bajo la influencia de un campo dominante) debe aspirar a crear su campo perceptual propio, a través de la experiencia y no de la teoría, porque ésta, es necesariamente producida por el campo perceptual dominante. No se puede decir que una autonomía en disfrute de su propio campo perceptual deba crear su propia teoría, ya que ese concepto es propio del campo perceptual dominante en la actualidad. Cada autonomía creará lo que su deriva le permita, sin reproducir necesariamente aspectos del campo dominante en el que se subsume o gravita. Una autonomía es su propio despliegue y de ninguna manera su historia, su desarrollo o su evolución. En suma, una autonomía es su propio chorizo, por lo que, lo que se impone ahora, es impulsar autonomías en lugar de producir chorizos.

El Proceso del Chorizo

Hay al menos cuatro tipos de variables que confieren al chorizo sus propiedades y le otorgan su especificidad. El primero es la receta del chorizo, compuesta por los ingredientes que lo integran o que lo acompañan, tales como la salsa, la cebolla, etc. Otra es la variabilidad de los ingredientes, los cuales no conservan características fijas, sino que dependen del tiempo, lugar y trato que se les dé, entre otras cosas. Un tercer tipo de variables es el ambiente en que se consume el chorizo, un ambiente rústico le da un sabor distinto al que le da un ambiente citadino. Caso típico es la cecina, que al consumirse en ambientes calurosos sabe deliciosa, característica que pierde en otros climas. Por último, está la experiencia de quien lo consume, producto de su formación, ideología, inmediatez, etc. Estos cuatro tipos de variables confieren al chorizo propiedades que se antojan infinitas en su variabilidad. Pero no, no son infinitas, en realidad están acotadas por la gente y el lugar en que se consumen. No obstante, la variabilidad del chorizo es muy grande.

El proceso del "chorizo", el del decir y el escribir, es idéntico a la elaboración del chorizo cárnico. Su variabilidad va de la poesía al ensayo, pasando por la narrativa y la ciencia. Esa variabilidad no le quita nada de su característica principal. Es decir, si puede decirse o puede escribirse, entonces es chorizo. Como todo chorizo, para serlo necesariamente necesita ser una mentira o una verdad a medias; requisito que no cumplen las interjecciones. No es que se busque hacer chorizo, no. Al hablar o escribir se hace necesariamente chorizo. Esto es así porque cada palabra, cada gesto o pensamiento humano, implican una serie de corridas neurales y éstas, jamás se repiten, por más que se escriba o diga la misma palabra. Por ello, la elección de una palabra deja fuera múltiples posibilidades de significación de ésta, por lo que toda palabra es imprecisa, vaga y cada palabra debe definirse y redefinirse en un proceso en bucle solamente acotado por las conveniencias de los poderes despóticos, en el marco del campo perceptual dominante. Si con hablar o escribir ya se miente, esto se materializa como chorizo cuando ocurre en un campo perceptual dominante. Por ello es importante que en una autonomía siempre se tenga presente el primer principio del chorizo, para tener claro el sesgo que imprimen los chorizos.

De esa enorme variabilidad del chorizo surge la duda de si la poesía o la literatura son chorizo. Particularmente la poesía al estar demasiado cerca de la interjección parece escapar a la connotación de chorizo. Esta ilusión se pierde al notar que el poeta escribe o declama a partir de una intención, la cual se corresponde con su manera de ver el mundo; que es necesariamente parcial. Es cierto que un poema tiene más pujidos que intenciones y, en ese sentido, parece escapar del chorizo, pero esas interjecciones giran en torno a la intención del poeta lo que les da el sentido parcial de su cosmogonía, es decir, eso es lo que lo hace chorizo.

La intención del poeta suele parecerse a una interjección ya que nace como mero impulso carente de intencionalidad alguna. Cierto, pero al filiarse al lenguaje, tales interjecciones toman el sentido que este les confiere, perdiéndose al girar en torno al chorizo. Todo lenguaje es el chorizo que se inventa un pueblo buscando facilitar su existencia.

El buen poeta es el que se sirve del chorizo para trasmitir sus pujidos, "ayes" y demás, desafiliándose de la lengua en que se inscribe. De hecho, de un poema lo que captamos son esas demasías colgadas de la lengua. Lo mismo ocurre en la literatura y aún en el ensayo científico o la nota periodística. Lo interesante son los pujidos y demasías al lenguaje que trasmiten. El resto es obviable.

Un chorizo no se abraza solo por su utilidad o certeza, sino por su atractivo, por lo que es capaz de incitar, por su capacidad de echar a andar la imaginación. En suma, se abraza por su potencial, el cual no se encuentra en su parte lingüística, sino en la parte interjectiva. Este es el secreto del éxito de las canciones, del cine, la TV, los libros y la ciencia.

El Valor del Chorizo

Todo chorizo se distingue por su valor, siendo una de las múltiples maneras de engaño o justificación, el chorizo se mantiene por lo que es capaz de generar o acompañar. De esa manera, un chorizo matemático, aunque nada tiene que ver con las cosas que enumera o describe, se asocia a ciertos fenómenos asignándoles alguna relación como mera comparsa o como parte de las significaciones que la sociedad crea. Hay chorizos utilitarios que se asocian arbitrariamente a ciertos fenómenos físicos, tales chorizos los constituyen las teorías y las leyes de las ciencias naturales. Hay también chorizos que tienen el valor de repetir lo que la sociedad ya da por válido o verdadero, tal es el caso de las llamadas ciencias sociales que se limitan a crear arreglos conceptuales que suenan creíbles, plausibles o al menos aceptables. De hecho, ese es el requisito central de la ciencia.

Hay chorizos de valor vacío, son aquellos que, al igual de los discursos tupinambá, no dicen nada ni tienen otra utilidad que la de pasar el rato. Tales chorizos son los del arte, los de los borrachos y los de quienes platican por pasar el rato.

De esa forma tenemos:

1.   **El chorizo utilitario**

2.   **El chorizo comparsa**

3.   **El chorizo chorizo**

4.   **El chorizo vacío**

La lista de chorizos por su valor puede ser muy grande, tan grande como las ganas de chorear, sin embargo, puede que con estos cuatro tipos de chorizo tengamos para captar la idea de por qué el chorizo se sostiene pese a su principio de vacuidad.

¿Es chorizo una receta? Sí. Lo es porque una receta pretende que lo que prescribe es la realidad; lo que excluye a las mil maneras de hacer o de ver lo que la receta dice. Existen recetas abiertas que no parecen chorizo, pero lo son, como en el caso de las recetas de cocina, que podrían interpretarse como producto de la multiplicidad. Buddy Balastro, el famoso cocinero de la TV, presenta un omelet de albahaca con queso y pimienta y dice que se le puede poner lo que se quiera, cebolla, perejil, etc. dejando implícito que se tendría algo igual de sabroso que el que él prepara. En este caso el omelet es una de las mil maneras de cocinar huevo, pero se fija la categoría "omelet" que supone toda una taxonomía que implica cierto encasillamiento por clasificación. Se realiza la institucionalización de la denominación "omelet" como categoría taxonómica separada de la experiencia con un valor independiente de quien cocina. Es decir, el omelet existe, hágase como se haga. Eso hace a las recetas ser mero chorizo. Al respecto habría que recordar que las leyes de la física y de todo lo que se pretende ciencia son recetas, o sea: puro chorizo.

La receta pretende fijar un proceso dentro de las mil posibilidades de abordaje de la misma, la receta enajena al que la practica porque remite a un código ajeno a su experiencia. Esto es así en tanto que la receta emerge como parte de la experiencia de un individuo o grupo particular que no necesariamente comparte la visión del mundo de los individuos o grupos que usufrutuan la receta. La receta es la pretensión de naturalizar al conocimiento; el cual, como se sabe, es la forma de encasillar a la experiencia por vía de separar el saber-hacer. Saber y hacer separados derivan en conocimiento y práctica, que rápidamente se convierten en conocimiento y receta o ciencia y tecnología.

En este último caso el valor del chorizo estriba en que prefigura una taxonomía como instrucción para ver y vivir al mundo pretendiendo que es LA forma de hacerlo, como si esto constituyera un default de la vida más allá de lo que es verdadero o falso, válido o inválido. Esa preformación excluye las mil maneras de ver y experimentar al mundo y al mundo en que ocurre el chorizo.

No obstante, la receta puede ser utilizada convenientemente en una autonomía, sin que llegue a anular las mil posibilidades que tiene el campo de aplicación de la receta.

El Chorizo Utilitario

Este chorizo suele ser compañero de la experiencia tanto de la vida cotidiana como de la investigación científica. Se forma en la intuición y emerge como "explicación" de algunos hechos. Normalmente el chorizo utilitario surge espontáneamente como "explicación" de hechos cotidianos que requieren alguna justificación. De esa manera se explica que no debe apretarse muy fuerte una tuerca "porque se rompe el tornillo", sin precisar que significa "muy fuerte". La cosa es que no se rompa el tornillo. El asunto de la fuerza aplicada para apretar se resuelve rompiendo el tornillo o aplicando un torque, el cual presume de precisión sin atender al desgaste de la herramienta, de la base de la tuerca o de la cuerda de la misma y del tornillo. En este caso el torque también es chorizo pero muy útil.

En la investigación científica se siguen una serie de pistas en busca de algo. Normalmente los científicos divagan en sus búsquedas y se plantean chorizo tras chorizo en busca de alguna luz. Presumiblemente esos chorizos combinados con las pistas que se tienen y las que van surgiendo, los llevan a algunos descubrimientos, muchos de ellos por mera casualidad. Captado el hecho, se procede a "la explicación" que no es otra cosa que un chorizo adecuado al hecho y emparentado con alguna de las teorías de moda. Aquí, los chorizos son útiles para alumbrar caminos más bien oscuros y procedimientos que nada envidian a los de la magia, su principal papel es el de alimentar a la imaginación tal cual es el papel de la teoría, aunque se pretenda que la teoría es una explicación de los hechos.

El Chorizo Comparsa

El parloteo cotidiano que utilizamos en la faena diaria y que nos sirve para intercambiar las consignas que nos orientan y nos comunican de alguna manera con los demás, es ese el chorizo comparsa que se limita a acompañarnos. Tal chorizo pretende decir algo, pero solo consigue despertar alertas en los otros. No obstante, trae elementos del habla incorporados que son los elementos que aportan los indicios que indican lo que queremos, lo que pensamos o que intentamos hacer. Sin esos elementos intuitivos nuestras palabras sonarían vacías, sin sentido. Al acompañar al hacer cotidiano, el chorizo comparsa adquiere un valor, que es el de llamar la atención, aunque el contacto con el otro se dé por otros medios.

Aquí los significados ocurren mediante olores, gestos, entonaciones, movimientos del cuerpo, expresiones faciales, manoteos, etc. reduciéndose el lenguaje a meros pujidos e interjecciones varias. Este valor del chorizo no es poco, siendo, además, uno de los chorizos más valiosos al lado de los chorizos vacíos.

El Chorizo Chorizo

El chorizo chorizo no es otro que el que reconocemos como chorizo de inmediato, la mentira que quiere pasar por verdadera o el discurso vacío que se pretende importante o significativo, tal como el discurso de los políticos.

Este tipo de chorizo es en rigor un chorizo vacío, pero lo que lo hace un doble chorizo es que se pretende real, verdadero, válido o con sentido. Tales son los discursos de los políticos que sin rubor alguno prometen, afirman, se comprometen y hablan de mil cosas que no harán, afirman otras tantas que no son ciertas, hablan de situaciones que no sienten y, sin embargo, llegan a embelesar debido al poder embrujador de las palabras.

Tal embrujo se debe a la activación de nodos neurales que activan las palabras, que van desde la emotividad, los recuerdos o la capacidad de raciocinio, hasta el disparate mismo. El área de broca es uno de los nodos que en conjunto de otros nodos sinápticos (como las emociones, instintos y pensamientos) aportan al cerebro una mejor capacidad de ubicación en el entorno y una mejor capacidad de interacción con el mismo. La palabra originalmente es una herramienta más para la ubicación en el entorno, pero rápidamente se ha corrompido a la sombra del poder. Si el poder utiliza el embrujo de las palabras para sus fines, el chorizo chorizo puede recuperarse y hacerse comparsa para, con ello, recuperar uno de sus valores vitales. Las palabras nacen de un módulo multiconectado, capaz de activar emociones, recuerdos sentimientos, ideas, etc. y que, bajo cierto arreglo, es capaz de motivar la imaginación salvaje.

Este es el chorizo que también encontramos en la publicidad, en las negociaciones modernas y en todo lo que intenta penetrar nuestro cableado neural o nuestra estructura perceptual. Saber que un chorizo lo es, nos faculta para prevenirnos contra él o en su favor. Esto es el equivalente radical al eterno "hacer consciencia" de la izquierda.

El Chorizo Vacío

El chorizo vacío no significa nada, son charlas con uno mismo, tal cual lo llega a hacer el escritor o el poeta.

El chorizo vacío es el que Clastres nos narra que ejercen los Tupinambá. Estos indios amazónicos solían treparse en los árboles y ahí proferían toda una serie de discursos dirigidos a nadie, tal vez ni a ellos mismos. Quizá ejerciendo la PNL, lanzaban loas a sí mismos, se narraban sus propias hazañas y referían cualquier cosa que se les ocurriese. No es seguro que hablasen con ellos mismos, si lo hacían, sabemos que esto de alguna manera opera en lo que denominamos "inconsciente". Habiendo alguna suerte de feedback al hablar con uno mismo, el chorizo vacío lo es porque solamente tiene significado para el que lo habla, fuera de él carece de significado por lo que necesariamente aparece vacío, sin significación o contenido alguno. El chorizo vacío es parte de uno mismo como lo es un brazo o un hígado. Su significación ya está contenida en la estructura perceptual del sujeto, por lo que atribuirle un significado para sí mismo, es una repetición sin sentido.

De hecho, en nuestra civilización hablamos como los Tupinambá, solo que creemos que proferimos significados. En rigor nuestros interlocutores jamás entienden lo que decimos, lo adivinan, lo intuyen, lo bordean, pero jamás entienden lo que queremos decir. Los cotidianos malos entendidos a raíz de discusiones son prueba fehaciente de ello. Sería una necedad pretender que nos entendernos al hablarnos. Para cada estructura perceptual hay un significado distinto. Nunca nadie entiende, por ejemplo, al rojo como el mismo rojo que otro percibe, aunque lo tengan frente a los ojos.

Ejemplos típicos de chorizos vacíos los encontramos en la literatura, la poesía, el teatro y todo aquello en que la palabra es expresión personal y así se entiende. Una novela es expresión personal de su autor y raro es el novelista que pretende haber retratado a la realidad (incluyendo a los costumbristas).

La teoría científica cuando es una buena novela es invaluable, lo es porque ejerce el valor del chorizo, que no es otro que el de despertar nuestra imaginación sin ir más allá de lo que se propone. Podemos decir que el valor del chorizo vacío es el de su posibilidad de retroalimentarnos.

La Producción de Chorizo

El chorizo es la parte discursiva destinada a la suplantación de lo que se conoce como realidad (que normalmente es otro chorizo). Originalmente el chorizo surge como un nodo más que, en conjunto del resto de los nodos cerebrales (del neocortex, emotivos o reptilianos), permitían una mejor ubicación del individuo en su medio. De ese modo los nodos productores de chorizo ubicados en los centros del habla y la escritura eran parte del soporte de la vida. Con la aparición de poderes pastorales y despóticos, el chorizo pasa paulatinamente de ser parte del soporte de la vida a ser la vida misma. Esto ocurre fundamentalmente en nuestra época, en la que la garantía del empleo o de los soportes materiales de la vida, se han vuelto de tal manera difíciles de conseguir o conservar, que ya resultan cercanos a lo imposible.

Michel Foucault sitúa el auge del chorizo en las cortes medievales (la vida de los hombres infames) en donde los miembros de las cortes se la pasaban conspirando para conseguir los favores del rey; aunque habría que reconocer que con los griegos es con quienes se funda su prestigio al ponerse el chorizo al servicio de los poderosos (Aristóteles al servicio de Alejandro). Evidentemente que el chorizo no surge ahí, sino que su surgimiento lo podemos ubicar en el nacimiento de las comunidades agrícolas, en las cuales al no haber garantía de cosecha, debido a la variabilidad del clima, tuvo que jugar el chorizo el papel de la realidad bajo la forma de promesa de tiempos mejores que vendrían cuando la cosecha ocurriera. Eso último finalmente ocurría, aunque no exactamente como lo prometía el chorizo, lo que le daba a este un anclaje material. La promesa podía no llegar y con ello sobrevenir la catástrofe, ante lo cual se recreaban viejos chorizos.

En tal sentido podemos ubicar a la religión como la primera proveedora de chorizos. De hecho, la religión traza la frontera entre la función primigenia del chorizo (la de auxiliar en la conservación de la existencia) y la de suplantación de la "realidad". En efecto, desde el habla y la lengua se pueden activar distintas conductas y motivar acciones que ubican al organismo ante su circunstancia en la búsqueda de la conservación de la vida. En ese sentido la religión es posibilidad de centrarse en objetivos mediante la fe, mismos que cuando pierden su plasticidad tornan en suplantaciones de la "realidad". Centrarse en un objetivo y perseguirlo es abrir posibilidades de vida, pero al mismo tiempo es la posibilidad de perder de vista otros objetivos que también resultan igual o más favorables para la vida que lo que se persigue. De esa manera la religión torna rígida y suplantadora de la realidad.

La anterior característica de la religión es la que hace que no haya desaparecido de nuestra época y aún más, que esté cobrando nuevos bríos, ya que al dificultarse la vida surgen las ensoñaciones como las únicas posibilidades de vida soportables. Pero nunca antes como ahora la vida ha estado tan acosada y amenazada, es por ello que la producción de chorizo es incesante y desbocada.

En nuestras sociedades el chorizo se ha institucionalizado como sueño, meta o propósito y como teoría o interpretación. El chorizo se llama sueño en el espectáculo, meta o propósito para el hombre común y teoría o interpretación en la ciencia. Esas formas de nombrar al chorizo son sinónimas.

¿Qué realidad suplanta el chorizo?, suplanta a la "realidad" que vive la gente, su circunstancia concreta que nunca es igual, suplanta a la realidad del sistema que nunca es boyante y lo hace con sueños favorables a las clases dominantes, con sueños estándar producidos en los centros televisivos, cinematográficos, educativos y en toda producción de "alta" o "baja" cultura, ya sea de manera deliberada, involuntaria o subsumida (en la acepción marxista). La producción de chorizo es una riada que arrastra y subsume incluso a quienes siendo ajenos al sistema aún generan chorizo en su función primigenia. Ejemplo de esto son los movimientos revolucionarios como los zapatistas, los guerrilleros y todos los movimientos actuales; lo cual nos indica la necesidad de pasar a los actos sustentadores materiales de vida, antes que privilegiar cualquier tipo de chorizo por muy fundamental o indispensable que suene. Ésta, por supuesto que es una afirmación de frontera que solo es discernible con el despliegue de la vida misma. Pero no toda afirmación lo es de frontera, solo lo son aquellas que apuntan fuera de la mira del poder tutelar, así sea éste comunitario. Todo lo que no apunte a escapar del poder tutelar (así sea colectivo) es chorizo. Es pues tarea de las autonomías construir condiciones materiales de existencia que devuelvan al chorizo a su función primigenia, que permitan que los sueños sean sueños y no "realidades" imaginadas, que las aspiraciones se muevan con nuestra vida y que las teorías sean el necesario ejercicio de la mente en la búsqueda de mejores condiciones para la vida y no el ejercicio de dogmas, lineamientos o condiciones a seguir.

La Suprema Función del Chorizo

El resto cerebral fuera de la consciencia (intuición) recibe continuamente impactos conformados por paquetes de fenómenos (hechos naturales), sucesos (hechos humanos) y experiencias individuales. De acuerdo al paquete que recibe el resto cerebral fuera de la consciencia, se recablea dando origen a cambios sutiles o radicales de conducta, de pensamiento y/o de acción. Esa es la manera natural en la que el cuerpo-cerebro humano se mueve en el entorno en el que vive (no hablemos ya de interacción en tanto que el ser humano es parte integral de ese medio).

Si bien la manera ordinaria de recablearse del resto cerebral es la anteriormente descrita, el continuo escaneo que hace el cerebro de su entorno, lo lleva a la utilización de la consciencia, la cual utiliza de manera intensiva al chorizo.

La consciencia está ahí y junto con el resto cerebral conforman las principales funciones cerebrales encargadas de ubicar al individuo en su entorno. Podemos decir que la consciencia es parte del escaneo del entorno que realiza el cuerpo-cerebro. Es precisamente la parte en la que la atención emerge y se mantiene ante puntos específicos del escaneo. La atención no siempre va a dar origen a la consciencia, para que ello suceda, la atención tiene que ser intensa, del tipo de la atención involuntaria.

Cuando la consciencia emerge, es cuando entra en acción el chorizo y su función suprema, la cual no es otra que la de conducir el recableo del resto cerebral. El chorizo puede impactar a la consciencia o directamente al resto cerebral tal y como lo hace la publicidad. En el caso en que el chorizo actúa mediante la consciencia, es cuando se convierte en una herramienta poderosa para el desenvolvimiento del individuo en su entorno, para la modificación de su conducta o de su pensamiento en el sentido en que se elige y para la redirección, reorientación o intensificación de su propia existencia.

Muy tempranamente aparece esta función suprema del chorizo. Aristóteles producía el chorizo que Alejandro aprovechaba y más tardíamente Marx apelaba a la concientización del proletariado como una forma de realizar la revolución que lo liberaría. Pero los llamados a la consciencia o a "hacer consciencia" no necesariamente se traducen en las acciones o ideas que se pretenden. El llamado a hacer consciencia para la revolución proletaria muchas veces se tradujo en adaptaciones de acciones y discursos que instauraron el arribismo y la impostura.

La consciencia puede convertirse en una poderosa herramienta de cambio o de retroceso porque finalmente solo se traduce en recableos sinápticos cuya orientación responde a las facilidades inmediatas para la vida biológica. Solamente la consciencia es capaz de sobreponer la prospectiva a la inmediatez y reorientar el cableado neural en el sentido al que apuntan las tendencias que la consciencia registra. En tal sentido la consciencia puede llevar en cualquier sentido. De ahí la importancia del entorno social en el que actúa el individuo; en un entorno capitalista es llevado al individualismo consumista. Presumiblemente en un entorno comunitario podría ser llevado a otras posibilidades como el gregarismo o a la integración social cuyas formas podrían favorecer la vida en sociedad.

A nivel masivo normalmente la consciencia es manejada en el sentido que le imprimen los liderazgos, los cuales necesariamente son limitadores ya que por cada sentido escogido quedan fuera el resto de las posibilidades de sentidos, de las cosas y de la existencia. No obstante, el manejo de la consciencia puede redituar grandes frutos a nivel individual y de grupo ya que es capaz de reorientar, incluso toda una vida individual o de grupo, en uno o pocos sentidos. Aquí es donde el chorizo adquiere suprema importancia, porque podrá reconducir conductas, pensamientos y acciones individuales o de grupo en el sentido en que el individuo o el grupo eligen, a condición de que nunca se pierda de vista que el chorizo, chorizo es.

Chorizo y Ciencia

La ciencia es el arte de decir mentiras aderezadas con medias verdades. Las mentiras son completas y las verdades que utiliza la ciencia nunca son completas, siempre son medias verdades. Esto es así porque lo que se pasa como verdades son, en el mejor de los casos, inferencias de fenómenos previamente delimitados y, por tanto, parcializados. En el hecho de pretender pasar como verdades a las medias verdades que se inventan, en si ya constituye una mentira completa que oculta inconsistencias, parcialidades, aproximaciones y fundamentalmente el punto de vista de lo que se dice, pretendiendo una absoluta objetividad y parcialidad.

El coctel de mentiras y medias verdades que construye la ciencia se sustenta en ciertas utilidades que reportan los fenómenos que refieren. De esa manera las leyes de Newton se sustentan en su utilidad para la creación de móviles (autos, máquinas, etc.) y teorías e historias que alimentan a la imaginación, creadoras, a su vez de otras utilidades, historias y teorías (como la ley de Hooke).

El denominador común de los cocteles de mentiras y verdades de la ciencia, es su utilidad para un cierto modo de dominación. Lo que no encaja en el modo de dominación no se considera ni ciencia ni conocimiento, tal es el caso de las curas espirituales, el biomagnetismo actual, las tradicionales limpias con hojas de laurel, huevo, rosas, chile, etc.

No obstante, el denominador ciencia, aunque ha sido aplicado en otras formas de dominación, es por esencia capitalista, así como el conocimiento es la forma capitalista de relacionar al hombre con el mundo. En otros pueblos, la forma humana de relacionarse con el todo es la experiencia, no cualquier experiencia, sino cierto tipo de experiencia como la de los nahuas, los dowayos, etc.

La perspectiva científica cuando es adoptada por comunidades, deja de ser ciencia y deja de producir conocimiento para pasar a ser parte de la experiencia íntima del colectivo. Aquí las mentiras dejan de serlo en tanto que corresponden con la realidad del colectivo, la única realidad que pueden percibir, por tanto, La Realidad.

El problema no consiste en que cada colectivo tenga y maneje su propia realidad y su propia batería de lo que ahora conocemos como verdades y conocimientos, el verdadero problema es cómo hacer que distintos mundos convivan en espacios y con recursos compartidos. Pero eso es asunto de los colectivos involucrados en cada caso y no de una solución teórica, científica o de una batería de consejos.

El Conocimiento

1.	El conocimiento es parte consustancial del capitalismo, así como la fe lo era de la edad media

2.	El conocimiento para serlo o es utilitario o no es conocimiento

3.	El conocimiento es el acceso intelectual y por tanto parcial a una cosa

4.	Conocer es parcializar, es limitar, recortar y depauperar pese a que las definiciones de conocimiento parecen apuntar en contrario.

5.	Conocer es ponerle coto a la experiencia, arrancarla de su camino, de sus posibilidades, es limitarla y finalmente sustituirla.

6.	Conocer es ligar unas pocas redes neurales en detrimento del resto de posibilidades de ligazón de redes neurales en el entorno de un ensamble neural. Conocer es ligar un significado a una sola estructura perceptual.

7.	Por tanto, SI estamos en una sociedad del conocimiento, es porque se generalizó lo que en otras sociedades se ejercía por las élites.

Pasar de la Ciencia a la Experiencia

En su momento la ciencia impulsó una revolución que permitió romper los moldes. Ahora es el tiempo de romper los cartabones de la ciencia para llevarla más allá, hacia la experiencia.

La ciencia quedará integrada a la experiencia, pero será solamente una parte de ésta. Igualmente, la famosa experimentación científica solamente será parte de la experiencia.

Con la experiencia se rescatarán viejos lineamientos de las sociedades antiguas como las limpias y los remedios. Muchas de esas recetas resultarán ser meros placebos, pero ya no importará su naturaleza sino su efectividad. Será la experiencia la que mande y no solo un conjunto de reglas y procedimientos como actualmente requiere la ciencia.

Las reglas y métodos de la ciencia son ya obstáculos para la solución de los grandes problemas de la humanidad. Por ejemplo, la manipulación genética apartada de la experiencia amenaza con causar estragos a la humanidad. Las voces que previenen contra los efectos cancerígenos de los transgénicos son no solamente ignoradas, sino combatidas como si fueran un flagelo para la humanidad.

La ciencia y la lengua son de las principales manifestaciones de la deriva de la imaginación en su estadio más primitivo. La imaginación en este estado primitivo se entremezcla y confunde con la estructura perceptual individual y por tanto llega a tomar estatuto de realidad, aunque esto solo sea en un nivel síquico. Ejemplo de esto es el empoderamiento, el cual responde a impulsos básicos vitales como el egoísmo o la necesidad de alimento, etc. de donde viene un aferramiento al poder como garante de satisfacción de tales impulsos, dejando de lado otros impulsos vitales como el gregarismo, el amor o el esparcimiento. En estos casos el individuo queda atrapado en una imaginación en la que parecen cubiertos totalmente ciertos impulsos vitales básicos, lo que impide ver la temporalidad de los empoderamientos e impide ver al resto de los impulsos también vitales que quedan disminuidos o descartados.

Es posible salir de este estado primitivo de imaginación que comenzó con los dibujos de las cavernas del hombre primitivo, pero la salida está más allá de la ciencia y de la lengua.

Educación Autonómica

¿Son las Comunidades Autónomas Pequeños Infiernos?

Una comunidad rápidamente deriva hacia un pequeño infierno. Lo hace de manera "natural" en tanto que es la manera más simple de sobrevivencia individual y grupal. Pero además, desde la perspectiva social, la deriva hacia un pequeño infierno ocurre porque la tendencia biológica egoísta, ya está modulada por los poderes despóticos y "naturalmente", el natural egoísmo, tiende al agandalle. Esto ocurre de al menos doce mil años para acá.

Los pequeños infiernos surgen casi sin verse: chismes, habladurías, opiniones dichas a la ligera, envidias, resentimientos y toda una cauda de nimiedades van conformando problemas mayores de incomprensión y distanciamiento, primero individual y luego colectivo que dan con esos pequeños infiernos en que se convierten ciertas comunidades.

Cuando una comunidad presenta rasgos que delatan la emergencia de un pequeño infierno, es que algo anda mal o muy mal en la comunidad. Uno de los principales problemas que se enfrentan es la fisura de la interdependencia, lo cual amenaza con romper los lazos de la sobrevivencia, sobreviniendo la intolerancia y la imposición ante los problemas.

Otra fuente importante de infiernos comunitarios es la natural percepción personalizada del mundo, la cual lleva a la incomprensión. Este problema delata fallas en la compartición de experiencias, lo cual se delata con el uso excesivo de la lengua, de las explicaciones e incluso de la teoría. Una experiencia integrada de forma natural lima asperezas, al experienciar en torno a los múltiples puntos de contacto intuitivo que brinda la cercanía.

La desatención o descuido en la cobertura de impulsos vitales como el placer, el entretenimiento, etc. suelen crear tensiones soterradas, que emergen como descontento, estrés, mal humor y toda una cauda de manifestaciones perjudiciales para la cohesión comunitaria. Bajo nuestra dominación capitalista eso se arregla (o atenúa, sin llegar a arreglar nada), con prozac y similares, con drogas, con yoga, con autoflagelación o de plano con represión. Eso, desde luego no es recomendable porque solo es ocupar la estrategia del gato.

Los anteriores son los aspectos de orden bio-físico y social generadores de pequeños infiernos comunitarios, pero están los político-sociales. Los liderazgos, la uniformación cultural, las doctrinas compulsivas y otros factores que implican cierta coerción o uniformación, son grandes generadores de tensiones y desavenencias. Estos son fáciles de identificar, pero bajo cierto ambiente político-social, es imposible erradicarlos, sobre todo cuando se alcanzó cierto grado de fanatismo en torno a la verdad, alguna doctrina o algún liderazgo.

La imaginación suele suplir lo que no se puede obtener en la realidad y motiva cuando la realidad falla. Obviamente hablamos desde nuestro tiempo en el que el manejo de la imaginación surte de tan buenos dividendos al despotismo. En otros tiempos seguramente será otra cosa, pero por hoy lo más natural es que en una comunidad por muy autónoma que se procure nunca faltará un pico de oro que se transforme en un Stalin, un Hitler o en alguno de nuestros políticos actuales, que no por mediocres menos aspirantes a mesías o dictadores.

Pero ninguno de los aspectos anteriormente mencionados debe dar paso a la dictadura comunitaria. Nadie debe estar obligado a permanecer al seno de una comunidad por más integrada que esté y por más que a la inmensa mayoría le parezca que todo va bien. Una autonomía siempre debe contar con espacios para la disidencia y mantener al exterior relaciones sanas que abran puertas a la disidencia comunitaria. Pero lo más importante, una autonomía debe aprender de los sistemas despóticos a aprovechar a su disidencia para que trabaje en la solución de problemas comunitarios. Ese aprovechamiento, además de prevenir los pequeños infiernos, potencia a la comunidad.

Las autonomías en su constitución, deberán seguir el camino de los despotismos pasados, buscando atender los impulsos vitales humanos, pero dejando fuera de la jugada a los poderes pastorales. Paso a paso las autonomías pueden construirse haciendo de lado a la organización, al gobierno (incluido el autogobierno) y desde luego, a la democracia de nuestro tiempo. El ejemplo de cómo funciona la cooperativa CECOSESOLA, de Barquisimeto, Venezuela o la Rojava de los kurdos nos ilustran estas posibilidades.

No puede dejar de mencionarse que en el ínterin del surgimiento de comunidades autonómicas no van a faltar las autonomías facistoides, religiosas, esclavizantes, terroristas y de toda esa variedad de despotismos en que ha sido prolífica esta etapa humana de poderes pastorales.

El capitalismo y las sociedades despóticas antiguas nos muestran el poder de la formación. Así como se formaron mentalidades esclavas, sometidas, religiosas o consumistas, así se pueden formar mentalidades autonomistas orientadas hacia las miras comunitarias.

Cada comunidad deberá resolver sus pequeños infiernos según su modo, estilo y percepción. Experimentos autonomistas como los mencionados, pueden aportar mucho de su experiencia. Por desgracia se encuentran enconchados cuando el problema de las autonomías no es el logro comunitario, sino como sostenían el Che y cierto marxismo, referente a que la revolución debe ser a nivel mundial. Una autonomía debe buscar reproducirse como las células y copar tanto espacio social como pueda, para poder contrarrestar el fuego oligárquico al que está sometida.

"Pueblo chico, infierno grande" se aplica perfectamente a las comunidades autonómicas, pero es posible evitar esos pequeños y grandes infiernos si las autonomías atienden los impulsos vitales y suplen la educación actual con la formación autonómica. No se necesita llegar a la abundancia y al dispendio para resolver el problema de la subsistencia material. Abundancia y dispendio solo ocurren en ciertos grupos y clases sociales del capitalismo, igual que ocurrieron en los despotismos históricos. El grueso de la humanidad se las ha arreglado con subsistencias básicas o ínfimas, como es el caso de los Seris de México; lo cual quiere decir que las autonomías podrían hacer lo mismo en tanto mejoran sus niveles de subsistencia.

Una autonomía que hoy aspire a serlo, deberá resolver en primer lugar el problema de la sobrevivencia al tiempo que resuelve la atención de impulsos vitales como el del entretenimiento y desde luego, la formación autonómica. Esta debe practicarse como un hábito social, complementado con la escuela y la instrucción. Llevamos a la escuela en la médula, pero debemos aprovechar ese implante para capacitar en formas de subsistencia, cura de enfermedades y afecciones, soluciones comunitarias y los temas que la comunidad considere deberían suplir a los actuales planes de estudio decididos en ámbitos ajenos a las comunidades. Toda instrucción escolar, huelga decirlo, nunca debe ejercerse sin el cultivo simultaneo de lo espiritual humano. Formas para este cultivo existen en abundancia, cada comunidad elegirá las que más le parezcan bien.

 En un primer momento de la formación de una autonomía, así como el poder despótico se montó en impulsos vitales humanos, una autonomía puede hacer lo mismo, pero en un segundo momento esto puede ya no servir, porque será la comunidad la que decida por donde ir. O sea, no porque venga del capitalismo, cualquier cosa es mala o deformante, fijarse en cómo actúa, qué hace y adonde se dirige es la clave para entender lo que una autonomía necesita. Por lo demás, una autonomía que lo sea, no necesita de este escrito ni de nadie que le diga por dónde ir.

Cuando en una autonomía aparezca el "pequeño infierno", las técnicas de los poderes pastorales pueden servir. La persuasión, la inducción neural o la seducción seguramente se ocuparán. Es el caso de que se tenga el cuidado de que esas cosas deben reorientarse o desaparecer. En suma la educación entendida como formación autonómica, es indispensable en la prevención del flagelo comunitario que son los pequeños infiernos.

Las Tres Partes de la Verdad

La noción de verdad imperante es la verdad desde un punto de vista, la cual normalmente es la verdad que emana desde los poderes dominantes. Es decir, la verdad imperante es la verdad-poder. Poco a poco se ha ido popularizando la verdad desde el punto de vista personal, pero esta se ve sometida a la verdad que emana de los poderes dominantes.

La ciencia es el discurso ideal para imponer a la verdad (verdad-poder), ya que defiende a la verdad como única. No obstante que la propia ciencia se ha topado con la falsa unicidad de la verdad, lo cual no ha sido obstáculo para mantenerse como fuente única de la verdad, tal y como en su momento lo fue Dios. El discurso de la verdad-poder es el punto de vista del actual sistema, es el que le acomoda y le rinde mejores beneficios.

Lo cierto es que no podemos prescindir del discurso de la verdad ni aún en las autonomías. Es obvio que el discurso de la verdad-poder no sirve a las autonomías, por lo que hace falta un punto de vista que sirva a las autonomías. Pero no necesitamos un discurso de la verdad nuevo, solamente hay que reestablecer lo que el poder suprime de la verdad. En primer lugar, separa la percepción individual de la verdad colectiva y suplanta la visión colectiva de la verdad con su propia versión. En segundo lugar elimina las variaciones de la verdad para mantenerla fija, variándola solamente cuando así le conviene. Esta lección habrían de aprenderla las autonomías para no repetirla.

La lógica del poder tiende a congelar al mundo, de otra manera le resultaría ingobernable, pero la lógica de las autonomías requiere de otro tratamiento y este no puede ser otro que reintegrar en la noción de verdad al menos a tres de sus componentes: La percepción individual de la verdad, la percepción de la verdad colectiva y las variaciones que sufre la verdad en presencia de ciertos fenómenos y situaciones.

La percepción individual de la verdad suele ser la variación enésima de lo que se dice que es la percepción colectiva de la verdad y que está dada por los procesos de subjetivación que realiza un colectivo. Tal variación puede ir de pequeña a grande, pero en todos los casos constituye una manera irrepetible de concebir a la verdad y su mundo.

La percepción colectiva de la verdad es parte del imaginario colectivo que una autonomía se construye, derivada de su experiencia o del mero imaginario colectivo. En cuanto a las variaciones, estas ocurren cuando un hecho o un algo dado por verdadero ocurre paralelamente o adjunto a otros hechos o algo y que por esa ocurrencia la verdad cambia, se relativiza o se matiza.

Así pues, la verdad en una autonomía se conforma de la percepción individual, la colectiva y las variaciones que ocurren en la vecindad de la verdad dada. Todo eso implica que la verdad es producto de la experiencia colectiva, concepto en el cual no deben faltar las tres fuentes de la verdad. Si predomina una visión individual de la verdad ya no se está en una autonomía, lo mismo sucede si se excluyen las variaciones que afectan a una verdad dada.

El consenso ni siquiera viene al caso para determinar a la verdad en una autonomía. El consenso solo es coyunturalmente necesario. Lo es exactamente cuando la lengua debe ejercer su papel auxiliar de la vida (y no como la protagonista o el verbo). La experiencia de la propia comunidad debe conformar una riada que arrastre hacia su propia verdad.

Del Enojo

Uno de los principales problemas que enfrentan las comunidades es la mutua incomprensión, la cual genera desconfianzas, enfrentamientos, violencia y falta de cooperación interpersonal e intercomunitaria.

Pero eso que llamamos incomprensión no es otra cosa que una reacción automática ante señales que estimulan nuestros mecanismos de defensa. Ocurre que todo individuo y toda comunidad organiza su vida en torno a significaciones centrales (lo que Castoriadis llama significaciones imaginarias sociales centrales). El poder despótico hace lo propio, solo que impone tales significaciones. De esa manera, se imponen las significaciones consumo, Dios, ciudadano, empleo, educación, conocimiento y dinero, en torno a las cuales ordena la mayor parte de su hacer y de su dominación.

Cuando ocurren las desavenencias pasa que se contravienen una o varias significaciones centrales de individuos o comunidades lo que:

1. Se percibe daño a uno o más impulsos básicos que soportan la sobrevivencia.
2. Desata automáticamente los mecanismos de defensa o ataque que provocan las situaciones identificadas como peligrosas.
3. Es biológica o socialmente rechazado porque su procesamiento supone un gasto de nutrientes no justificado.

Lo anterior ocurre porque no se tienen respuestas alternativas a la amenaza detectada. Cuando estas respuestas existen la reacción automática no ocurre, cediendo el enojo o la violencia a otras posibilidades de relación. Ejemplo de lo anterior es la falta de empleo que es una verdadera amenaza a la subsistencia actual, sin embargo, la respuesta negativa queda en estrés, sin desatar los mecanismos de defensa-ataque. Esto es así porque individual y colectivamente se han dado respuestas alternativas al problema que van desde el robo al comercio ambulante, pasando por el autoempleo o la solidaridad familiar.

Un remedio para paliar las reacciones automáticas de ataque-defensa que suscitan las desavenencias, es la identificación de cuál o cuáles significaciones centrales se perciben como agredidas y a que se debe tal identificación. Con la sola ocurrencia de tales identificaciones, las desavenencias suelen disolverse, siempre y cuando se obre de buena fe, porque cuando las desavenencias se provocan deliberadamente se está ente verdaderos casos de agresión, los cuales suelen remediarse en el marco de la interacción socio-cultural específica de los individuos y comunidades.

Una autonomía debe tener identificadas sus significaciones centrales y trabajar socialmente en ellas como una forma de prevenir el refrán que reza: "pueblo chico, infierno grande".

El Camino de la Bestia

Cuando niños somos ángeles despreocupados, conociendo y disfrutando de la sencillez de la vida. Cualquier cosa comible o bebible es un manjar, una abominación o la perfecta indiferencia. Es el reino de un aparato en formación. La vida entonces es una delicia o pequeños infiernos de hasta segundos de duración. Nada dura, ni la felicidad ni la angustia o el miedo. Todo pasa, poco queda. De memoria volátil, la niñez es el crisol del humano o de la bestia que van a quedar profundamente enclavados en esa inteligencia imposible de verbalizar. En la niñez se incuba al pendejo que va a hacerla de esclavo, de bestia o de humano. Aunque generalmente saldrá de la niñez el aullido de la bestia, más o menos domesticada, más o menos rebelde, siempre pendeja pero bestia al fin.

Hacia la pubertad la bestia ya se ha instalado, pero gracias a su inmadurez discurre dando tumbos, a veces eufóricos, melancólicos o tristes. Pasamos los años en el desconcierto o en los mundos precoces que alcanzamos a vislumbrar. Esto último raras veces sucede como adelanto de juventud, lo normal es ir dándonos cuenta de que un mundo nos rodeaba, un mundo bastante cruel o incómodo que para nada responde a la bestia que ya por dentro nos urge a todo y a nada. Bufa por sexo, placeres y satisfacciones elementales y si pudiese, atropellaba a quien fuera, aunque no estuviera enfrente.

Hacia la pubertad somos esa bestia pendeja que quiere pero no sabe cómo. Entonces la bestia comienza a descubrir el mundo de las pendejadas y le parecen buenas. Algunas colecciones de pendejadas agrupadas en teorías o doctrinas o en ambas, producen algunos resultados propicios para la bestia. Nace entonces el entusiasmo y nos volvemos cristianos, budistas, marxistas o salvadores del mundo. Hasta nos llegamos a regodear con engendros como el marxismo guadalupano, el filantropismo y cuanto coctel se nos ocurra de teorías, doctrinas e ideas geniales. Sabemos entonces que somos de la clase de los jóvenes que andamos por los veintes.

Uno que otro jovenzuelo, sea por su precoz intuición o por casualidad, comienza a construir su ínsula en el mar de la vida en que le tocó navegar y ya desde ahí mira alucinado otras islas por conquistar, otras tierras por invadir y hacia allá suele dirigirse alumbrado por el mundo de las pendejadas heredadas por cuanto santón, filósofo o ideático le parecieron correctos. La bestia ya tiene fuerza, una fuerza que sin ella moriríamos.

Pocos son también los jóvenes amansados. Jóvenes que surgieron de la pubertad ya con una bestia aplacada y que son el pasto del que se alimentan los despotismos. No son los jóvenes alucinados por el mundo de las pendejadas, son aquellos que ya les inocularon el virus de algún ismo o idea genial. Son pequeñas y grandes bestias, pequeños y grandes monstruos movidos como marionetas que lo mismo van a asesinar a una guerra que a cumplir sus ocho horas de trabajo. Algunas, son bestias valoradas, las bestias con las que se van a apuntalar los sistemas, las que van a ser premiadas con autos del año y una que otra con lujos mayores.

El resto de la juventud es sustancialmente rebelde. Si su rebeldía no da para más, aunque sea le mientan en silencio la madre al jefe, se roban pequeñas chucherías de las oficinas, algunas herramientas y materiales de las fábricas o sabotean las urgencias del jefe. Si de plano la rebeldía no halla salida, se van de vagos o guerrilleros a alimentar ejércitos de revolucionarios clamando por democracia, justicia o libertad. Algunos pocos transforman su rebeldía en estupidez y vuelven al seno materno de la vagancia, el alcoholismo o el abandono y la drogadicción. Otros menos suelen suprimirse en el único acto humano que pudieron concebir cuando se intuye a la bestia sin los arrestos para enfrentarla. Pero de estos son pocos, el grueso de la juventud son bestias al acecho de todo lo que signifique placer, sexo, estatus o todo ello como poder, como garantía de vida y de perpetuación de la especie.

Nos llega a enternecer tanta aplicación de la bestia. Sin ella nadie estaríamos aquí. Pero he ahí que de esa bestia surgió un humano. Un algo capaz de lograr una mayor eficiencia que la de la bestia que solo empuja, que ya sabe quién es el hombre y quién la bestia pero que le gana el empujar y empujar. Gracias al mundo de las pendejadas la bestia es capaz de percibir sus posibilidades de humanidad, pero normalmente le ganan las pendejadas o la bestialidad. Durante la juventud no hay manera de superar ni las pendejadas ni la bestialidad. Los pocos que lo logran rápidamente se convierten en santones o ejemplos de la humanidad perfectamente explotados por los despotismos que construyen religiones y heroísmos.

Hacia los treinta nos da por convertirnos en cristos, entonces plagamos las banquetas buscando aunque sea a un borracho que rescatar. Es entonces cuando surge la bestia en todo su esplendor. Las mujeres fumigan con feromonas a las bestias macho enloqueciéndolas. El mundo de las pendejadas se usa entonces con claros propósitos de engaño, de justificación para acumular horas de sexo, placer, comida bebida o todo ello representado por el poder la fama o la celebridad.

Hacia los treinta la bestia ya es incontrolable, ya se apoderó de todo el cuerpo, de cada una de las células y aparatos que lo componen. La mujer engaña al marido y el marido a la mujer. El homosexual, la lesbiana y géneros intermedios se unen al coro en medio del mar de bestialidad que para ese entonces ya domina a la humanidad.

Todas las pendejadas que se aprenden durante la juventud no alcanzan sino para dar cuenta de un puñado de problemas, no alcanzan para la vida. Pero ahí está la bestia. Ella si sabe qué hacer y lo hace.

Se llega a los cuarentas y la bestia sigue instalada, ahora ya sabe mañas, ya sabe que el poder es la síntesis y que si se logra, ahí está la riqueza o la fama como garantes de una progenie sana, de una vida segura. De ahí hacia el declive, hacia la muerte como simple bestia que jamás avanzó hacia la humanidad.

Hacia los cuarentas la bestia ya intuye su humanidad, de hecho, ya sabe que no hay para donde andar, que al andar no se hace camino que más bien se camina por el andar de otras bestias. La bestia ya sabe entonces que la vida no es sino la construcción de un territorio que flotará a la deriva en el mar de las tempestades de la existencia. Pero no sabe cómo construirlo, ni puede saberlo. Solo sabe que está en su isla y sabe de los vientos que la amenazan.

Los menos no necesitan llegar hacia los cuarenta para construir su isla y desde ella andar por la vida. Pero eso es una suerte, los más necesitamos transitar todo el camino de la bestia para tener alguna oportunidad de incorporarnos a la humanidad.

Aunque lo normal es construirnos islas de bestialidad en la que la crueldad es la norma y el egoísmo la ley, uno que otro suele construir islotes verdaderamente humanos, que, aunque no compartan mucho con otros islotes humanos, de cuando en cuando ocurren casualidades que los hacen caminar juntos. Son las raras glorias de la humanidad a veces imperceptibles en medio de tanta impostación y bestialidad.

Hacia los cincuenta si no se ha construido al menos un raigón de territorio propio, la bestia dominará hasta la muerte. Hacia los sesenta la bestia declina, pero lo hace por incompetencia no porque haya reculado. Es típico ver a vejetes absolutamente resentidos que si no masacran a sus vecinos es porque ya no les queda suficiente fuerza para materializar todo el resentimiento que guardan. Hacia los sesentas comienza a conformarse la estupidez de la bestia que va a predominar después de los setentas. Por fortuna la esperanza de vida no rebasa los setentas porque está claro que los que viven más, más se aferran a su estupidez y a su bestialidad y hasta se sienten orgullosos de ello. En las sociedades tradicionales al alcanzar edades avanzadas se ganaba en el control de la bestia. Los viejos eran sabios, pero en nuestra sociedad de consumo, la vejez ya llegó a ser sinónimo de estupidez y resentimiento impotente.

Y es que es imposible saber el cuándo, el cómo o el qué de una isla humana. El mundo de las pendejadas y la vida misma están llenos de pistas al respecto, pero la dominación de la bestia las hace invisibles. Cuando la bestia ya sabe cómo construir una ínsula humana no hace sino ratificar su condición de bestia. Quien te dice el cómo, el qué o un por qué, sabe que te está diciendo puras pendejadas o ni sabe que pendejadas dice: es una bestia.

Se sabe que se está en una isla humana y en rumbo, cuando se es capaz de captar las intuiciones y mejor, cuando se es capaz de captar la conciencia de la experiencia interior. Todo lo que se hace de forma inteligente es bestial. La intuición suele equivocarse porque en ella todavía la bestia manda. La experiencia interior ya no se equivoca por ser la expresión de todo lo que el ser es capaz de ser, incluso la capacidad de ser una bestia.

Cuando los orientales dicen que para alcanzar la experiencia interior hay que cesar la mente, en realidad lo que refieren es el acallamiento de la bestia, de esa capacidad de estar al acecho para garantizar la existencia. Cuando se logra acallar a la bestia se logra ponerla al servicio de la humanidad. Nunca se le reprime o mata porque sin ella la vida no sería posible. La bestia es la flama de la vida, la que siempre sabe por dónde ir cuando nuestras pendejadas fallaron. Pero la bestia desatada es crueldad que va contra la vida misma por la que propugna.

Plegarse a la humanidad, sumarse a sus fuerzas no es seguir una buena vida o una existencia correcta. Plegarse a la humanidad es seguir el mismo camino de la bestia, pero sin que ésta esté desatada. El camino de la humanidad es forzar a la bestia a que camine en congruencia con la conservación de la existencia y esta no se logra sino territorializándose en el mar de la deriva.

El camino hacia la humanidad es la convivencia con la bestia para evitar que la manipulen, la engañen, la preformen y la conformen de acuerdo a intereses determinados por la bestialidad de las oligarquías. Cierto que poco se puede hacer para evadir esa preformación-conformación de la bestia y de la propia realidad. El camino es andar con la bestia, aprovechar su impulso para abrir espacios de libertad y convivencia en donde los impulsos primarios no sean objeto de creación y sustento de lo que a nadie gusta. La explotación del hombre por el hombre obedece a instintos bestiales, La violencia, el robo y todas las lacras de la humanidad no son sino resultado del control social, el cual se manifiesta en la actualidad como el consumismo patrocinado por las oligarquías.

Pero la bestia ni es metafórica ni mítica, es nuestro cableado neural encargado de la garantía de la vida. Es ese cableado neural que llega a manifestarse como conciencia. Por ello sin la bestia no somos nada, quizá apenas un puñado de huesos, carne y nervios yacentes en estado de coma. Ese cableado como pensamiento, se asocia a otra capacidad de hacer entrar en línea a porciones más amplias de neuronas, que son las que originan a la intuición y a la conciencia, manifiestas en la reflexión y el centramiento.

Esas dos capacidades trabajan en conjunto de un mayor número de sinapsis en redes neurales activadas. Pero no es posible saber de ellas fuera del estado de conciencia en la experiencia interior. Entrar en la humanidad es entrar en la posesión de un trabajo conjunto de la consciencia y la intuición. Fuera de ello, es seguir en el reino de Dios, el reino de las bestias. La predominancia de alguna de ellas, instaura el dominio de la bestia

Pero ni necesitamos ser intelectuales para lograr concentración o centramiento en torno a un tema, ni mucho menos necesitamos ser monjes budistas para alcanzar la experiencia interior, aunque sea en su modalidad mínima de atisbo o vivencia. Basta con aprender a captar las emociones, aprender que la concentración es la conciencia de la intuición y atender los accesos de lucidez o experiencia interior que acompañan a la vida cotidiana. En suma, basta con aprender a trabajar con la bestia cuando la intuición y/o la consciencia emergen.

El Camino del Entendimiento y la Fraternidad

Sabemos desde siempre (aunque no lo asumamos y ejecutemos así) que todo está estrechamente ligado con todo, que ese todo tiene partes específicas perfectamente distinguibles unas de otras pero que cada parte es lo que es por ser parte del todo, sin el cual no sería, y ni siquiera sería imaginable. Cada parte del todo es lo que es por el lugar y el momento que ocupa en el todo, siendo el todo eso que hemos confundido con Dios.

Caminar hacia la luz o hacia la fraternidad es separar artificialmente lo inseparable. Cuando se fuerza el caminar por un solo camino llegamos a trampas sin salida como nuestro contaminado planeta actual, como los fracasados movimientos de izquierda o como la pasividad de los budistas.

Dicho en palabras usuales, buscar la luz es la búsqueda del entendimiento del mundo y de sus cosas; o lo que es lo mismo el entendimiento de uno mismo. Mientras que buscar la fraternidad es la búsqueda de la convivencia armónica con el otro, sea este nuestro prójimo, pariente, conciudadano o cohabitante de este planeta.

El camino de la luz y de la fraternidad se emprende con la reflexión o crítica, o la meditación a la vez que se participa activamente en la movilización social o en la construcción de un mundo en el que quepan muchos mundos (según el dicho de los zapatistas).

La reflexión, la crítica, o la meditación sin militancia social rápidamente torna en filosofías y herramientas prácticas que tienden al fascismo, a la destrucción del entorno y a la pasividad estéril (véanse el grueso de las teorías y reflexiones actuales de nuestros pensadores e intelectuales, y el lamentable estado en que tenemos al planeta producto de la ciencia).

Por su parte la militancia sin reflexión o meditación tiende rápidamente a la grilla, que no es otra cosa que la política deformada. Quienes se dicen luchar por los pobres, contra la contaminación o por los derechos humanos acaban como chambistas, simuladores o francamente como políticos sinvergüenzas (valga el pleonasmo).

La reflexión o crítica es el equivalente occidental de la meditación oriental, ambas son difíciles de realizar y ambas ocurren espontáneamente. No obstante, si les quitamos las mistificaciones con que las han cubierto podemos acceder a ellas con tan solo la voluntad de querer hacerlo.

Técnicas como el mindfulness, el cultivo de experiencias artísticas, atisbos e intensidades permiten acceder a procesos de armonización cerebral sin llegar a ser un experto en meditación. (La meditación, el mindfulness y la reflexión se entienden. El atisbo y la intensidad son accesos menores a la consciencia plena).

El producto de la reflexión o de la meditación es la armonización de nuestras redes neurales. Es decir, la desactivación de redes encendidas como respuesta interior al entorno, a las relaciones que realizamos con otras personas y a nuestros propios procesos cerebrales y que ya no son útiles pasado el momento en que se activaron.

Estando el cerebro hecho para el movimiento, a cada instante cambia su cableado neural activando y desactivando circuitos neuronales. En ese proceso quedan muchos "pendientes" en el resto cerebral fuera de la consciencia, lo que implica que quedan activadas múltiples redes neurales que consumen recursos del cerebro e impiden un trabajo cerebral armónico. La reflexión y la meditación activan la consciencia y con ello la posibilidad de que mediante esta se desactiven circuitos que permanecen innecesariamente activos en el llamado inconsciente.

El relax, el sueño y algunas drogas hacen lo mismo, pero de manera muy parcial, por lo que usualmente las redes innecesariamente activas vuelven a activarse en tanto que redes que las activaron no se inhabilitan. Hay que considerar que el cerebro trabaja con recursos limitados por los nutrientes que el cuerpo dispone y que puede procesar, por ello un trabajo cerebral excesivo provocará estrés o crisis mayores.

Cuando se reflexiona o medita se armoniza el trabajo cerebral, pero esa armonización no dura mucho si el entorno físico-social es caótico, inestable o histerizante. Ello debido a que se crean nuevas sinapsis o recableados neurales buscando el equilibrio individuo-entorno (que no adaptándose) sin que se logran desactivar cuando ya pasó su momento. Por ello es indispensable que a la vez que se reflexiona o medita, se cree un entorno físico-social armónico.

De forma similar cuando se milita socialmente sin reflexionar, el solo movimiento satura la capacidad cerebral para el procesamiento de estímulos al estar creando continuamente nuevas conexiones y recableados neurales, mismos que no son desactivados cuando pasó su momento. El resultado de ese proceso es que se utilizan redes neurales heredadas o conformadas desde las instituciones o aparatos de propaganda, las cuales no siempre responden con la realidad que se vive, pero que al cerebro le resultan muy económicas y de proceso automático por conformar lo que se llama el ensamble neural principal. Al cerebro no le cuesta trabajo operar en automático por consumir esto pocos nutrientes (al realizar sus procesos mediante sinapsis preferenciales).

A lo anterior se agrega el impulso vital del egoísmo que privilegia la sobrevivencia individual. De ahí que fácilmente se cae en el consumismo, la lascivia y en general el agandalle. La militancia sin reflexión o meditación tiende a opacar el otro impulso vital que es el gregarismo dificultando así la armonización social y por ende la armonización del entorno.

El proceso intermedio entre la reflexión o meditación y la militancia es la intuición a su vez generalmente medlada por la emoción. Cultivando la intuición se pueden resolver problemas puntuales y lograr cierta armonización cerebral duradera en tanto que se activan redes neurales relativas a esos problemas. Como se sabe el resultado de la intuición son emociones, ideas y pensamientos. La intuición se activa con la crítica o con la puesta de atención en un problema específico.

Para una autonomía, el cultivo de la luz y de la fraternidad es vital, sin ellas, nunca pasará del refrán del pueblo chico.

.

El Papel de la Teoría

Hay mucha teoría, demasiada teoría para el cambio, pese a que se sabe de cierto la arbitrariedad de esta y su escasa correspondencia con lo que reconocemos como realidad. Nos empeñamos en producir teoría, en detallar sus vericuetos, en rehacer, enriquecer, inventar y pretender una y otra vez que se descubre algo trascendente. ¿Por qué esto es así? Hay teoría marxista, anarquista, neoliberal, esotérica, de extraterrestres, de literatura, y de un larguísimo etcétera, las cuales pretenden corresponder con ciertos hechos. No obstante, en la producción teórica parece que predominan los hechos favorables a las clases dominantes, limitándose las clases subordinadas a seguir los pasos de estos. De forma por demás hilarante, quienes se dicen del lado de los oprimidos producen toneladas de postulados teóricos, propuestas, denuncias, manifiestos y multitud de textos de todo orden, los cuales solamente se llegan a retratar en hechos dispersos: unidades productivas aisladas o de poco éxito, actos de protesta estériles o de escaso impacto, actos guerrilleros más simbólicos que efectivos y multitud de publicaciones y actividad periodística que respalda su producción teórica. La producción teórica contestataria pretende educar y reeducar, pese a que las instituciones educativas en su mayoría fungen como aparatos de control. Mismo papel que tienen los media, por lo que la producción teorético-educativa contestataria parece estéril.

¿Para qué producir tanta teoría que resulta estéril para los efectos que se crea? Ni los proletarios han llegado al poder ni se ha conseguido liberación alguna. Hay pequeñas parcelas de ciertas libertades abiertas como las de los zapatistas, algunas comunidades dispersas y algunas personalidades ya deslindadas del sistema. Se ha logrado algo de lo que se pretendía, pero ni con mucho lo que se aspiraba ¿Entonces por qué se sigue produciendo tanta teoría?

Puede ya buscarse en internet y encontrarse suficiente producción teórica en casi cualquier campo para hacer una o varias revoluciones. Existen instructivos detallados para crear cualquier cantidad de nuevos mundos. Toda palabra escrita parece de más. ¿Tara generalizada, domino ineludible de las clases dominantes, necesidad del sistema de esa producción teórica?

Al parecer cualquier especulación cabe. No obstante, y de acuerdo a la moda de las neurociencias parece que habría una causa prácticamente ineludible, aprovechada y estimulada por el sistema que se utiliza como válvula de escape. De eso debe haberse ya dicho bastante. Aquí solamente intentaré la moda neurocientífica para tratar de ver por qué ocurre eso lo que ya podríamos denominar: "Impulso teórico".

No es el caso de alimentar la teoría, sino más bien invitar a alejarse de la teoría, pasar a los hechos, que sean las comunidades reintegradas y las integradas las que definan sobre qué quieren hacer teoría y si es que eso es lo que quieren.

Todo sistema y toda forma de vida se fundan en impulsos vitales y al parecer la recurrencia a la teoría es uno de esos impulsos vitales ineludibles como lo son el pensamiento, la intuición, la atención, etc.

etc. Ese impulso teórico no refiere solamente a los grandes, medianos y pequeños planteamientos teóricos, sino que refiere a un cableado neural coherente, capaz de activarse-desactivarse ante estímulos internos o externos. Por ejemplo, si ocurre un impulso identificado con el hambre, se da una activación-desactivación que supone al impulso y su satisfacción o la certeza de satisfacción por venir. Un cableado neural coherente es aquel que reduce al mínimo una activación neural en bucle fuera de la consciencia (que es al parecer la que se vale del bucle para mantener activas las redes neurales que dan con ella).

Así pues, un impulso teórico refiere toda aquel estímulo proveniente de alguna idea, teoría o referencia que permite dar coherencia a cierta visión del mundo con los fenómenos que la afectan y entre los datos que la integran. Un impulso teórico conforma nodos en los que confluyen diversas sinapsis armónicas. Éstas no son otra cosa que sinapsis que guardan coherencia mutua. Por ejemplo, si la red sináptica involucra a un nodo emotivo que sirve para entender ciertos hechos, para que haya armonía sináptica quedan excluidos nodos y sinapsis que contradigan a dicho nodo emotivo. De esa manera un impulso teórico permite comprender ciertos hechos desde cierta perspectiva.

Los impulsos teóricos conforman multitud de nodos teoréticos que permiten poseer múltiples posibilidades de entender o ubicar una misma cosa, al margen que en combinación con otros circuitos y nodos neurales estas comprensiones y ubicaciones puedan ser rechazadas, semiaceptadas, aceptadas o dejadas en suspenso (cosa ésta última que da origen a sinapsis o redes sinápticas inarmónicas productoras de ansiedad, estrés, angustia, etc.).

La teoría tiene el papel vital de brindar un marco referencial al pensamiento. Dicho marco se caracteriza por ser generativo al proveer múltiples posibilidades de relacionar elementos vitales para el pensamiento (y por consiguiente para la vida) y de esa manera mantener activa a la atención.

El cerebro funciona primordialmente procesando estímulos relativos a peligros o conveniencias para la conservación de la vida. Trabaja "comparando" posibilidades para lo cual se sirve precisamente de la teoría. Distintas teorías posibilitan al pensamiento distintos puntos comparativos para poder evaluar momentos de peligro o de conveniencia para la vida.

Sabemos que la atención se centra sobre lo "raro", "lo atípico" y que cuando eso ya está codificado, deja de llamar la atención. Tal codificación asocia lo que llama la atención a una conducta, la cual si no se asocia a su vez con un peligro o un apremio para la vida, deja de llamar la atención, pudiendo pasar a formar parte de los procesos automáticos del cerebro.

Por ello es importante la producción teórica, aunque no esté asociada con verdades o validez alguna. La simple producción interpretativa, sea de orden mágico, científico, esotérico, especulativo o de opinión, ofrece al cerebro un marco para renovar los procesos certificativos que afectan a la vida. En tal sentido la producción teórica es pues una función vital.

No obstante, la función vital de la teoría puede volverse fácilmente en su contrario y llevar a la muerte. Tal es el caso de cuando las fantasías se vuelven referente teorético para la gente. Un caso recurrente es el de la izquierda, la cual pretendiendo cambios que favorezcan a los pobres, acaban reproduciendo lo mismo que los oprime, sin entender cabalmente que la teoría se autoreproduce y que, al utilizar los aparatos teóricos de las clases dominantes, lo único que se logra es reproducir a los mismos en múltiples versiones. La teoría autonomista deberá desprenderse de la actividad autonomista, esto es, de la actividad de la gente procurándose su propia subsistencia y no del pensamiento heredado.

La natural reflexión da origen a la teoría, pero esto solamente ocurre cuando la reflexión se aleja de la experiencia colectiva, cobrando valor propio. Es entonces cuando en la reflexión se montan poderes pastorales o despóticos y la convierten en teoría, en la "verdadera" explicación de las cosas.

Alguna vez un campesino lagunero me explicaba que echaba a las vacas a comer en sembradíos de avena segados, porque con su aliento calentaban la tierra, que, de esa forma, producía más. Otro campesino, más entrado en la ciudad, le replicaba que eso no era cierto, que era producto de la ignorancia, aunque no explicaba por qué. Aunque el primer campesino no cejaba en su afirmación, tampoco la defendía. Le quedaba claro que estaba dando respuesta a una de sus preocupaciones acerca de los cuidados de la tierra. Así que su teoría era solo una parte de todo lo que hacía como cultivador, padre de familia y miembro de su comunidad, entre otras cosas. Su teoría no le ocupaba demasiado. Era como si al formularla, ahí acababa.

Notas para Los Usos de la Consciencia

Desde que hay registros escritos nos encontramos con el uso de la consciencia tendiente a implantar obligaciones, deberes, ideas y en general, formas de vivir, hacer y pensar. Ya en los registros cuneiformes de los sumerios se registran los consejos de un padre indicándole al hijo que debe aguantar los maltratos de su maestro validando aquello de que la letra con sangre entra.

Foucault narra que "Es bien sabido que el objetivo de las escuelas filosóficas griegas no radicaba en la elaboración, la enseñanza de una teoría. Ellas buscaban la transformación del individuo, dar al individuo la capacidad que le permitiera vivir de manera diferente, mejor, de un modo más feliz que los demás" (Foucault, Michel. El origen de la hermenéutica de sí, conferencia dictada en Dartmouth, EU, 1980. Ed. Digital Titivillus, 2013). Los griegos al igual que los mexicas buscaban construirse a sí mismos de acuerdo a los principios de sus pueblos. Desde luego, tales principios eran los generados por las clases en el poder. Los mexicas buscaban construirse un rostro, los griegos construirse a sí mismos, ambos recurriendo al uso de la consciencia.

Se sabe de las propiedades de la consciencia desde hace mucho. Puede afirmarse que su uso intensivo viene con la aparición de los primeros asentamientos rurales. Esto desprendido de que debió haber habido una reflexión mínima que permitiera suponer que era posible esperar cosechas que garantizaran la sobrevivencia. Las expectativas citadas son parte del funcionamiento normal del cerebro, el cual constantemente "adivina" o mejor dicho prospecta sobre sus posibilidades de sobrevivencia en un entorno dado. El que no hayan aparecido asentamientos rurales antes de doce mil años nos habla de la aparición del factor del poder pastoral, cuyo tratamiento excede a este escrito.

Autores del siglo IV DC ya son muy claros en el uso de la consciencia. Juan Casiano escribe: "Un mal pensamiento sacado a la luz pierde al punto su veneno". En el texto citado Foucault narra como en los siglos XII y XIII se intentaba curar a ciertos locos apelando a que el paciente tuviera consciencia de su locura, muy a la manera de la IE y la PNL actual.

La propiedad principal de la consciencia es su capacidad para inducir recableos neurales; tales recableos modifican pensamientos, conductas y todo lo que el hombre es capaz de hacer, pensar y sentir. Lo anterior ocurre en la medida de la frecuencia y profundidad de los accesos conscientes, en función de que tenemos aproximadamente cien mil millones de neuronas y que cada neurona es capaz de conectarse con unas diez mil neuronas. Se aprecia claramente que no es posible cambiar de golpe a una estructura neural, porque un número tan elevado de sinapsis, que implican las redes neurales, está limitado por la capacidad de los nutrientes que puede procesar un individuo.

Por desgracia hasta ahora el uso de la consciencia, sea en su acepción griega, mexica, medieval o actual es para inducir u obligar a interiorizar lo que conviene a las clases dominantes de un pueblo o sociedad.

Se apela a la consciencia individual para inducir la ideología dominante. Ese proceso es rápidamente aceptado por el impulso vital del egoísmo que prioriza la subsistencia propia.

Una autonomía no puede partir de la conformación del sí mismo (el Yo) porque no existe nada parecido al Sí Mismo, ya que esta es una función del poder que requiere de identidades. Menos puede partir de la incardinación de preceptos y verdades generales.

¿Hacia dónde dirigir la consciencia individual y colectiva? Es uno de los primeros trabajos que una autonomía debe resolver: Aprender a vivir sin liderazgos que acaban en tiranías. Para ello tiene la herramienta de la consciencia, que, no obstante, tiene doble filo.

El cerebro puede tomar cualquier palabra (por ejemplo, Dios), imagen, sonido, objeto o lo que sea para construirse un referente. A partir de ese referente es capaz de modificar su estructura perceptual que consiste en su estructura neural preferente (formada por sinapsis preferentes) que es el soporte biológico de su concepción del mundo, su hacer, su sentir y su pensar. Eso explica el éxito de liderazgos y despotismos y finalmente el del poder pastoral.

+

Los revolucionarios marxistas llamaban (y yo en algún tiempo) a la consciencia, lo que ellos hacían con muchos trabajos, el capitalismo lo removía en un rato.

No se trata solo de hacer consciencia, se trata de hacer la vida, ella se encargará de echar mano de la consciencia.

La consciencia es en primer lugar un instrumento para recablear al "inconsciente", en segundo lugar, es el dote humano que permite la consideración de lo que se enfrenta como bueno o malo para la vida y en tercer lugar es un instrumento de trabajo coyuntural mediante la atención. De ninguna manera es un instrumento de trabajo intensivo por la gran energía que consume, cosa que es contraria a la vida. Es por esto último que la consciencia se utiliza tan poco.

+

Comúnmente la izquierda y todo movimiento o lucha que se pretendiera "progresista" no se cansan de hacer llamados a crear conciencia, sin percatarse que este llamado es sustancialmente capitalista. Este llamado a la consciencia es el pilar del proceso productivo capitalista. Si no se tiene consciencia de lo que se hace, el proceso productivo es lento, se entorpece y corre el riesgo de colapsar. La falta de consciencia da origen a errores, pérdida de miembros del cuerpo e incluso muertes y accidentes colectivos. Por ello es indispensable para el capital el uso intensivo de la consciencia. Llamar a hacer consciencia sobre lo que sea (incluso la lucha proletaria) es hacerle el caldo gordo al capitalismo, es perpetuar una de las condiciones que lo hacen grande.

Usualmente la consciencia es utilizada para realizar ajustes a la percepción o a los procesos cerebrales profundos. Esto último es lo que ha alimentado la ingenuidad de izquierda ya que efectivamente la consciencia es una de las herramientas más eficaces para el recableo neuronal, lo cual se traduce en cambios de creencias, de conductas, adquisición o afinamiento de conocimientos y habilidades entre un largo etc. Obviamente el recableo neural por vía de la consciencia es solo una de las posibilidades de recableo. La mayor parte de nuestro continuo recableo ocurre de manera "inconsciente", continuamente cambia nuestra estructura perceptual acorde con nuestra experiencia y, en esta, la mayor parte de las veces la consciencia no participa. No obstante, el recableo vía la consciencia es muy útil, especialmente lo es cuando se desea o requiere un cierto enfoque.

La mayoría de los neurocientíficos está de acuerdo de que la inmensa mayoría de nuestras decisiones ocurren a nivel "inconsciente". De hecho, la consciencia es muy poco utilizada y su uso y abuso conduce al estrés (crucial para la creatividad capitalista) en sus mil manifestaciones, enfermedad moderna típica del capitalismo que requiere de un uso intensivo de la atención y con ello de la consciencia (que, al decir de Walter Freeman, es una combinación de atención y memoria).

Para efectos prácticos podemos considerar que la consciencia no es otra cosa que una memoria de trabajo, encargada de la detección de lo que resulta vital para la vida y de su consecuente recableo neural en el sentido de lo que se atiende. Es una memoria de trabajo que se puede echar a andar consciente o intuitivamente. En ambos casos da resultados parecidos.

Es por ello que, antes que fundarse en una consciencia, una autonomía debe fundamentarse en la convivencia, en la experiencia de la vida. La consciencia es un proceso sumamente útil, pero adyacente a la intuición. Pese a que la consciencia cuenta con las herramientas del lenguaje, la inteligencia, la razón y la atención, jamás logra esclarecimientos fuera de los campos perceptuales de poderes pastorales y despóticos. Bergson lo resume así: "la inteligencia propone, la intuición resuelve". El uso intensivo de la consciencia, es propio de despotismos.

Las Preguntas y sus Respuestas

Hay muchas preguntas, pero para cada una de ellas no existen las respuestas o a respuesta, sino miles de respuestas. Así que el problema ante una pregunta, no consiste en encontrar la respuesta o las respuestas, sino qué se quiere responder, qué se debe responder, qué conviene responder, con qué se relaciona la respuesta, etc. Es decir, el problema se reduce a escoger arbitrariamente una o un grupo de respuestas de acuerdo a los intereses personales o de grupo y, más precisamente, que la respuesta o respuestas respondan efectivamente a esos intereses.

De esa forma el problema se reduce aún más a cómo saber si la respuesta o respuestas encontradas/escogidas sincronizan con su referente, en qué grado lo hicieron y si fueron aceptadas. Es decir, la o las respuestas siempre tienen un referente y son consensuadas.

Así pues, no es necesario plantearse lo adecuado o inadecuado de una o varias respuestas, sino de la congruencia entre pregunta, respuesta y referente. Todo ello forma una unidad que ocurre de manera natural, pero cuando esto no ocurre, es que se tiene a la unidad destrozada y antes de contestar cualquier pregunta, se debe rehacer la unidad perdida.

La unidad natural no es tirana. No es algo a lo que hay que obedecer. Múltiples formas de integración hacen una misma unidad.

Los avances

Seguido se oye decir por todos lados que hay avances en la ciencia, la sociedad, la tecnología, etc. En realidad no hay avances, lo que existen son adecuaciones dentro del sistema operante que responden a ajustes de este, ante naturales líneas de fuga producto del devenir de la vida y de las cosas.

En estricto rigor los llamados avances lo serían pero limitados al sistema que los produce y no como se pretende que son avances de la humanidad, de la especie, de la sociedad, etc. Aún más esos avances en realidad trazan también líneas de fuga del sistema que los produce, así que son tendencias hacia otro sistema o hacia un no sistema. Así que los llamados avances son estrictamente propaganda política que dice "estamos actuando bien". Lo cual puede ser cuestionado.

Ni Entender ni Transformar al Mundo, Solo Vivirlo

Entre el individuo y la realidad está la vida

La realidad es todo aquello que estorba a la fantasía

La fantasía es el individuo, el grupo, la sociedad y el planeta humano

El cerebro se crea necesariamente un mundo para poder funcionar, mundo que es necesariamente individual a la vez que social, grupal y mundial

Hecho como está para el movimiento, el cerebro responde perenemente al cambio, trata de entenderlo a partir de si y para sí. Esto engendra a la meditación oriental y a la reflexión occidental como impulsos cerebrales ingenuos generadores de la necesaria fantasía cerebral

La meditación por ella sola o bajo el impulso del poder tutelar deriva en contemplación la que a su vez degenera en simplismo; el cual es la base de nuestra televisión actual y en general de nuestros modernos medios masivos de comunicación

La reflexión rápidamente deriva en filosofía y a partir de ahí degenera en ciencia que a su vez degenera en intelectualismo o pensulería, que es lo que mejor hace la intelectualidad (articulistas, escritores, pensadores, etc.) de nuestra era

La vida deriva en sobrevivencia y degenera en parasitismo, Ejemplo típico de ello son nuestros empresarios y políticos

Las fantasías nacen de impulsos vitales o de invenciones humanas. Ellas son las que crean a la realidad al no acomodarse con lo que se topan. Entonces a la realidad se la nombra, se le define y explica para intentar alcanzarla. En ese juego fantasía-realidad la vida se escurre

Se vive cuando se enfrenta a la realidad, la cual, aunque es producto de la fantasía, es cosa muy aparte.

Vivir es ubicarse entre la fantasía y la realidad. La vida no es la fantasía, no es lo que quiero o deseo. Tampoco es lo que debiera ser o lo que está bien o está mal. El punto de la vida no está necesariamente en medio de la realidad y la fantasía, de hecho, referir un punto medio ya es cargarse al lado de la fantasía. El punto de la vida a veces se carga a la fantasía o a la realidad, todo depende de la fantasía y la realidad enfrentadas

El impulso sexual nos lleva a la fantasía erótico-pornográfica y la realidad que enfrenta es un mundo de represión y control sexual. En el mejor de los casos el impulso sexual se enfrenta a otros impulsos humanos como el pudor o la búsqueda de un proveedor. Esa es la realidad que enfrenta el impulso sexual, una de sus soluciones, punto intermedio entre fantasía y realidad sexual son las putas

La represión y el control sexuales son la creación del colectivo en que nos inscribimos y ello conforma una realidad. Desde la meditación se niega la vida recluyéndola en la contemplación o la simpleza; desde la reflexión la vida se niega con la comprensión y el control, desde la vida, se la niega administrándola

Los oficios del filósofo o del maestro espiritual rápidamente degeneran en articulistas, escritores de poca monta o en conductores de Tv, artistas de segunda o vagabundos. Los buenos filósofos o los buenos místicos, maestros de la lucidez, se dan por gotas. Ambos comparten el común de atisbar la vida, de haber entendido que no había nada que entender.

La pobreza topa con la falta de oportunidades. Solución: construirse una vida.

Seguir la vida en vez de los sueños o la realidad parece lo correcto, pero no es así. En primer lugar, lo correcto es producto de la fantasía.

No obstante, sería suficiente, y lo ha sido, para llevar una vida. El problema de seguir la vida es que esta no es clara, lo que hoy resulta claro para el cerebro mañana o incluso al rato ya no lo es. La vida es clara cuando no tenemos mayores influencias. Las fantasías que se construye el cerebro giran en torno a una o varias significaciones centrales que por la incesante crítica del cerebro ceden o ganan importancia, dirigiendo la vida ya en torno a una u otra significación e incluso, siguiendo significaciones que ni con mucho son centrales

¿Cómo responder una pregunta sin caer en la fantasía o la realidad? La respuesta parece ser el camino dopaminérgico al cual también se llega mediante la fantasía o la realidad. El cerebro siempre busca dopamina, al parecer para seguir vivo, que es su único cometido, pero he ahí que la fantasía o la realidad solo son caminos paliativos hacia la dopamina como lo prueban las drogas o el poder. Es decir, el placer como impulsor de la vida

Desde una concepción biologicista, la vida, sin las desviaciones de la fantasía o la realidad, es dopamina pura. Se puede argumentar que la vida es ES0, pero a fin de cuentas todo lo que se persigue es la vida biológica y con ella la dopamina. Salvo que decidamos en contrario estamos condenados a vivir

Dentro de las posibilidades de vida, fuera de una concepción biologicista, está la que se comparte con uno o varios grupos. Así lo hemos hecho por milenios. El grupo parece conformar nuestra percepción y con ella muchas de las garantías de satisfacerla. Todo sería cuestión de poder elegir o ubicarse en un gripo compatible

Si no se quiere estar en un grupo de asesinos debería poderse uno cambiar a un grupo que resultase satisfactorio. Desarrollar la tolerancia y el respeto, aun entre los asesinos y los profetas, parece ser uno de los horizontes más importantes de la humanidad

Colofón

Quedan múltiples temas pendientes. Por ejemplo, queda muy laxo el tema del inicio de una autonomía, el cual es difícil que no pase por los liderazgos con todo y lo que eso supone. Igualmente queda casi intocado el tema del arreglo político entre autonomías federadas y confederadas y su relación con los poderes dominantes del momento, que por su voluntad no van a desaparecer. Como esos, quedan muchos temas que suponen la continuación de esta obra.

Tales temas u otros deberán ser tocados en las autonomías que serían las más indicadas para hacerlo, porque desde aquí solamente de produce y reproduce la lógica dominante y eso, no es autonomía. Cierto que las autonomías se construirán con los tabiques de viejos y nuevos despotismos, pero se hará con la arquitectura de cada autonomía.

Fuera de las autonomías, los temas anteriores solamente tienen sentido inscritos en la necesaria tarea de propagandización que apoye la idea de que las autonomías son posibles pese a este sistema, el cual incluso, tiene dentro sus horizontes utópicos a ciertas autonomías controladas.

De hecho, este libro no debería de escribirse sino al seno de una autonomía, la que decidiría que vale la pena llevarlo a la lengua o si debería anclarse en la subjetividad de la gente mediante la experiencia y cuando mucho el habla o alguna otra modalidad.

En realidad, escribí el libro como respuesta a un interrogante que me surgió desde joven, que era ¿cómo superar esta forma de vida basada en la explotación, la miseria, la muerte y el hambre? Ahora sé que debe ser reescrito al seno de una autonomía. Por hoy solamente se justifica como el primer paso de la creación de autonomías, que es la propagandización de que, crear autonomías es posible aquí y ahora.

Temas que una autonomía podría retomar:

1. Liderazgos, doctrinas y teorías en el surgimiento de autonomías
2. Procesos de desaparición o redirección de liderazgos en una autonomía
3. Adecuación de aparatos educativos, económicos y religiosos durante el surgimiento de autonomías
4. Arreglos políticos entre autonomías y d estas con su entorno social y político
5. Aprovechamiento de los recursos del sistema para apoyar autonomías
6. Defensa de autonomías emergentes: política, social y económica
7. Experiencias en la emergencia de autonomías en curso de formación: EZLN, Panchos Villas, etc.
8. Estrategias del poder para atacar, frenar o pervertir autonomías
9. La gestión del placer y la libertad en autonomías nacientes

10. Autonomías utópicas
11. Microeconomía social en autonomías emergentes

Estos y otros temas son algunos que podrían tocarse en las autonomías emergentes. Las ya logradas tendrán sus propios temas o experiencias a desarrollar, por eso escapan al listado presentado.

El listado se ofrece solo como ilustración de lo que podría hacerse para apoyar a las autonomías emergentes del aquí y del ahora.

Apéndices
Manifiesto Ciudadano

(documento original, no reescrito ni revisado)

I. MOVIMIENTO CIUDADANO

Vivimos tiempos difíciles, tiempos en que el capital transnacional domina al planeta a la vez que provoca una terrible dispersión de la gente. Todo lo mueve el interés por el dinero, por el poder o por la celebridad que da poder y dinero. No se mira en el horizonte ninguna fuerza política capaz de oponer una fuerza organizada significativa a la orgía de poder del capital transnacional. Por todas partes la población es cada vez más pobre, las aguas, la tierra y el aire se contaminan ante la impotencia de infinidad de organizaciones ciudadanas y ecologistas. Las colectividades se destruyen o aíslan, las familias se resquebrajan, los individuos se desgarran. Las naciones son meros cotos de poder de oligarquías locales al servicio del capital transnacional.

El modelo de vida que produjo la sociedad de consumo está encontrando los límites de su expansión. Los poderosos empiezan a dar gritos de alarma ante un sistema que ellos mismos fomentaron y que ya no pueden controlar. Toda propuesta de organización por muy revolucionaria que resulte es rápidamente absorbida por el sistema. El rock, los hipies, los narcos, los indios y hasta los movimientos gay y los de mujeres han sido asimilados, subordinados, anulados o vuelto inofensivos. El sistema no ha dejado otra salida que la explosión social (que ante la desesperación de los guerrilleros y las oposiciones, no acaba de detonar). Es por ello que se han puesto de moda el rescate de los pobres, la redistribución de la riqueza y el altruismo selectivo. Los poderosos (y sus conciencias opositoras) pretenden que con esas medidas conjurarán a los demonios que han desatado y que nunca terminan de entender.

La realidad que vivimos no es nada halagüeña: nos regodeamos en la impotencia, nos incorporamos al sistema (como parte del aparato -o su oposición- o sumidos en la contemplación) o nos escindimos mediante la vagancia, la locura o el abandono.

Todo, absolutamente todo lo que se nos pueda ocurrir, sucederá en el marco de un sistema que ya ha aprendido a controlar a su disidencia y a subordinar y anular a los otros, a los ajenos al sistema mismo (como los indios y los locos). En ese marco es necesario abrir regiones de autonomía, perforaciones en el caparazón del aparato, alentar líneas de fuga, demencias y otredades capaces de sustentarse ellas mismas. Como diría Marx, es necesario crear condiciones materiales de existencia para que surja LO OTRO, lo que naciendo del sistema no es del sistema, no pertenece al sistema.

Experiencias como las del EZLN nos marcan el camino a seguir, nos indican que el camino no es sólo crear otros mundos, sino también las condiciones materiales que los sostengan. De no hacer eso, el sistema acaba por subordinar a cualquier manifestación, aislarla o hacerla inocua.

En la periferia del sistema se crean los campos para una nueva sociedad, pero no es sino en el corazón del sistema mismo en donde podrá pararse esa locura que es el neoliberalismo. Es en las grandes ciudades en donde deberán surgir las nuevas "zonas liberadas", las regiones autónomas que abonarán los campos cultivados en la periferia.

Las regiones autónomas deberán de surgir sin más plan que devolver la palabra a la gente mediante la creación de los medios materiales de subsistencia que la misma gente desarrolle y explote. Ni Mesías ni dirigentes, solamente deberá haber coordinadores de acciones concretas en el surgimiento de esas autonomías.

En esas regiones autónomas deberá forjarse un nuevo espíritu para que sea posible forjar un nuevo hombre y con ello una nueva sociedad. Esto es particularmente importante hoy que las neurociencias apuntan la posibilidad de manipular la mente. La razón, la lógica misma, el pensamiento deberán ceder espacios a manifestaciones del espíritu que apunten en direcciones diversas (como la intuición entre otras), solamente así se podrá burlar al sistema.

Las regiones autónomas podrán federarse o coordinarse, pero nunca seguir mando único alguno. Habrá quienes digan: "éste no quiere otro Mesías que él mismo", pero ¿se puede ser Mesías de babel? ¿Se puede ser líder de quienes ni hablan ni piensan ni sienten como el líder? Quien diga que sí que lo intente.

Para lograr lo anterior es necesario retomar la euforia mercantil-productivista para generar un movimiento ciudadano que aliente o impulse nuevas o renovadas regiones y formas de autonomía, que sostenga e impulse regiones autónomas incipientes o logradas. Hay que inventar y reinventar formas de expresión, modos de sacar dinero y recursos para la causa, nuevas formas de amar, de acercarse a Dios y a los hombres, de ser un nuevo ser humano.

El movimiento ciudadano no deberá ser una organización, sino solamente una intención que apunta a un fin. Deberá ser como una ola que arrastra y que lleva a la autonomía, a lo que cada comunidad, colectivo o persona quiera llegar. El movimiento ciudadano es solamente una coordinación de actividades, apoyos y esfuerzos; no tiene líder, solamente cuenta con el motor común de generar, sostener o promover autonomías.

El movimiento ciudadano es un referente político y social que da identidad al que se incorpora a él, tiene un destino y tareas claras. Se sabe a donde se va y se sabe qué se quiere. El legislador sabe que debe impulsar leyes que dejen resquicios a la autonomía o de plano la favorezcan, el funcionario sabe que los recursos y acciones que puede aportar servirán para crear empleos integradores (distinto del empleo capitalista que desintegra colectivos), alentar talentos artísticos, crear nuevas formas de expresión y de vida.

El movimiento ciudadano nace en donde hay gente que coincide en impulsar algo ajeno al sistema, algo ajeno a liderazgos mesiánicos y ajeno a todo aquello que signifique subordinación al capital (en el empleo directo, en el arte, en la acción política y en cualquier campo).

El movimiento ciudadano nace cuando decidimos romper la indiferencia, la apatía en que nos ha sumido el capital, nace cuando el consumo empieza a dejar de ser importante en nuestra vida, nace cuando decidimos que la TV no siempre dice la verdad, nace cuando dejamos de pensar y actuar como los artistas y políticos de moda, nace cuando encontramos a otro como nosotros y juntos decidimos hacer "algo".

La tarea a realizar no es vencer al capital ni al déspota en turno (si así lo aceptamos ya estamos en su órbita), de ninguna manera debemos dejar que ellos sean la referencia de nuestro hacer. En su momento ellos mismos en su desesperación o torpeza habrán de echarse a la gente encima. La tarea pendiente es la de recuperar espacios fraternos ofreciendo alternativas de vida, tanto material como espiritual. Se debe demostrar que la fraternidad también es negocio.

Nada que nos sirva hay que eludirlo, con tal que a cada momento revisemos si realmente lo que hacemos apunta hacia la creación de una verdadera región autónoma. Luchas como las de los gay y las mujeres nos demuestran que aunque no se logre todo lo que se quiere, se puede avanzar mucho. No satanicemos al sistema al grado que no podamos utilizar lo que de él nos resulte útil.

Lo importante es crear movimiento, generar movimiento. Que todo mundo sepa que no necesita esperar al próximo gobernante o al próximo partido. Que todo mundo sepa que ahí, en su colonia, en su región hay una actividad o un proyecto con posibilidades de éxito al 100%. La clave es pues, intentar solamente proyectos factibles, realizables en el corto plazo. Los proyectos deben ser claros, con metas alcanzables, medibles y con beneficios plausibles.

Las tareas que impliquen proyectos y actividades deberán ser simples y fáciles de hacer en los tiempos que las personas quieran dedicar. De preferencia deberán ser actividades divertidas para suplir con ellas el necesario esparcimiento que demanda la vida actual.

II. EL NUEVO MUNDO

El movimiento ciudadano no creará nuevos mundos, estos ya existen, siempre han existido y seguirán existiendo. En pueblos alejados de los grandes centros urbanos, en barrios olvidados de las grandes ciudades florecen relaciones de solidaridad, permanecen conductas arcaicas ajenas al sistema o de plano como en el caso de campesinos e indígenas florecen culturas y subculturas diferentes. Basta voltear el rostro a cualquier comunidad, cualquier familia más o menos integrada o cualquier grupo de amigos para descubrir semillas que apuntan a la emergencia de nuevas costumbres, nuevas conductas, nuevas formas de ver la vida o sea: semillas de nuevos mundos.

Los nuevos mundos son la consecuencia natural de la vida, de su desglose. A diario nacen y a diario mueren semillas de nuevos mundos, versiones nuevas o renovadas de mundos ya existentes, mundos acabados o mundos imperfectos. Esos mundos igual perecen que pasan a engrosar la vida de las sombras. Por fortuna la gran mayoría permanece: a veces conviviendo con el sistema, a veces sumidos en las sombras, a veces olvidados.

El sistema solamente rige en donde predomina el individuo típicamente burgués, el cual además de colonizado (en sus gustos, su forma de vestir, de hablar, de trabajar, etc.) es ya un individuo plenamente escindido de toda comunidad. Tal individuo solamente acepta la comunidad formal de su centro de trabajo y lo hace únicamente en función de su empleo. Incluso ahí no hace comunidad, se limita a realizar sus tareas en base a sus atribuciones permaneciendo encerrado en su propia coraza narcisista.

Es cierto que el individualismo también produce nuevos mundos, pero éstos son totalmente dirigidos por el sistema. Esos mundos, similares al del loco, son también una forma de resistencia, pero quizá no sea la mejor: entregamos el cuerpo para uso y disfrute del capital y nos refugiamos en nuestra propia otredad en una orgía de computadoras, misticismo y acondicionamiento físico. En rigor, el individualismo es el estado ideal del hombre del sistema: un ser socialmente escindido, utilizable y reutilizable (capacitable) en donde el capital lo requiera.

Así como el capital produjo estructuralmente la liberación de la mujer para integrarla a sus requerimientos de personal, igual produjo al individuo, no para liberarlo de las tiranías de las culturas, no para abrir los potenciales del ser humano sino para disponer de forma incondicional de esos individuos.

El reto del movimiento ciudadano en torno al individuo, es conservar la libertad personal sin mayores pérdidas de corresponsabilidad comunitaria, sin que se afecte significativamente la cohesión colectiva. El nuevo ser humano que surja del movimiento ciudadano deberá estar al margen de las tiranías de las costumbres y de la cultura, deberá crear espacios para que sea posible la diversidad individual.

La cultura que el capital creó (y que los déspotas detentadores del poder alimentan), basada en la apatía y el consumo (con la perenne angustia como su corolario), mantiene a raya a los nuevos mundos que surgen o se mantienen vigentes utilizando los mecanismos que todos conocemos:

1. Estructuración y manipulación a nivel biológico-neuronal del cableado neural que posibilita la subsistencia físico-social del individuo, mediante el manejo de los medios masivos de comunicación orientados al consumo y a la participación social dirigida.

2. Mantenimiento de un aparato educativo cuyo contenido y orientación es ajeno a los educandos.

3. Control de las fuentes de subsistencia, primarias y secundarias (recursos naturales y empleo).

4. Mantenimiento de múltiples aparatos represores públicos y encubiertos (policía, ejército, grupos paramilitares, etc.).

El papel actual de los medios masivos de comunicación resulta fatal para la convivencia humana (no sólo por la violencia que concitan: por ejemplo en el fut bol). Difícilmente puede mantenerse una mentalidad sana ante el empuje consumista. Los medios masivos de comunicación crean un mundo contrario a las condiciones de vida reales y posibles para la mayoría de la población; a su vez, su omnipresencia y saturación de la percepción humana los hace que se retraten en el cerebro humano, creando circuitos neuronales virtualmente irreversibles. Sin embargo, pese a esa acción, surgen continuamente líneas de fuga que apuntan a nuevos mundos, que muchas veces no resisten el embate de tal saturación y perecen o se mantienen con taras (como la actual convivencia de cantina, que muchas veces degenera en pleitos).

La pobreza, las crisis recurrentes del capital, la ansiedad propia de la cultura vigente, la falta de empleo y el abandono estructural que sufre cada individuo, paradójicamente generan por ellos mismos nuevos mundos en donde llega a florecer la solidaridad, la camaradería, la corresponsabilidad y otros atributos ajenos al sistema.

Por su parte, la educación actual jamás estuvo más reñida con lo humano. Nos educan, pero para el mercado, nos capacitan para un empleo o nos adoctrinan para hacer coro al sistema. La educación así planteada, crea al igual que los medios masivos de comunicación, circuitos neuronales vitales para el individuo. Sí, pero esas redes neuronales crean un conflicto con el individuo: Por un lado no sabemos actuar sino de acuerdo a lo que se nos imbuyó (o de plano implantó), y por otro, esa actuación es contraria a la realidad que vivimos.

Todo tirano sabe que controlando los medios de vida tiene el control de la gente. En la actualidad el principal medio de vida es el empleo. Mediante su control, se nos inducen conductas (de la más corrupta hasta la más servil), se nos organiza el tiempo libre, se nos consume (al menos) la mitad de nuestra existencia, se nos controla el consumo (mediante el monto del salario), se nos valoriza o devalúa (mediante estímulos o regaños). El empleo es la vida, nos aferramos a el, sufrimos cuando no lo tenemos, brincamos de alegría cuando conseguimos uno. Por conseguir o conservar un empleo mucha gente es capaz de cualquier vileza: bloquear el ascenso de otro, calumniar a un compañero, tornarse servil ante el jefe, etc. etc.

Son los Media, la educación y el empleo la clave de la dominación moderna y, si estos fallan, para eso están los aparatos represores. Pero no nos confundamos, el capital solamente es una forma estructural de organización, los que lo sostienen tienen nombres y apellidos y son los nuevos tiranos a quienes conviene que las cosas no cambien pese a que se hundan ellos y sus descendientes.

En ese marco el movimiento ciudadano deberá procurar el florecimiento de opiniones, de conductas diferentes, de nuevas formas de vida mediante la creación de empleos integradores, radios comunitarias (cuyo esfuerzo es ya añejo), centros de comercialización, organizaciones vecinales y todo aquello que sirva para impulsar a "lo otro".

Nos deberemos también de cuidar del pecado de ingenuidad. No podemos pensar que podemos armar un mejor discurso que el del sistema, no podemos creer que podemos armar un mejor ejército que el del capital ni mucho menos que podemos competir con los Media. Todo lo que podamos sugerir por muy revolucionario que nos llegase a parecer, ya está dicho y asimilado por el sistema. Lo que nos resta hacer es abrirle espacios a la diversidad, que la misma gente decida que hacer una vez que ya no dependa del empleo, ni de la educación ni de los Media capitalistas. Lo que resta hacer al movimiento ciudadano es crear una red que elimine o limite esa dependencia. O sea: crear las condiciones materiales de existencia para que surja la diversidad como parte de un movimiento más que de una voluntad.

El movimiento ciudadano deberá posibilitar que esas expresiones humanas cálidas, surgidas de entre la gente (y no de los intereses del capital) tengan posibilidad de continuar, de reproducirse y de Marcar su propio rumbo. Se trata de que las fiestas de barrio no tengan que extinguirse porque haya un empleo que cuidar (que todo mundo deje de "no tener tiempo"), se trata de rehacer la interdependencia colectiva contraria al empleo desintegrador.

Movimientos como los del EZLN han surgido de mundos ajenos al capital. Pueblos como los de Xochimilco sostienen fiestas y costumbres que ahora están acosadas por los Media y la escuela. Zapatistas y xochimilcas se defienden, unos con las armas en la mano, otros vendiendo barbacoa y quesadillas por su cuenta. Ambos hasta ahora han tenido éxito. Como esos ejemplos hay muchos, pero la mayoría permanecen aislados, incomunicados, sin demasiada idea o intención de coordinación.

El movimiento ciudadano posiblemente tenga éxitos menores, pero si es capaz de crear una gran ola, pronto surgirán muchas regiones autónomas que poco a poco irán federándose hasta formar verdaderas áreas de libertad en mundos quizá impensados.

III. CALIDEZ DE NUESTRA CULTURA COMO MARCO POLÍTICO-CULTURAL

Investigar acerca de la integración comunitaria en México, es atender la historia del país. La tendencia a integrarnos colectivamente se remonta hasta mucho antes de la mal llamada conquista (que fue en realidad cuando culminó la rebelión de los oprimidos de ese entonces). Tras el encumbramiento de los españoles, las comunidades no se desintegraron, sino que conservaron sus propias formas de gobierno y gran parte de su cultura (que solamente las pestes y la acción evangelizadora lograron mermar). Tal situación permitió que sobrevivieran muchas de las costumbres indianas e incluso, muchas de ellas mutaron en costumbres cristianas. La vida comunitaria indígena se caracterizaba por su accionar de conjunto. Incluso, los individuos encontraban su razón de ser y su ser individual solamente en la comunidad.

Atendiendo a sus raíces, el mexicano es un individuo gregario, está acostumbrado a operar en grupo, a definirse en colectivos. En primer término está su grupo familiar, del cual distingue la familia nuclear y la familia extensa. En segundo lugar está el grupo de los amigos y allegados (personas de confianza). En cuarto lugar está el grupo de vecinos y compañeros de actividad y/o de trabajo. En quinto y sexto lugares están la región y el país como colectivos que lo definen.

Obviamente hay muchas otras entidades, momentos y coyunturas de definición y acción colectiva que nos enmarcan como individuos, tales como el equipo de fut bol, el estado de origen, la empresa en que se trabaja, etc. En todas ellas buscamos el arropamiento del colectivo, situación que dio base social a la corrupción y permitió el despotismo de un partido como el PRI (que tenía como principio de acción la cercanía de sus militantes con la gente, al margen de la nula defensa que de ella hiciese), que aún no acaba de ser expulsado del poder a más de 70 años de su fundación.

La costumbre de organización espontánea mediante comités, bien arraigada en la gente, refleja la organización de su vida cotidiana y su concepción del mundo. Es decir, la búsqueda de organización en comités, responde a esa forma cálida de agrupamiento que arranca desde tiempos precolombinos, y es totalmente opuesta al individualismo moderno (conformista, consumista y frustrado) que requiere el capitalismo.

Así pues, el punto de partida de la organización de la gente de nuestro pueblo, es el carácter gregario de la misma o lo que quede de ella (aunque no podemos ignorar el avance del individualismo importado principalmente de E. U.). Cualquier acción que se emprenda tendiente a organizar, debe dotar en primer lugar de una identidad gregaria.

Desde luego, de nada sirve la integración comunitaria sin autonomía. Esta, debe lograrse de un jalón, gradualmente o como sea. Deben utilizarse todos los medios, desde la participación en el congreso, hasta la movilización callejera y principalmente mediante la construcción-reconstrucción política, económica y cultural de las comunidades.

Hay que recordar que pudo conservarse gran parte de nuestra cultura gracias a que por mucho tiempo permanecieron aisladas multitud de comunidades que por ese medio conservaron gran parte de su propia cosmogonía. Tales comunidades vivieron en una virtual autonomía que todavía les duró hasta muy entrada la era de la televisión.

Al trabajar en la organización de la gente se debe entender que se trata de partir de la acción misma, se trata de crear efectos de autonomía mediante acciones concretas, que tal es el objeto de la estructura colectiva que se construya. Así como el gobierno y las clases en el poder utilizan sus estructuras para crear efectos de poder, las estructuras que la sociedad civil cree deberán crear efectos de autonomía.

Es difícil pensar que la motivación de la gente se de fuera de los intentos ya gastados como el foquismo o la movilización callejera. Sin embargo deberán recurrirse a todas las formas posibles de acción buscando crear efectos colectivizantes, ya sea utilizando viejos métodos o inventando nuevos.

El sistema alimenta la imaginación de la gente mediante múltiples vías como son la TV, las drogas y el cine entre muchos otros. Esos medios crean los efectos de poder que sirven a los dominadores.

El movimiento ciudadano deberá ser capaz de alimentar la imaginación de la gente de tal manera que se produzcan efectos de poder contrarios a los dominadores. Se trata pues de producir efectos que no sirvan a los poderosos. De suyo se sabe que van a producirse muchos efectos no deseados, particularmente en fase de arranque, pero eso no importa ya que al igual que el poder actual, los primeros efectos creados; deben constituir una envolvente para nuevos efectos que refuercen el de autonomía. Indudablemente saldrán efectos de odio, de exhibicionismo, de activismo, de politicismo, etc. etc., pero mientras de sostenga una mínima actividad colectiva o colectivizante (lo que sucederá al principio con las unidades económicas implantadas), éstos no representarán mayor riesgo que el que le pueda imprimir una mala fe.

No se trata pues, de crear revoluciones (esos grandes movimientos que utilizan las pandillas para disputarse el poder) ni movimientos catárticos para desfogar nuestros furores (así sean estos los que generan nuestra incomodidad ante la depredación del planeta), se trata de hacer lo mismo que hacen las clases dominantes (que probadamente funciona), pero con diferente sentido, creando nuevos efectos.

IV. ESTRATEGIA: RECUPERAR LA VIDA COLECTIVA

Hoy día el poder ha creado una malla cada vez más densa de la cual difícilmente podemos escapar. El poder es de nuevo absoluto, nada se le opone ni tan siquiera con mediana eficacia. Poco a poco coptó todo: Organizaciones, partidos y conciencias. Los pocos que quedaron fuera están sumidos en una desesperante impotencia o en el errabundeo de verdades tan ciertas como inocuas. Los opositores tornaron oportunistas en busca de un puesto oficial desde el cual construir su oficial y leal carrera opositora. Como en los tiempos romanos las masas se movilizan manipuladas por el hambre y la necesidad.

El poder omnímodo, asentado en el capital trasnacional, hoy se da el lujo de experimentar cualquier cosa. Impone horarios, desaparece sindicatos o condena a morir, por causas imputables al hambre, a millones de seres en medio de los desajustes que provoca la globalización. La prioridad del banco mundial y de los gobiernos títeres es el sistema bancario aunque la población se muera de hambre: Inyectar miles de millones de dólares a la banca es lo correcto, arrojar a la hambruna a las masas es un mero incidente previsto en el camino a la mundialización del poder.

La táctica del poder ha sido elemental: por medio de la tecnología se nos ha aislado en nuestro "YO" creando una enorme BABEL en donde nadie nos entendemos, solo el poder es claro, diáfano. Toda preocupación se reduce al lugar en que mi "YO" quedará en la cadena del poder.

El "yoismo" a avanzado como la peste, nadie reparamos en la sarta de incoherencias que decimos amparados en nuestro derecho a hablar. Hundimos al hermano, al amigo y aún ponemos en entredicho a los seres más queridos: lo que importa es el "yo". Ese resbaladizo concepto construido y sostenido por los comerciales. El capital para poder vender tiene que descomponer a la sociedad en individuos, porque en el momento en que los individuos se juntan logran acciones inverosímiles, que por su propia estructura (al margen de sus intenciones) llegan a cuestionar lo establecido.

Toda acción colectiva es combatida con ferocidad (en México: ruta 100, en España los vascos ... en el planeta al otro, al que se opone al poder) hasta reducirla a balbuceos. Contra la acción colectiva no se escatiman riesgos ni recursos. Nada debe escapar a los lineamientos del poder (ese huidizo concepto que lo mismo regula la escuela, el FMI, el trabajo y todo, todo sin que nadie le podamos oponer virtualmente nada). Toda relación espontánea nacida de una relación familiar, de un noviazgo, de una amistad o un empleo, se convierte finalmente en regla administrada por el estado o por el aparato publicitario manipulado por los medios masivos de comunicación. Copar cualquier espacio masivo es la divisa del poder: si es el consumo: copar la publicidad, si es el entretenimientos reglamentar su producción, si es educación: reglamentar la escuela, definir los programas y otorgar el derecho de aprobar o reprobar gente. Las comunidades que espontáneamente surgen, poco tiempo duran con vida colectiva. El empleo es utilizado como punta de lanza para destruirlas. El individuo se debe consagrar a su empleo en cuerpo y alma: usa mañana y tarde en transportarse, otro tiempo en trabajar y el resto en prepararse para el trabajo, ya sea capacitándose o descansando para reponer fuerza. Si no fracciona así su tiempo, entonces el trabajador es arrojado a las masas desempleadas, a los empleos infames o de plano a la autodestrucción de las drogas y el alcohol.

Pese a la gran embestida que da la sociedad civil por medio del comercio ambulante y en general del sector informal de la economía, el poder ha copado los espacios de vida. Hoy la guerra entre el poder y la gente se libra en el sector informal. Los repudiados del sistema se hacen ambulantes, los que resisten se hacen peseros o se integran a la microempresa. Sin embargo, ambulantes y microempresarios aún son controlados por las grandes empresas. En efecto, los vendedores ambulantes venden principalmente las chácharas que producen los grandes consorcios trasnacionales: chucherías de plástico, juguetes, pilas y fayuca en general. De igual forma la microempresa es incapaz de ligarse formando grandes cadenas productivas ciudadanas, por el contrario, producen a partir de consumir los productos de las grandes empresas, atendiendo complementariamente las migajas del mercado que les dejan las trasnacionales. Es necesario recuperar los espacios de vida de la gente, crear una economía civil en donde se socialicen las ganancias y se privaticen los riesgos.

Esa guerra que sostienen los vendedores ambulantes y las microempresas debe reorientarse. En primer lugar deben ser conscientes de que su lucha, en tanto que lucha por la subsistencia, está ligada con otras luchas y con lo que debiera ser una estrategia de recuperación de espacios de vida. El capital tiene claros los objetivos de su lucha; a saber: someter a microempresarios y comerciantes ambulantes y a todo el sector informal para cobrarles impuestos y someterlos a las normas que el propio capital impone mediante leyes que expiden sus legisladores (recordemos el caso FOBAPROA). La lucha del sector informal debe orientarse a ligarse orgánicamente: vendedores y microempresarios deben aprender a ligarse entre ellos y entre las fuerzas que aún se oponen al capital.

La lucha del vendedor ambulante debe entenderse como una lucha por la apertura de un espacio de vida no por una fracción de territorio. Debe orientarse a crear capitales rebeldes que asociados compitan con las trasnacionales. El capital rebelde debe crearse sus espacios sociales en comunidades mediante la revitalización de la vida colectiva. La vida colectiva debe impulsarse desde la organización hasta la comunidad. Que no haya nunca más trabajo aislado, que cada organización, cada individuo coordine trabajos y esfuerzos con otros y otras organizaciones. Nunca más debemos dejar que el capital organice a nuestra vida, nuestra familia, nuestros amigos ni nuestra comunidad.

La vida colectiva y organizada deberá impulsar a legisladores que luchen en el congreso por que se aprueben leyes que permitan la subsistencia de la microempresa y la economía civil. Hoy el sector informal vive asediado por impuestos y reglamentos, requisitos burocráticos e inspectores, leyes que lo ahogan y lo proscriben. El legislador que impulsemos deberá comprometerse a ayudar a liquidar el cerco que se tiende sobre el sector informal. Su tarea será la de proponer leyes inteligentes que permitan la apertura de espacios de libertad y de vida, de leyes que fomenten la vida colectiva que contrapese el "yoismo" impuesto por el consumismo.

Por su parte, la acción colectiva deberá producir alternativas de vida y convivencia, sustituir al seguro social, a la escuela oficial, luchar por programas educativos conformados en las comunidades y que respondan a sus necesidades, crear sus propias fuentes de empleo, sus modas, sus costumbres y en general toda su cultura como una forma de combatir a los aparatos publicitario/manipuladores.

En tanto seamos incapaces de crear formas de vida alternativas a las que nos ofrece el poder, seguiremos siendo apóstoles de causas perdidas. Pero eso no lo vamos a lograr de un golpe, mediante fórmulas maravillosas o teorías revolucionarias. Únicamente lo podremos lograr en la medida en que avancemos en la recuperación de espacios de vida en donde la experiencia misma nos indique el camino. La discusión colectiva y sobre todo la experiencia colectiva serán las que nos indiquen el camino a seguir. A nosotros nos toca abrir los espacios en los que recuperemos nuestra propia voz, en donde podamos ejercer nuestra propia iniciativa y nuestros propios proyectos y ya no los del capital. Hoy el panorama es claro, es necesario rehacer la vida orgánica de la comunidad tal y como nos lo demuestra la lucha zapatista. Esa vida comunitaria solamente será posible sí recuperamos las riendas de nuestro destino. ¿Por qué solamente el gobierno, la iniciativa privada y el capital trasnacional deben ser quienes generen los empleos que necesita la gente? ¿El resto de la sociedad nada tenemos que decir al respecto? La creación de empresas, de empleos y por tanto, de productos, por ella sola no es una actividad odiosa o enajenante, hay que recordar que hoy por hoy la empresa es la forma más eficiente de organizar la actividad social. No obstante, debemos entender que una empresa comprometida con su sociedad, una EMPRESA CORRESPONSABLE, debe en primer término socializar su ganancia, sin contaminar, sin pervertir la vida ni el trabajo.

Recuperando los medios de subsistencia será como podremos darle una base material a la reactivación de la vida colectiva. Un ejemplo: los bicitaxistas de San Gregorio Atlapulco (Xoch., D. F.) al trabajar en su comunidad no pierden horas preciosas de su vida en trasladarse a lo largo de la ciudad para acudir a su fuente de empleo, ese tiempo, lo tienen para convivir con su familia, amigos o vecinos, para mejorar su vivienda o sus cosas, para descansar o incluso para trabajar más.

La recuperación de los medios de subsistencia está corriendo a cargo del llamado sector informal. Tal sector, en México y Latinoamérica aporta el 40% de los empleos totales. Es decir, aporta más empleos que las trasnacionales, según datos del gobierno mexicano y de la Organización Internacional del trabajo. Es un hecho que el crecimiento del sector informal se debe a la incapacidad del capital para crear los empleos que año con año se requieren, pero también es un hecho que, si esos expulsados del sistema que conforman el sector informal, se organizasen, pondrían de rodillas al poder. Para demostrar lo anterior basta recordar algunas crisis: Los ya famosos efectos "Tequila", "Samba", "Tango" y "Dragón" los cuales provocaron crisis en cadena en las principales bolsas de valores del mundo, se debieron al movimiento incontrolado de miles de pequeños capitales que quizá muy a su pesar resultaron "rebeldes" al poner a temblar a los grandes capitales mundiales.

Los individuos aislados nos perdemos fácilmente, nuestros pequeños egoísmos y ambiciones nos consumen. De ese modo somos presa fácil del capital y del poder local, nacional y trasnacional. Juntos, como sociedad civil organizada es como podemos crecer: juntos por la ecología, juntos por el empleo, juntos por la seguridad, por la vivienda y por un mejor nivel de vida.

Cuando creíamos que la ciencia nos había liberado de los terrores de la oscuridad y de la ignorancia, más del 80% de la población nacional y mundial nos hemos visto expulsados de los "beneficios" del sistema capitalista vigente o estamos a punto de serlo. Tal situación exige que nos organicemos para luchar contra los nuevos terrores. Tenemos miedo a que nos corran del trabajo porque sabemos que escasea el empleo, tenemos miedo que nos agarre la policía porque corremos el riesgo de pudrirnos en una cárcel sin que se nos haga justicia, tenemos miedo de salir a la calle porque podemos hasta perder la vida en un asalto, tememos que nuestras hijas sean violadas, nuestras casas robadas y en fin, aquel paraíso que prometía el capital acabó en una realidad de terror. Solamente los poderosos pueden pagarse guardias privadas, residencias ultra vigiladas, a ellos nadie los corre de su trabajo ni corren el riesgo de que sus hijos se queden sin escuelas ni mucho menos sin comida.

Esta época de miedo acabará cuando la sociedad civil pueda organizarse por ella sola, sin tener que delegar su poder en nadie. Todos somos parte de esa sociedad civil y de todos depende que acabe esta época de terror.

En primer lugar debemos reconocernos dispuestos a organizarnos, dispuestos a colaborar, a tenernos confianza, sabedores de que si actuamos aislados seremos fácilmente anulados.

El segundo paso es abrir espacios de participación y acción ciudadana independiente: en la cultura, creando empresas y empleos, creando nuevas organizaciones, interrelacionando a las organizaciones y actividades ya existentes, etc. Es decir espacios y acciones que estructural y espontáneamente generen cohesión (tal como la empresa capitalista).

En tercer término debemos evitar caer en un activismo disperso. Todo lo que hagamos debe orientarse a reactivar la vida colectiva en las comunidades, las escuelas, los centros de trabajos etc.

En cuarto lugar, debemos incluirnos en las luchas de las mujeres, de los ancianos, de los niños de toda lucha que se de contra el poder (incluidos homosexuales, indígenas, minusválidos, etc.)

En quinto lugar es necesario participar en el juego democrático impuesto por el poder para:

1) captar recursos y posibilidades para abrir espacios de vida colectivos

2) Impulsar legisladores que se comprometan a pugnar por leyes que impulsen la creación de empresas ciudadanas (que no estén sometidas a las cargas fiscales y reglamentarias que imposibilitan su existencia), que instituyan derechos elementales como la educación universal gratuita, el derecho a la vida digna y que impulsen la participación colectiva en el poder, entre otras.

3) impulsar gobernantes que se comprometan con tareas como las señaladas apoyando a la sociedad civil.

Todas esas tareas deberán llevar a la conformación de una economía civil que sea la principal rectora de la economía general. Esa economía civil deberá ser la base material de la organización civil autónoma. Las tareas propuestas no son fáciles, pero corresponden a una lucha que ya se inició pese a que actualmente discurre de modo más o menos disperso.

La propaganda oficial deja entrever que no hay caminos de lucha, la intelectualidad de algunos y muchos modos ha dejado de alimentar a la gente con propuestas de nuevas formas de lucha y se pierde en los efectos que el propio capital provoca. Sin embargo en la realidad solamente aparece un hecho: de nosotros depende decidir si se puede o no se puede.

Quizá haya que empezar por la tarea más elemental consistente en propagandizar ideas e intenciones, con el deseo de irnos entendiendo fuera del entendimiento que nos impone el sistema, el cual, quiere hacernos creer que su lógica es la única posible, como si antes de la ciencia y el capital el mundo no hubiese existido.

V. POR UNA ECONOMÍA CIVIL

Cualquier cosa que se haga para cambiar a la sociedad, tiene que seguir los pasos mediante los cuales la sociedad cambia, sí no, todo lo que se emprenda SEA LO QUE SEA, solamente tenderá a producir situaciones particulares de corto alcance o beneficios dirigidos a un individuo o clase.

En primer lugar hay que reconocer que los cambios sociales se dan en oscuridades inaprensibles, se fraguan en el anonimato de la acción del ciudadano común y corriente (en nimiedades intrascendentes - parafraseando a Foucault). En ese entramado de oscuridades inaprensibles y nimiedades intrascendentes, se crean los grandes canales, pequeños y de todo tamaño que sirven como guías y soporte de acciones y creencias de la sociedad. De hecho, las canalizaciones que se montan sobre y entre el entramado social, también producen nimiedades y oscuridades, que se suman a las que produce la sociedad, en un juego de toma y daca que produce mutuas influencias y transformaciones.

Así pues, para impulsar el cambio social, es necesario crear canalizaciones por donde fluyan esos devenires (nimiedades y oscuridades, etc.); canalizaciones que generen cotidianidad, que alimenten la autonomía, que sean alternativas de vida de hecho, no de dicho. Se trata que sean formas materiales de reproducción de la existencia, que por su propia estructura desarrollen una dinámica propia sin tener que competir con nada que no sea por su propia eficiencia para autoreproducirse. No se trata de que esas formas de reproducción se alimenten de ideas, sino que se trata de que generen hechos autónomos, y en su momento, esos hechos pondrán las ideas.

Cualquier planteamiento que desde su arranque no contemple la autonomía como meta, a lo más se moverá dentro de una lógica conspirativa que mucho entretiene pero que poco aporta al remedio de esas molestas cosas como es la destrucción del planeta y de la especie misma.

La construcción de una economía civil implica:

1. Abrir canales que incorporan a individuos a una gran tarea de autonomía, sin caer en el vicio del voluntarismo.

2. Crear posibilidades de vida autónoma en agregados sociales que eventualmente puedan tornar comunidades por la acción aglutinante de empresas y acciones colectivizantes.

3. Crear posibilidades de redefinición de necesidades en base a la autonomía lograda.

4. Redefinir modalidades de vida que representen bloques de enfrentamiento contra los modelos implantados por la clase dominante.

5. Abrir posibilidades de creación de cultura autónoma que escape a la cultura dominante fundada en la rapiña.

6. Crear la posibilidad de una economía de base social, alterna a la de mercado. Es decir, pegarle al sistema en donde más le duele.

7. Ingresar a la cotidianidad de la gente por vía de sus necesidades más sentidas: el empleo y eventualmente la realización como humanos.

8. Sembrar la posibilidad material de la realización de las utopías de las propias comunidades.

Se trata de crear canales que a la vez sean empresa y seducción, lastre y refugio. Grandes contenedores en donde quepan minucias, vacuidades y cotidianidades. La creación de empresas no es el único camino, pero si el más seguro (el propio capitalismo se ha encargado de probar su eficiencia). En general, todo acto o idea que genere autonomía y la sustente, es bienvenido. Cabe recordar que autonomía sin recursos, es contradicción en ella misma.

Esas semillas de autonomía pueden sembrarse por un pequeño grupo, o de preferencia por miles de pequeños grupos. Lograda la primera unidad autosustentable, de ahí saldrá la siguiente y la otra y la otra y las subsecuentes, hasta formar una gran confederación de comunidades autónomas que emergerán en una nueva sociedad desde abajo.

Cada empresa sembrada en una comunidad; será tan solo un inicio que aglutine devenires. Cada comunidad integrada, será quien defina por donde seguir. La empresa, en cualquier caso, solamente tendrá la función de devolver la voz a la gente, darle un respaldo para que hable y actúe si así lo quiere. Cada empresa es solo un inicio de algo que no se sabe por donde irá, pero que tiene la posibilidad económica de al menos ir por donde resulte.

Construido el primer gran canal, la sociedad, entonces sí, se encargará de construir los otros en base al suave soplo de las intrascendencias.

Todo lo anterior se puede resumir en:

I LA ECONOMÍA CIVIL

1. La economía civil y todo el gran movimiento civil a desarrollar, debe apuntar a la redefinición de la vida misma de la sociedad y de la nación

2. La economía civil deberá regirse por el acuerdo de las comunidades que participen en ella (mediante agrupaciones, federaciones, confederaciones, etc.)

3. La economía civil se funda en empresas que trabajan para la sociedad (y no para el lucro), en empresas en donde se socializan las ganancias y se particularizan los riesgos.

4. La economía civil destina sus ganancias a tres rubros fundamentales:

a. reinversión y mejora de sueldos

b. promoción de la organización política, social y cultural

c. obra pública.

5. La economía civil, fundada en empresas civiles, debe constituir la columna vertebral de la economía nacional, apoyándose para ello, en las fuerzas de la nación y no en el capital foráneo

6. La economía civil debe fundarse en el principio de que sus empresas, son promotoras de la vida interna y la unidad comunitarias.

7. La economía civil, no solo se vale del trabajo del hombre, sino que lo educa, capacita, apoya e impulsa en su desarrollo individual y comunitario

8. Con la construcción de la economía civil, el estado necesariamente se redefine, tendiendo a un papel coordinador y de representación nacional ante el extranjero. Es necesario tener presente esta tendencia, ante la actual trampa en que el estado pretende el control de una sociedad autoregulada

9. La economía civil, será la fuerza material que respalde la movilización civil y el camino por el que transiten los hoy sin voz.

II LA CONSTRUCCIÓN DE LA ECONOMÍA CIVIL O SOLIDARIA

10.   La lucha por la construcción de una economía civil, no es la lucha por la conquista del poder del estado, sino la lucha por la construcción de un poder civil, mediante el cual, la sociedad civil se avoque a la solución de sus propios problemas (empezando por el

empleo, la ecología, seguridad pública, transporte, etc.). Es la lucha por la construcción de la autonomía ciudadana frente al poder del estado, lo que implica una lucha por la construcción de una política civil, una seguridad civil y toda actividad que impulse la participación de la sociedad civil en la solución de sus propios problemas al margen de manipulaciones de estado y de pandillas ávidas de poder

11.   La economía civil, debe ser la garantía de empleo de la sociedad, fundándose en el principio de dar preferencia a la ocupación de la mano de obra de las localidades en donde se asienten las empresas civiles, con la finalidad de propiciar la vida y unidad comunitarias.

12.   La economía civil, debe ser producto de un gran movimiento nacional, ya que los esfuerzos hasta hoy aislados, han sido acallados, asimilados o sometidos por el estado.

13.   La economía civil, debe ser construida por la sociedad toda, mediante la creación de miles de empresas civiles. Esa acción debe materializarse por medio de equipos multidisciplinarios avalados por personajes probos de la vida civil.

14.   El financiamiento para la creación de empresas civiles, debe ser fundamental mente social, aunque no deben despreciarse otras fuentes. Debe cuidarse en todo caso, que el financiamiento no implique pérdida de autonomía ciudadana o subordinación alguna.

15.   La lucha por la construcción de una economía civil, implica el reconocimiento de un frente político, además del frente civil; por lo que deberán contemplarse diversos niveles de lucha: parlamentario, callejero, de trabajo de base, etc.

16.   Los comités impulsores de empresas civiles, tienen como tareas mínimas las siguientes:

a. ELABORACION DE PLAN DE FACTIBILIDAD

b. CONSECUCION DE FINANCIAMIENTO

c. CREACION Y OPERACION DE EMPRESAS (nivel operativo, administrativo y comercial)

d. ORGANIZACIÓN PARALELA (a la de la empresa) DE COMUNIDADES O UNIDADES SOCIALES

VI. ¿QUÉ HACER?

En si el movimiento ciudadano es perfectamente factible, y supone solamente ejecutarlo. Sin embargo, existen muchos lastres y oposiciones que dificultan su realización. Además, la energía que supone su concreción es muy grande para estos momentos de nihilismo en que el sistema seduce y adormece con el señuelo de la democracia.

En tal sentido, pese a que el movimiento es una propuesta práctica, realizable en lo inmediato, las condiciones político-sociales del país y del planeta lo hacen aparecer como una de tantas utopías del tipo de: "si todos nos uniéramos...". Por ello, este documento no puede ser otra cosa que un mero manifiesto. Un documento en donde se expresa lo que se piensa y en donde todas las referencias a lo que se debe hacer son meros indicadores, guías para la acción y no dogmas de un "deber ser". Sin embargo no se puede ignorar que lo que se propone tiene toda una lógica, y se sustenta en todo un aparato teórico-explicativo. Aunque no se pretenda, este manifiesto delinea una serie de metas a que se puede llegar, es decir: DELINEA UN HORIZANTE UTÓPICO.

En este momento de crisis mundial de valores, es necesario abrir cotos de autonomía ciudadana en donde la gente pueda construir y reconstruir las bases de su propia existencia. Debe promoverse la autonomía ciudadana creando las bases materiales de dicha autonomía. Esas bases materiales no pueden ser otras que acciones y empresas que proporcionen posibilidades de realización de los individuos y comunidades, que proporcionen el diario sustento de la gente y sus familias.

Una ciudadanía controlada por el poder, en donde nada puede decidir sino sólo obedecer, solamente podrá liberarse en la medida en que construya bases materiales para un hacer independiente. Este se logra al momento en que la ciudadanía produce y controla sus medios de subsistencia y desarrollo.

No es necesario que dependamos del gobierno, La iniciativa privada o del capital extranjero para crear empleos o para generar nuestras instituciones de cultura y de desarrollo, basta la ciudadanía organizada para crear todo lo que necesita.

El documento pone en el tapete de la discusión la posibilidad de realización de la autonomía ciudadana como un camino de acceso a ese mandar obedeciendo, a la auténtica democracia en donde cada ciudadano sea capaz de ejercer su propio poder.

Así pues, las tareas que se proponen no redescubren el hilo negro: no, muchas de esas tareas ya se realizan. La tarea central, consiste en crear una corriente que muestre que la autonomía ciudadana sí se puede lograr y que en muchos casos ya existen múltiples versiones de autonomías más o menos limitadas más o menos extensas. Se trata de que sea un movimiento masivo el que se realice, ya que esfuerzos aislados se perderían o serían rápidamente copados y controlados por las fuerzas gubernamentales. La tarea principal, consistiría en una campaña permanente de difusión y promoción, por un lado, y por otro en la búsqueda de nexos entre organizaciones que de algún modo ya se inscriben de manera independiente o autónoma en la producción, el comercio o los servicios.

De acuerdo a lo anterior, las principales tareas podrían arrancar de lo siguiente:

1. La creación de centros autonomistas (cafés, centros de grabación para artistas locales, pequeños talleres, etc.). El centro autonomista deberá producir y ser un lugar de confluencia en donde la sociedad civil encuentre un espacio de expresión y acción. Centro de discusión, acción y propaganda, el centro autonomista tendrá sus fines propios, pero albergará al mismo tiempo cualquier manifestación de la sociedad civil.

2. La búsqueda de nexos entre organizaciones y comunidades que de alguna forma se inscriben en actividades económicas. La búsqueda de nexos entre las organizaciones, tenderá a buscar ligas materiales que las fortalezcan, ya sea propiciando el intercambio de bienes y servicios, ya sea encontrando soluciones a problemas comunes. Se trataría de proyectar a niveles cada vez más altos, los éxitos que se obtienen a nivel local, como una forma de ejemplificar que la sociedad civil es capaz de atender sus propias necesidades de educación, desarrollo, producción, empleo, seguridad, vestido, calzado, etc..

3. Específicamente es necesario crear centros artesanales que expendan productos hechos por organizaciones, comunidades e individuos integrados al movimiento. El centro artesanal podría ser una especie de empresa integradora que aglutinará a carpinteros, herreros, alfareros, fabricantes de ropa, peleteros, zapateros, etc.

4. Creación de enlaces entre comerciantes y microempresarios. Estos enlaces se lograrían mediante el levantamiento de un padrón de comercios y un padrón de productos de microempresas y productores comunales. Con dicha información se podrían formular catálogos y directorios mediante los cuales los comerciantes sabrían de que productos podrían disponer y los productores podrían localizar rápidamente a sus posibles clientes.

5. Creación de estudios de grabación que recojan profesionalmente las expresiones artísticas locales, a la vez que promueven en otros ámbitos a los artistas más destacados.

6. Integración de redes de comerciantes que expendan los productos artísticos generados por el movimiento ciudadano.

7. Realización de muestras temporales y permanentes que promocionen al movimiento y sus productos.

8. Articulación de una red de contactos entre funcionarios, representantes populares y empresarios progresistas que faciliten la colocación de los productos del movimiento.

9. Propagandización permanente del movimiento.

Resulta evidente que las tareas propuestas no son las únicas que es posible realizar. En realidad, cada individuo, familia o colectivo deberá plantear sus propias tareas con dos metas inamovibles: LOGRAR LA MAYOR AUTONOMÍA POSIBLE Y ALCANZAR EL MAYOR GRADO DE ARTICULACIÓN CON OTROS INDIVIDUOS O COLECTIVOS AFINES.

Xochimilco, D. F., enero del 2001

Genealogía de la Autonomía

(Antecedente no realizado)

Índice tentativo

1. La autonomía como acción, el poder como propuesta

2. El instinto, la emoción-intuición y la palabra-pensamiento

3. Comunidad y autonomía, familia y organización

4. Las comunidades agrarias y el poder tutelar

5. Las bandas y el manejo de la imaginación

6. El imperio y el predominio de la organización

7. La civilización y democracia como variedades de organización (oriente antiguo y el mundo actual)

8. Comunidades indígenas y pueblos antiguos como variedades de autonomía

9. La autonomía se construye, se funda en su propia tradición y no en la del poder tutelar

Guion

1. La autonomía como acción, el poder como propuesta

- Poder tutelar y poder pastoral

2. El instinto, la emoción-intuición y el lenguaje-pensamiento

- Estructura perceptual y realidad en función de la autopoiesis

- El instinto, la emoción y el pensamiento como formas de facilitar-oficientar la vida

- Cómo el instinto funda a la acción y constituye la primer gran síntesis sináptica que ubica al individuo en lo que vive como realidad

- La emoción como la segunda gran síntesis que agrupa a grupos de sinapsis que ubican selectivamente (de forma temática) al individuo en su realidad

- El manejo de la emoción y del instinto en la organización y en el poder tutelar

- El lenguaje-pensamiento como síntesis imaginaria de la realidad

- Lengua e imagen como evolución de la impostación de la realidad

- Las posibilidades de la experiencia interior

3. Comunidad y autonomía, familia y organización

- Como la autonomía es devenir y la organización poder

- El poder como dominación y el poder como codependencia. La convivencia de ambos. El poder como garantía de sobrevivencia, el poder como dominación

- Cómo la autonomía implica despliegue rizomático

- La familia como forma de organización encajada en un despliegue rizomático. Comunidades primitivas, comunidades nahuas (con referencia de comunidades germánicas y más antiguas) y comunidades con organización mínima (nuer, etc)

4. Las comunidades agrarias y el poder tutelar

- La asociación como antecedente de la ruralidad

- La comunidad rural como organización mínima, cuna del poder tutelar

5. Las bandas y el manejo de la imaginación

- La impostación de la realidad por la palabra-imaginación

- El manejo del botín y del terror (imaginación y emoción)

6. El imperio y el predominio de la organización

- La economía de la organización madura. Manejo del instinto, la emoción y la palabra-imaginación

- Las autonomías limitadas al servicio del poder tutelar

7. El caso de México

- Comunidades autonómicas

- La emergencia del poder despótico y la defensa autonómica (ciudades abandonadas)

- La aparición de los españoles, la rebelión indígena y la inclinación hacia el poder tutelar con el presupuesto necesario de vida autonómica

- De la tutela española a la tutela del hacendado

- La experiencia independiente como apaciguamiento de lo popular

- Las autonomías indias

- Zapata y Villa y la emergencia del pueblo

- De la tutela del hacendado a la del político

8. La civilización y democracia como variedades de organización (oriente antiguo y el mundo actual)

- Confucio y la obediencia al gobernante. El manejo de la meditación oriental como control social

- Democracia y control

9. Comunidades indígenas y pueblos antiguos como variedades de autonomía

\-   Autonomías con familias despóticas (pueblos indios de México)

\-   Autonomías "liberales" Pueblos indios de oasisamérica (cuando el poder es garantía para la vida)

\-   Autonomías como asociación (caso tupinambá, nuer y aridoamérica)

10.   La autonomía se construye, se funda en su propia tradición y no en la del poder tutelar

\-   La autonomía desde abajo (la autonomía como riada que arrastra)

\-   La autonomía como subsunción de discursos a la lógica de sucesos y acciones comunitarias de sobrevivencia

\-   El poder popular como contrapeso

\-   La autonomía como manejo del instinto, la emoción y la palabra-imaginación, en tanto que posibilidades de ubicación en lo que se entiende como realidad